한경 MOOK 한경MOOK는 빠르게 변화하는 사회 흐름에 발맞춰 시시각각 현상을 분석하고 새로운 대안과 인사이트를 제시하기 위한 무크 형태 단행본을 발행하는 한국경제신문사의 새 브랜드입니다.

K-유니콘 발굴 프로젝트
2022 AI 스타트업 100

CONTENTS

006 PROLOGUE
'코리아 AI 스타트업이 곧 글로벌 AI 스타트업', 그날을 향해

008 METHOD
2022 AI 스타트업 100 평가 방법 및 심사위원 소개

014 REPORT
2021 선정 스타트업 결과 보고

018 INFOGRAPHIC
2022 코리아 AI 스타트업 100 리스트

020 MARKET
대한민국 AI 스타트업 트렌드

026 FOCUS
서범석 루닛 대표
안익진 몰로코 대표
이예하 뷰노 대표

032 TREND
국내 벤처캐피털의 AI 투자 방향

236 EPILOGUE
세계 속 코리아 AI 스타트업을 위해 세 개의 화살을 준비하자

036
We are next UNICORN!
AI 스타트업 100

네오사피엔스	038	애자일소다	144
노타	040	액션파워	146
뉴로젠	042	업스테이지	148
뉴로핏	044	에덴룩스	150
뉴빌리티	046	에스투더블유	152
니어스랩	048	에어스메디컬	154
더화이트커뮤니케이션	050	에이모	156
디셈버앤컴퍼니자산운용	052	에이아이트릭스	158
디오비스튜디오	054	에이젠글로벌	160
딥바이오	056	엑스엘에이트	162
딥브레인AI	058	오드컨셉	164
딥엑스	060	오브젠	166
딥핑소스	062	온코소프트	168
라이드플럭스	064	올거나이즈	170
룰루랩	066	원프레딕트	172
리벨리온	068	웨이브릿지	174
리턴제로	070	인이지	176
리플에이아이	072	인코어드테크놀로지스	178
마이셀럽스	074	인피닉	180
마크비전	076	자비스앤빌런즈	182
마키나락스	078	제너레잇	184
메디픽셀	080	제네시스랩	186
모빌린트	082	제노플랜코리아	188
베스텔라랩	084	커먼컴퓨터	190
베어로보틱스	086	케이웨더	192
보이저엑스	088	코어라인소프트	194
뷰메진	090	콴다	196
브이터치	092	크라우드웍스	198
비프로컴퍼니	094	크래프트테크놀로지스	200
빅인사이트	096	클라리파이	202
서울로보틱스	098	클레온	204
셀렉트스타	100	클로봇	206
솔루게이트	102	토르드라이브	208
수퍼빈	104	토모큐브	210
슈퍼브에이아이	106	트웰브랩스	212
스켈터랩스	108	트위니	214
스타일봇	110	파운트	216
스탠다임	112	팜캐드	218
스트라드비젼	114	포지큐브	220
스프링클라우드	116	퓨리오사에이아이	222
시어스랩	118	프렌들리에이아이	224
신스타프리젠츠	120	한국축산데이터	226
쓰리빌리언	122	휴레이포지티브	228
쓰리아이	124	휴톰	230
씨앤에이아이	126	히츠	232
아이딕션	128	튜링	234
아이오크롭스	130	Phantom AI	235
아카에이아이	132		
악어디지털	134	index	240
알고리즘랩스	136		
알세미	138		
알지티	140		
알티엠	142		

PROLOGUE

'코리아 AI 스타트업이 곧 글로벌 AI 스타트업', 그날을 향해

*by_* **안현실** 한국경제신문 AI경제연구소장·**허석준** KT경제경영연구소장

세계 경제가 복합위기에 직면하고 있다. 코로나19 이후 경제회복에 대한 기대가 새로운 불확실성에 압도당하면서 한 치 앞을 내다보기 어려운 형국이다. 인플레이션과 금리 인상, 계속되는 미국과 중국의 충돌, 러시아의 우크라이나 침공, 에너지 불안정성 확대 등이 그렇다. 실물과 금융의 동시 요동, 지정학적 충돌에 에너지 리스크까지 더해진, 과거에 볼 수 없었던 위기다. 완전히 달라진 환경에서 기존의 처방만을 고집한다는 것은 자살행위나 다름없다. 더 이상 먹혀들지 않는 지난 모델은 과감히 포기해야 한다. 새로운 모델, 새로운 처방이 요구된다.

4차 산업혁명의 본질은 대전환이다. 대전환은 과거로부터의 연속성이 아니라 과거를 뛰어넘는 불연속성이 특징이다. 대전환기에는 망하는 기업이 속출한다. 기업의 기존 강점인 '핵심 역량(core competency)'이 '핵심 경직성(core rigidity)'이 돼 발목을 잡기 때문이다. 변화를 주저하다가 갑자기 나타난 경쟁자, 특히 새로운 핵심 역량으로 무장한 파괴적 혁신기업들에 의해 순식간에 당하는 이유도 여기에 있다. '점진적 개선'이 아니라 '과감한 점프'가 요구된다. 경제사학자 찰스 킨들버거가 강조한 'capacity to transform', 이른바 변환능력이 있으면 살아남고, 그렇지 않으면 도태할 수밖에 없다.

세계 경제가 직면한 글로벌 복합위기와 4차 산업혁명으로 대표되는 대전환은 동전의 양면과 같다. 새로운 산업혁명의 판을 좌우하는 파괴적 혁신기술은 바로 인공지능(AI)에서 나오고 있다. 복합위기를 헤쳐나갈 돌파구도 여기에서 찾아야 한다. 자본주의는 끝없는 변화의 함수다. 자본주의를 위기에서 구해낸 것은 언제나 변화를 추구하는 '기업가정신'에 의한 혁신이었다. AI로 무장한 새로운 기업가정신이 한국 자본주의, 나아가 세계 자본주의를 위기에서 구해낼 수 있을 것인가.

AI는 미국과 중국 간 경쟁을 가장 상징적으로 보여주는 분야다. AI는 모든 산업의 혁신 인프라로 가고 있다. 문제는 미국과 중국 간 공급망 재편 경쟁이 글로벌 혁신생태의 블록화로 전개될 가능성이 매우 높아지고 있다는 점이다. 미국과 중국 간 AI 경쟁에서 한국이 주변국으로 전락할 것인가. 아니면 미국도 중국도 탐내는 전략적 파트너로 우뚝 설 것인가.

이런 절박한 물음들 앞에서 2022년 한국을 대표하는 AI 스타트업 100이 탄생했다. 한국경제신문과 AI원팀이 지난해에 이어 민간 주도로, 시장의 눈으로 엄격히 선정한 결과다. 경제학자 앨프리드 마셜은 "기업가는 중세시대의 기사(騎士)와 같다. 이들이 자본주의의 영웅이다"라고 했다. 지금은 중세시대가 아니라 AI시대다. AI 스타트업 100이 바로 한국 경제를 이끌어갈 새로운 영웅들이다.

2022 코리아 AI 스타트업 100을 보면 지난해에 이어 다시 선정된 기업이 55개, 새로운 얼굴로 등장한 기업이 45개다. 상장에 성공하거나 유니콘으로 올라서면서 영광스러운 졸업의 반열에 들어선 기업도 탄생했다. 한국 AI 스타트업의 역동성을 확인시켜주는 대목이다. 이들이 글로벌 대표기업으로 성장하려면 앞으로 숱한 난관을 넘어서야 한다. 한국을 대표하는 AI 스타트업이 홀로 싸우게 할 수는 없다. 미국, 중국에 버금가는 혁신생태계 구축이 AI 스타트업에 대한 정부와 국민의 화답이어야 한다.

AI 스타트업과 대기업은 혁신의 동반자다. '큰 기업은 악이고 작은 기업은 아름답다'는 이분법으로는 복합위기를 돌파할 수도, 4차 산업혁명의 대전환을 선도할 수도 없다. 대기업과 AI 스타트업의 선순환 고리가 필요하다. 혁신을 가로막는 규제부터 과감하게 제거돼야 한다. 인수합병(M&A) 등 시장을 통한 사업재편의 길이 확 열려야 대기업도, 스타트업도 생존하고 성장할 수 있다. 정부와 국회, 국민이 대기업과 스타트업의 동반성장에 응원을 보내줘야 한다.

AI 스타트업과 금융도 혁신의 동반자다. 18세기 1차 산업혁명에서 증기기관의 제임스 와트와 투자자 매슈 볼턴은 '혁신의 짝'이었다. 그때와 비교하면 창업의 대중화를 이끄는 스타트업 시대에 금융이 해줘야 할 역할은 훨씬 중요해지고 있다. 인플레이션 대응을 위한 금리 인상 등 글로벌 긴축의 거센 파고 속에서 국내 혁신금융이 급속히 위축될까 우려스럽다. 세계 유니콘 4분의 3이 미국과 중국에서 나오는 데는 든든한 혁신금융의 뒷받침이 있기 때문이다. 긴축의 시대일수록 내일을 기약하려면 혁신금융이 흘러넘쳐야 한다. 개인과 기관의 벤처투자 활성화, 민간 모태펀드 출현, 은행 보험 등 제도권 금융의 벤처투자 유인, 기업벤처투자(CVC) 규제 철폐 등을 위해 정부와 국회가 즉각 나서야 한다.

2021년 10월 20일 첫 '코리아 AI 스타트업 100' 선정은 한국에서 새로운 AI 기업가정신의 탄생을 알리는 날이었다. 2022년 10월 19일 두 번째 '코리아 AI 스타트업 100'은 AI 스타트업 혁신생태계의 글로벌화를 알리는 날이 되기를 기대한다. 미국과 중국을 능가하는 세계 최고의 AI 혁신생태계를 갖추자. 최고의 인재가 AI 스타트업을 주도할 수 있게 하자. AI 연구와 개발, 비즈니스가 물 흐르듯 이어지도록 하자. AI 스타트업과 혁신금융, 대기업이 손잡고 한국 경제를 이끌어가도록 정부와 국회, 국민이 밀어주자. 그렇게 된다면 '코리아 AI 스타트업이 곧 글로벌 AI 스타트업'으로 통하는 그날이 훨씬 빨리 올 것이다.

METHOD

2022 AI 스타트업 100 평가 방법

지난해에 이어 올해는 어떤 기준과 관점으로 주목할 AI 스타트업을 선정했을까. 올해는 지난해보다 선정 객관성을 높이며 실질적 가치를 평가하려 애썼다.

by_**이경전** 선정위원장·경희대 교수

2022년 코리아 AI 스타트업 100 평가 방식은 2021년에 비해 좀 더 계량적 지표를 강조했다. 2021년의 평가 방식은 경영자의 능력 등 정성적 지표가 강조됐다. 특히, 직전 투자액이나 시장에서 평가된 시가총액, 매출액 등을 입력 변수로 사용해, 전체 기업의 점수를 100점 만점으로 산정하는 정성적 평가를 중시하는 접근 방식이었다.

때문에 숫자로 표현되지 않는 정성적 지표를 많이 포함하는 포괄적인 모델이라는 장점은 있었으나, 그 모델에 들어가는 값들을 모두 제대로 객관적으로 측정하고 구하는 것

이 어려웠다. 즉, 모델이 강력한 만큼 입력 데이터의 품질이 중요한데, 그 부분이 다소 부족했다.

계량 강조로 객관성 확보에 힘써

그래서 2022년의 평가 방식은 계량을 강조했다. 2020년 한경비즈니스와 'AI 스타트업 25'를 선정했던 경험에 기반해, 좀더 시가총액 기반의 모델을 만들어 객관성을 높이려 했다. 그 기업이 유치한 직전투자액과 총투자액 정보를 구하고, 기업의 성장단계에 맞추어 현 시가총액을 추정했다. 투자 시 밸류에이션(Valuation)이 공개된 경우는 추정하지 않고, 그 정보를 그대로 사용했다.

또 여기서 끝나지 않고 정성적 변수를 반영하기 위해 선정위원들의 추천과 평가를 반영하는 구조를 만들었다. 매출 규모, 예상 시장 규모, 비즈니스 모델, 기술 혁신성에 가중치를 두어 곱하는 형태로 진행했다. 예를 들어, 비즈니스 모델의 경우는 용역 모델보다는 솔루션 모델에, 솔루션 모델보다는 플랫폼 모델에 가중치를 두었다.

시장 규모의 경우, 내수에 그치지 않고 글로벌 진출에 준비된 기업에 가중치를 두었다. 루키 기업의 많은 진출을 위해서 기술 혁신성 가중치를 주어, 새로운 기술, 새로운 비즈니스 모델이라고 판단되는 기업에 대해서 가중치를 부여했다. 또 선정위원회에서 꼭 선정되어야 할 기업, 꼭 제외되어야 할 기업 등에 대한 토론을 진행했고, 그 과정에서 자료를 다시 업데이트하고 가중치를 조정하는 과정을 거쳤으나, 대세에는 큰 지장이 없었다.

앞으로도 평가모델 혁신 이어갈 것

AI 스타트업 100은 1등부터 100등을 발표하지 않는다. AI 스타트업 100에 들어간 기업은 모두 1등이며, 모두 100등이다. 그래서 사실 선정기업보다는 100위 바깥으로 아깝게 탈락한 기업에 신경을 썼다.

2022년에 선정되지 못한 기업들은 실망하시지 않기를 바란다. 2023년엔 2020, 2021, 2022년의 경험을 종합해 더욱 객관적이면서도 정성적이며, 혁신성을 반영하는 평가모델에 기반해 선정할 것이다. 또 2022년과 비교하여 큰 발전이 없는 기업들은 과감하게 제외해 스타트업 생태계의 분발을 더욱 독려할 것이다.

2022년은 기업이 유치한 직전투자액과 총투자액 정보를 구하고, 기업의 성장단계에 맞추어 현 시가총액을 추정했다. 또 정성적 변수를 반영하기 위해 매출 규모, 예상 시장 규모, 비즈니스 모델, 기술 혁신성에 가중치를 두어 곱하는 형태로 진행했다.

심사위원 소개 및 심사 소감

성함	강금석
소속	KAIST 경영대학
약력	• (현) KAIST 경영대학 교수 • (전) KAIST 경영대학 정보미디어대학원장 • (전) 플로리다 국제대학교 경영대학 교수
이번 심사의 주안점	시장가치, 사업성과, 기술역량.
심사 소감	우리나라 인공지능의 미래를 이끌 여러 스타트업 기업에 대해 보다 더 잘 알게 돼 개인적으로 큰 영광이었습니다. 인공지능은 우리나라의 성장 잠재력이 큰 영역입니다. 이번에 선정위원회 활동을 하면서 앞으로 5년 또는 10년 안에 세계적으로 성공할 인공지능 기업이 국내에서 여러 개 나올 수 있다는 가능성을 봤습니다. 선정된 100대 기업뿐 아니라, 우리나라 모든 인공지능 스타트업의 발전을 기원합니다.

성함	박전규
소속	한국전자통신연구원
약력	• (현) 한국전자통신연구원 책임연구원, 서울대학교 객원연구원 • (전) 동아시테크 기술연구소장 • (전) Carnegie Mellon University 객원연구원
이번 심사의 주안점	BM의 신시장 창출 가능성 및 매출 지속성, 보유 또는 확보 기술의 독자성, 투자 유치 규모 등.
심사 소감	AI 스타트업은 기존에 없는 신기술 개발 또는 기존 기술의 창조적 응용에 따라 현실적인 사회-문화-산업적 과제를 해결하는 노력과 보유 기술에 대한 부단한 혁신으로써 그 가치가 고양됩니다. 이러한 관점에서 심사 주안점을 설정했습니다. 한편 투자 유치, 산업적 노출 등이 주요 가중치로 고려돼 이에 소홀한 기업이 후순위가 되고 노출조차 되지 않을 수 있었다는 측면이 다소 아쉬운 점으로, 향후 산학연 등 다양한 출처에서 잠재력 넘치는 기업의 추천 및 응모를 기대합니다. 올해는 과년보다 풍부한 450개 이상이 선정 대상으로, 국내 AI 산업의 무한한 잠재력과 다양성을 함께 엿볼 수 있었다는 점에서 큰 의의가 있었다고 하겠습니다.

성함	박하진
소속	에이치비인베스트먼트
약력	• (현) 에이치비인베스트먼트 대표이사 • (전) 베넥스인베스트먼트 부장 • (전) 베어링포인트 팀장
이번 심사의 주안점	AI 기술력을 통해, 국내외 산업과 사회, 인류의 삶의 질에 긍정적인 영향을 줄 수 있는 사업모델을 가진 열정적인 스타트업을 선별하고자 했음.
심사 소감	500여 개의 후보기업들을 검토하면서, 스마트 팩토리, 금융, 디지털 헬스케어, 신약 바이오 등 다양한 분야에서 AI가 활용되기 시작했고, 많은 스타트업이 세상에 존재하는 각종 문제를 해결하기 위한 연구와 서비스 개발을 통해 시장을 만들어 가고 있다는 것을 다시 한번 느끼며, 벤처캐피털의 할 일이 아직 무궁무진하다는 점에 책임감과 기쁨을 동시에 가지게 되었습니다. 최종 100개 기업에 선정된 스타트업에 축하드리며, 선정되지는 않았지만 높은 기술력과 창의성으로 지속 성장하고 있는 다른 기업들도 함께 응원하고 싶습니다.

성함	배순민
소속	KT
약력	• (현) KT 융합기술원 AI2X연구소장 • (전) 네이버 클로바 AI 리더 • (전) 삼성/한화테크윈 로봇사업부 AI개발팀장
이번 심사의 주안점	기업 및 해당 분야의 성장 가능성, 투자 유치 이력, 창업자 및 조직의 역량.
심사 소감	작년에 이어서 올해도 심사에 참가할 수 있어서 영광입니다. 1회 때 심사위원분들과 고민했던 내용들이 이번에 새롭게 반영이 돼 기준이나 체계가 더 잘 잡히게 된 것을 확인할 수 있었습니다. AI 기술과 생태계가 발전함에 따라 AI 스타트업이 갖추어야 할 자질과 역량 기준도 더 높아지고 있다는 것을 느낍니다. 작년에는 씨앗의 느낌이었다면, 올해는 그 사이에 많은 성과로 주목 받는 기업들이 늘어나고 있다는 것도 업계의 한 사람으로서 감동입니다. 작년 행사를 통해 연결된 네트워크 인연이 올해 여러 협업 케이스로 이어진 점도 뿌듯합니다. 내년이 더욱 기대가 되는 코리아 AI 스타트업 100입니다.

성함	백은옥
소속	한양대학교 컴퓨터소프트웨어학부
약력	• (현) 한양대학교 인공지능연구원장 • (전) 한국공학한림원 공학문화확산위원장 • (전) 한국정보과학회 부회장
이번 심사의 주안점	주요 인공지능 기술을 자체 확보하였는지, 그렇지 않으면 해당 분야에 특화된 데이터를 보유함으로써 인공지능 기술 활용에서 비교우위를 가지고 있는지 등 AI 분야 스타트업으로서의 잠재력과 성장성을 주로 살펴봄.
심사 소감	패션이나 식품과 같이 우리의 일상생활에 해당하는 영역에서부터 제조업, 금융, 운송 등 다양한 산업 분야까지 인공지능이 전방위에서 적극적으로 활용되고 있음을 실감할 수 있었습니다. 핵심 AI 기술을 기반으로 하는 창업이 더 많아져서 세계적인 경쟁력을 가질 수 있기를 희망하며, 이번 AI 스타트업 100을 통해 AI 분야 창업이 더욱 활성화될 수 있는 하나의 추동력을 제공할 수 있기를 바랍니다.

성함	송은강
소속	캡스톤파트너스
약력	• (현) 캡스톤파트너스 창업자/대표이사 • (전) 캠브리지삼성파트너스 투자팀장 • (전) 삼성종합기술원 선임연구원
이번 심사의 주안점	투자 유치 규모, 매출의 규모.
심사 소감	이번 심사에서 첫째, 국내 인공지능 업체가 꾸준히 창업하고 있고 그 숫자도 늘고 있다는 것을 확인할 수 있었습니다. 둘째 인공지능이 적용되는 곳이 제약, 건설현장, 제철 및 금속 제조 등의 분야에서부터 로봇, 자율주행, 바이오는 물론 산업의 고객 관리 및 공급망 등까지 다양한 분야로 점점 확대되고 있다는 점을 느꼈습니다. 셋째 인공지능 인력의 상당수가 예전과 달리 대기업, 학교에 머물지 않고 창업으로 이어지고 있다는 것을 알 수 있었습니다. 이제 이노베이션은 스타트업을 통해서 이루어지는 실리콘밸리의 방법이 국내에서도 자리를 잡았다는 것을 느낄 수 있었습니다. 한국 경제의 미래는 스타트업과 벤처캐피탈에 있다고 해도 과언이 아닙니다. 훌륭한 창업자와 그들을 후원하는 건전한 벤처캐피털이 늘어나면 늘어날수록 한국 경제의 미래는 더욱 밝아질 것입니다. 이번 심사를 통해 이런 변화를 읽을 수 있어 보람스러웠습니다.

성함	오순영
소속	KB국민은행 금융AI센터(KB금융지주 겸직)
약력	• (현) KB국민은행 금융AI센터장/상무 • (전) 한컴인터프리 대표이사(CEO) • (전) 한글과컴퓨터 연구개발부문(CTO)/전무
이번 심사의 주안점	다양하고 정교한 정량적 지표하에 기술성과 사업성을 균형 있게 갖춘 AI 스타트업인지를 중요하게 보았으며, 초기 스타트업의 경우 성장가능성을 추가적으로 고려함.
심사 소감	2022 코리아 AI 스타트업 100에 선정된 AI 스타트업 모두 축하드립니다. 우선 작년에 이어 올해도 심사에 참여하면서 아이디어와 기술력으로 새롭게 등장하고, 성장하고, IPO 상장 등으로 저희 심사를 졸업하는 등 AI 스타트업들의 탄생, 성장, 졸업 과정을 함께할 수 있음에 감사드립니다. 올해 심사를 통해 느낀 점은 AI 스타트업이 활용하는 인공지능의 기술 성숙도가 높아졌고, 이제는 AI 스타트업 생태계도 최소한의 틀은 갖췄으며, 진출 분야 역시 다양해지면서 AI 스타트업 생태계가 풍성해졌다는 부분입니다. 앞으로 AI 인재, 데이터, 규제 등의 문제 해결 등을 통해 AI 스타트업 생태계가 더욱 활성화되고, AI 스타트업들의 쉼 없는 도전 속에서 대한민국 AI 스타트업 소식을 해외에서 더 많이 들을 수 있기를 기대합니다.

성함	이경전
소속	경희대 경영대학 & 빅데이터응용학과
약력	• (현) 경희대 빅데이터연구센터 소장 • (현) 하렉스인포텍 사용자중심AI 연구소장 • (전) 미국인공지능학회(AAAI) 혁신적인공지능 응용상 3회 수상(1995, 1997, 2020)
이번 심사의 주안점	인공지능 비즈니스 모델의 우수성, 인공지능 기술 접근 관점, 시장에서 인정된 기업 가치.
심사 소감	2021년 코리아 AI 스타트업 100에서 절반 정도가 교체된 것으로 보아, AI산업에 여전히 도전자들이 많고 시장 상황이 다이내믹하다는 점을 느낄 수 있었습니다. 다만 현재의 AI 스타트업들은 주로 가능성의 관점에서 투자를 통한 기업가치로 평가되고 있는데, 그 가능성을 시장에서 실적으로 증명해야 하는 도전에 직면해 있습니다. 사회적으로는 이러한 스타트업의 지속 발전가능성을 위해서, 이들의 성장을 가로막는 현실의 규제와 제도를 적극적으로 개혁해 나가는 등 우리 모두의 실천적 노력이 동반되어야 합니다.

성함	이복기
소속	㈜원티드랩
약력	• (현) 원티드랩 대표 • (전) Accenture Korea 경영컨설팅 부장
이번 심사의 주안점	창업자들이 풀고 싶은 세상의 문제가 무엇인지, 이것을 AI라는 도구를 통해 얼마나 참신하게 해결해가고 있는지를 봄.
심사 소감	AI 스타트업의 일원으로서, 심사보다는 응원의 마음으로 참여했습니다. 대한민국의 미래가 이 안에 있다고 믿습니다. 글로벌에서 우뚝 서는 그날까지 끝까지 응원하겠습니다.

성함	임우형
소속	LG AI연구원
약력	• (현) LG AI연구원 Applied AI Research Lab (랩장/상무) • (전) SK텔레콤 AI센터 AI기술Unit (매니저) • (전) 삼성전자 무선사업부 Voice서비스개발그룹 (책임)
이번 심사의 주안점	현재의 사업 성과와 성장 가능성, 기술 차별성 등.
심사 소감	이번 심사를 통해 국내에도 AI 스타트업이 많이 생겼고 모두 우수한 기술력을 바탕으로 시장을 키워가고 있는 것 같아 대한민국의 미래가 밝다고 느꼈습니다. AI 스타트업 100 선정과 같은 계기를 통해 더욱 많은 스타트업이 알려지고, 새로운 스타트업들이 생겨나고, 또 유니콘, 데카콘으로 발전하는 사례가 늘어나기를 기원합니다. 이를 통해 대기업뿐만 아니라 스타트업이 성공을 위한 길 중 하나로 인식되고 더욱 많은 분들이 도전하는 분위기가 생겼으면 합니다. 모두 함께 관심을 갖고 응원해 주시기를 바랍니다.

성함	장영준
소속	뤼이드
약력	• (현) 뤼이드 CEO, Founder • (전) 타파스미디어 CCO, co-founder
이번 심사의 주안점	기술 novelty, 명확한 문제 정의, 시장성.
심사 소감	AI 기술 개발과 접목은 여전히 많은 영역에서 아직 영글지 않은 초기 단계인 만큼, 많은 기업이 이를 위해 노력하고 있고, 향후 더 다양한 산업에서 기술 및 기반 혁신을 경험하게 될 것이란 가능성을 확인했습니다. 국내에도 AI 기술의 독창적 접목으로 명확한 문제를 해결하고자 하는 많은 기업이 있다는 것을 다시 한 번 알게 돼 기뻤습니다. 또한 상호 협력을 통해 함께 성장할 수 있는 건강한 AI 기업 생태계 조성에 기여해야겠다는 책임감을 느꼈습니다.

성함	서범석
소속	㈜루닛
약력	• (현) ㈜루닛 대표이사 • (전) ㈜루닛 의학총괄이사 • (전) 서울대병원 가정의학과 전공의
이번 심사의 주안점	비즈니스적으로 얼마나 성장했고, 얼마나 더 크게 성장할 포텐셜이 있는지를 주로 봄.
심사 소감	AI는 하나의 기술이지 제품이 아닙니다. AI를 잘 개발한다고 비즈니스가 잘 된다는 보장이 없습니다. 궁극적으로 AI라는 기술을 어떻게 제품화하고 어떤 BM을 잘 구축하고 비즈니스를 확장시켜 나가느냐가 우리가 당면한 주 과제입니다. 그런 관점에서 그동안 국내에서 다양한 AI 스타트업들이 생겨났고, 다수의 스타트업이 나름 타깃하고 있는 영역에서 잘 성장해왔다는 것이 매우 고무적이라고 생각합니다. 위원회에서 짧게나마 활동하면서 다양한 AI 스타트업들에 대해서 배울 수 있어서 너무 좋았고, 영감도 받을 수 있었습니다. 앞으로 우리 모두 파이팅해서 국내 AI 생태계가 지속적으로 잘 성장해나갈 수 있길 바랍니다.

REPORT

2021 선정 스타트업 결과 보고

지난해 처음으로 추진, 선정된 스타트업 100개 기업의 업적 보고. 이들은 지난 1년간 어떤 왕성한 활동과 성과를 거뒀을까.

*by*_**박연익** KT경제경영연구소 수석연구원

2021년 코리아 AI 스타트업 100 프로젝트가 처음으로 추진됐다. KAIST와 KT 경제경영연구소가 AI 스타트업 평가 모델링을 자체 개발했고, AI 전문가 13인으로 구성된 선정위원회가 이를 기반으로 총 100개의 국내 우수 AI 스타트업을 선정했다.
헬스케어(15), 교통(9), 금융&보험(9), 미디어&콘텐츠(9), 교육(8), 세일즈&마케팅(3), 로봇(2), 스마트시티(2), 식음료(2), 패션(2), 인테리어(1), 리테일(1), HR서비스(1), 농축산(1), 법률(1), 스마트에너지(1), 스마트팩토리(1) 등 개별 산업 분야에서 68개 기업이 뽑혔다. 그리고 AI솔루션/플랫폼(12), 요소기술(NLP, 컴퓨터비전)(8), 데이터가공(5), AI프로세서(4), 정보보안(2), AI컨설팅/적용(1) 등 산업공통 분야에서 32개 기업이 선정됐다. 여기서는 작년에 선정된 100개 AI 스타트업 중 졸업한 기업, 2022년에 재선정된 기업 등에 대한 보고와 특히 IPO 진행, 투자유치 성공, 수요처와의 사업협력 등 AI 스타트업의 성장에 대해 살펴본다.

2021년 뽑힌 기업 중 괄목할 만한 성과를 거두며 AI산업 발전에 기여했고 향후 미래 성장 가능성이 더욱 기대되는 기업을 졸업 기업으로 선정했다. 지난 한 해 동안 코리아 AI 스타트업 100에 선정된 기업들의 전방위 활약이 두드러진다. 최근 6개월간 성과만 보더라도 2021년 선정 기업 관련 언론 기사가 30여 개에 달한다.

졸업 스타트업 보고

올해 선정위원회에서는 2021년 뽑힌 기업 중 괄목할 만한 성과를 거두며 AI 산업 발전에 기여했고 향후 미래 성장 가능성이 더욱 기대되는 기업을 졸업 기업으로 선정했다. 졸업 기준은 상장 기업, 유니콘, 3년 연속 선정 기업으로 정했다.
2021년 선정된 기업 중에는 다수의 상장기업이 포함돼 있다. 헬스케어 분야의 뷰노, 제이엘케이, 루닛, 요소기술 (NLP, 컴퓨터비전 등) 분야의 알체라, 이스트소프트, AI솔루션/플랫폼 분야의 마인즈랩, 데이터 가공 분야의 플리토, HR 서비스 분야의 원티드랩, 정보보안 분야의 지란지교시큐리티가 상장해 졸업 기업으로 선정됐다. 특히 2022년 7월 코스닥 상장에 성공한 루닛은 상장 첫날 주가가 30% 가까이 급상승하며 시장의 기대를 한몸에 받았다. 상장 이후 지금까지 주가가 선전을 이어

2021년 선정된 100개 기업 리스트.

가고 있는 루닛은 글로벌 무대에서도 기술력을 입증받아 미래 성장 가능성도 높게 점쳐지고 있다. 글로벌 헬스케어 기업인 가던트헬스가 사상 첫 해외기업 투자처로 루닛을 선택했고, .필립스, GE헬스케어 등도 루닛에 직접 투자하거나 루닛 제품을 도입해 사용하고 있다. 올해 200억원 이상의 매출이 기대되는 루닛은 2024년 매출 1500억원으로 흑자 전환을 자신하고 있다.

이외에도 웹 앱용 채팅 및 메시지 솔루션을 운영 중인 센드버드와 빅데이터 머신러닝 기반 모바일 자동 광고 집행 플랫폼을 운영 중인 몰로코는 기업가치가 1조원 이상으로 평가돼 유니콘이 됐다. 또한 산타토익으로 유명한 뤼이드는 지난해 소프트뱅크 비전펀드2로부터 2000억원(1억7500만달러) 규모의 시리즈D 투자를 유치하는 등 기업가치 약 1조원을 인정받아 예비 유니콘이 됐다.

이들 총 12개 기업을 졸업 기업으로 선정해 앞으로 더욱 발전이 기대되는 기업으로 포커싱하고자 했다. 동시에 졸업 기업을 2022 코리아 AI 스타트업 100 후보에서 제외하면서 새로운 AI 스타트업을 발굴해 선정할 수 있는 기회도 갖게 됐다.

CHAPTER 2

2022년 재선정된 스타트업

올해 코리아 AI 스타트업 100 프로젝트는 45개 기업을 새롭게 선정했고, 55개 기업을 재선정했다. 금융/보험 분야에서는 총 6개 기업 중 5개 기업(크래프트테크놀로지스, 파운트, 디셈버앤컴퍼니자산운용, 웨이브릿지, 에이젠글로벌)이 작년에 선정된 기업이다. 금융이라는 산업 도메인의 특수성 때문에 새로운 스타트업의 진입이 어려운 이유로 해석된다. AI프로세서 분야도 대부분 이미 선정된 업체(퓨리오사에이아이, 리벨리온, 딥엑스, 모빌린트)가 포진해있다. 지난 한 해 동안 KT, 네이버 등 국내 ICT 기업들이 앞다퉈 이들 AI 반도체 스타트업에 투자하면서 주목받고 있다. 수십 년간 쌓아온 반도체산업 경험과 노하우, 산학연에 고루 분포해 있는 수십만 명의 인재, 삼성전자와 SK하이닉스가 일궈놓은 규모의 경제까지 한국은 AI 반도체 분야에서 세계적인 경쟁력을 확보하고 있다. 하지만 아직 독보적 기술을 갖고 있거나 선두 위치에 있는 기업이 없기 때문에 국내 AI 반도체 스타트업이 지속적으로 등장할 것으로 기대된다.

헬스케어 분야도 재선정된 업체들이 다수 있다. AI 기반 약물개발 소프트웨어를 제공하는 바이오 기업 스탠다임, 머신러닝 기반으로 MRI 촬영시간을 4분의 1 이하로 단축시키는 솔루션을 운영 중인 에어스메디컬, MRI 데이터 기반 개인화 맞춤형 뇌 3D 모델링 소프트웨어 '테스랩'을 제공하는 뉴로핏, 체세포를 3차원으로 실시간 관찰할 수 있는 현미경을 제조 및 공급하는 토모큐브, 딥러닝기반 전립선 암 진단 솔루션을 개발하는 딥바이오 외 에이아이트릭스, 쓰리빌리언, 코어라인소프트, 메디픽셀 등 9개 기업이 올해도 유망 스타트업으로 인정받아 재선정됐다.

CHAPTER 3

2021년 선정된 기업들의 활약상

지난 한 해 동안 코리아 AI 스타트업 100에 선정된 기업들의 전방위 활약이 두드러진다. 최근 6개월간 성과만 보더라도 2021년 선정 기업 관련 언론 기사가 30여 개에 달한다.

2021 코리아 AI 스타트업 100 선정 기업들이 이뤄낸 성과

구분	산업
셀렉트스타	AI 학습 데이터 플랫폼 '셀렉트스타' 90억 시리즈A 투자유치
플리토	기업 고객용 번역 관리 플랫폼 '플리토 엔터프라이즈' 출시
스트라드비젼	자율주행 스타트업 스트라드비젼, 국내외에서 1000억대 투자 유치
아우토크립토	자율주행 산업 강자로 우뚝
이스트소프트	KAIST와 'AI 인재 양성' 인턴십 프로그램 진행
비주얼캠프	비주얼캠프 시소 SDK, 서울투자청 '코어100' 선정
마크비전	LVMH 이노베이션 어워드 데이터·AI분야 대상
아크릴	365mc·마이크로소프트·아크릴, AI 비만치료 특화 스마트병원 구축 MOU
아토리서치	NIA 지능형 초연결망 선도·확산 과제 선정
코어라인소프트	유럽 최대 영상의학회 'ECR 2022' 참가
가이온	경기도 빅데이터 전문 교육기관 선정
알체라	AI 기술 공급기업 '낙점'…데이터 가공 지원
애자일소다	베이킹소다 v2.0 출시…"가상환경 구현"
에어스메디컬	안랩과 헬스케어 클라우드 보안 전략 발표
뤼이드	ACL·NAACL 세계 3대 NLP 학회 논문 2편 채택
인피닉	자율주행 데이터 솔루션 기업 인피닉, '글로벌 ICT 미래 유니콘 기업' 선정
마키나락스	AI 머신러닝 개발도구 '링크' 출시
딥브레인 AI	'사이버 윤석열' 만든 딥브레인 AI의 장세영 대표
클라썸	KAIST 전 학과에 교육 소통 플랫폼 도입
파운트	김영빈 파운트 대표 "자산폭등 시기 끝나…투자불안 낮춰줄 내비게이션 될 것"
아드리엘	비즈니스 맞춤형 광고 소재 제작 서비스 출시
리턴제로	AI통화앱 '비토' 누적 다운로드 50만 달성
루닛	AI 활용해 암세포 순도 측정…북미학회서 논문 2편 발표
딥엑스	NPU 기반 인공지능 반도체 스타트업 '딥엑스', 엣지 AI 위한 딥엑스 시리즈 선보인다
올거나이즈	올거나이즈 이창수 대표, "AI 인지검색 솔루션으로 정확하고 빠른 문서 검색 가능해"
업스테이지	AI 스타트업 업스테이지, 'AI 올림픽' 10번째 금메달 수상
뉴로핏	뇌 영상 AI 분석 솔루션 국내 의료기기 인증 획득
액션파워	EBS '클래스e' 자막 제작에 AI 서비스 '다글로' 도입

CHAPTER 4

KT와 AI 스타트업들의 협력

딥브레인에이아이의 버추얼 휴먼.

AI원팀 테크세미나 참여 기업 리스트

구분	산업
2월	딥엑스(AI프로세서), 올거나이즈코리아
3월	제이엘케이(헬스케어), 뉴로핏(헬스케어)
4월	디사일로(데이터가공)
5월	파운트(AI투자솔루션)
6월	리벨리온(AI반도체)

AI 반도체 분야에서 우수한 개발 인력과 수준 높은 주문형 반도체(ASIC) 설계 경쟁력 등 차별화된 입지를 다져온 리벨리온은 최근 KT에서 300억원 규모의 전략적 투자를 유치했다. 2020년 9월 창업한 리벨리온은 설립 2년이 채 되지 않아 누적 1000억원에 육박하는 연구개발 자금을 확보했다. 투자유치 후 기업가치는 3500억원을 넘어선다. 리벨리온은 2021년 11월 출시한 파이낸스칩으로 국내외 파트너사들과 샘플링을 진행 중에 있으며 올해 3분기 중 클라우드 서버용 칩의 테이프아웃(설계 최종단계)을 앞두고 있다.

마케팅 솔루션을 개발하는 글로벌 애드테크 기업인 아드리엘은 지난 2월 신한벤처투자, 한국투자파트너스, LB인베스트먼트, KT인베스트먼트, 퀀텀벤처스 코리아 등이 참여한 시리즈B에서 150억원 규모의 투자를 유치했다. 아드리엘은 기업의 디지털 마케팅을 보다 효율적으로 운영 및 관리할 수 있도록 하는 '애드옵스(AdOps)' 솔루션을 운영하면서, 설립 4년 만에 6,500여 곳의 기업을 위한 3만2000건 이상의 디지털 캠페인을 집행 및 운영하며 빠르게 성장하고 있다.

지난 4월 딥브레인에이아이는 KT와 기가지니-AI휴먼 사업 협력을 위한 업무협약(MOU)을 체결했다. 양사는 이번 협력으로 KT 기가지니의 인공지능 두뇌에 딥브레인에이아이의 가상인간을 결합한 '기가지니 AI휴먼'을 만들고, 이를 활용한 새로운 기가지니 사업을 개발한다. 이후에도 KT의 '기가지니 인사이드(GIGAGENIE INSIDE)'[1]가 탑재되는 AI 서비스에 양사가 개발한 기가지니 AI휴먼을 적용하고 사업을 고도화한다는 계획이다.

KT는 현재 2021 코리아 AI 스타트업 100 선정 기업의 서비스 및 솔루션, 기술정보, 사업정보 등을 KT의 파트너사 협력 플랫폼인 에코온에 등록해 AI 스타트업과 KT가 기민하게 협력할 수 있는 환경을 구축했다. 2021년에 이어 2022년 코리아 AI 스타트업 100 기업들도 에코온에 등록해 활발하게 교류하고 협력하도록 지원할 예정이다.

또한 AI원팀 테크세미나와 미니포럼을 매월 개최해 AI원팀 회원사[2]와 코리아 AI 스타트업 100 기업들이 스킨십을 강화하고 사업협력을 논의하는 자리를 마련하고 있다. 지난 테크세미나에는 딥엑스, 올거나이즈코리아, 제이엘케이, 뉴로핏, 디사일로, 파운드, 리벨리온 등 많은 기업이 참여해 AI원팀 회원사를 대상으로 피칭 및 기술을 소개하는 기회를 가졌다.

지난 6월 시작한 AI원팀 미니포럼은 KT와 LG전자가 주최해 비주얼캠프, 딥브레인에이아이가 참여했다. 7월에는 KT, GC, 한진이 주최한 미니포럼에 딥바이오와 리턴제로가 참여했다. 이렇게 AI원팀과 AI 스타트업들이 자주 만나 협력하는 기회를 마련해 시너지가 나길 기대해 본다.

[1] 기가지니 인사이드는 로봇, 자동차, 가전제품, 키오스크, 모바일앱 등 기가지니가 아닌 제품에도 기가지니 AI를 탑재해 이용할 수 있도록 하는 '소프트웨어 SDK 기반의 기가지니 플랫폼'이다. 이용을 원하는 파트너사에게 클라우드 기반의 기가지니 AI 플랫폼을 제공해, 손쉽게 KT의 인공지능 기술을 적용한 제품을 만들 수 있다.

[2] AI원팀은 대한민국 AI 경쟁력 강화를 위해 2020년 출범한 AI 산학연 협의체로 현재 12개 참여기관이 활동 중 – (기업) KT, 현대중공업그룹, LG전자, 한국투자증권, 동원그룹, 우리은행, 한진, GC(녹십자홀딩스) – (학계) KAIST, 한양대학교, 성균관대학교 – (연구기관) ETRI

KOREA STARTUP 100

Industrial AI Applications

교육
QANDA · AKA AI · TURING

교통/운송
STRADVISION · PHANTOM AI · THORDRIVE · INFINIQ · Spring Cloud · VESTELLALAB · NEARTHLAB · RideFlux · SEOUL ROBOTICS

금융/보험
QRAFT · fount · 삼쩜삼 · December. · Wavebridge · AIZEN

농축산
한국축산데이터 · ioCrops

로봇
BEAR ROBOTICS · clobot · NEUBILITY · TWINNY · RGT

버추얼휴먼
klleon · DEEPBRAIN AI · dobstudio

미디어/콘텐츠
typecast · Mycelebs · BEPRO · seerslab · VOYAGERX · XL8

세일즈/마케팅
biginsight · obzen

스마트 시티
superbin · KWEATHER

스마트 에너지
ENCORED

스마트 팩토리
onepredict · RTM · iNEEJI

패션
MARQVISION · iDiction · STYLE BOT · Oddconcepts

푸드테크
SHIN STARR

프롭테크
zenerate

헬스케어
Standigm · AIRS Medical · neurophet
Tomocube · deepbio
Clari π Inc. · Huray · lululab
hutom · AI TRICS · PharmCADD
3billion · core:line · edenlux
NEUROZEN · 메디픽셀 · Genoplan
oncosoft · HITS

Cross-Industry AI Applications

AI 솔루션/플랫폼
MakinaRocks · 3i · VTOUCH
Agile SoDA · allganize · TWC
ViewMagine · genesis lab
악어디지털 INTELLIGENCE · Nota AI
Algorithm LABS · common computer
POSICUBE · SOLUGATE
FriendliAI · Superb AI
Twelve Labs

AI 컨설팅/적용
upstage

AI 프로세서
FURIOSA · rebellions_ · DEEPX
mobilint · Alsemy

데이터 가공
DEEPING SOURCE · AIMMO · CNAI
SELECTSTAR · crowdworks

요소기술(NLP, 컴퓨터비전 등)
Skelter Labs · returnzero · RIPPLE AI
ActionPower

정보보안
S2W

MARKET

2022년 선정 기업으로 살펴본
대한민국 AI 스타트업 트렌드

올해 선정된 AI 스타트업 기업 리스트로 보는 국내 AI 스타트업 트렌드 분석. 어떤 기업, 어떤 기술이 각광을 받고 있을까.

by_김도향 KT경제경영연구소 책임연구원

지금은 AI 황금기라고 불러도 좋을 만큼 AI가 모든 곳에 적용되는 시대다. 글로벌 리서치 기관인 Zion Market Research가 지난 6월 발표한 보고서에 따르면 2021년 글로벌 AI 시장 규모는 596억7000만달러에 달했다. 이후 연간 성장률 39.4%를 기록해 2028년에는 4223억7000만달러 이상이 될 것으로 전망된다.

이처럼 가파른 성장세가 기대됨에 따라 세계 각국은 AI산업의 주도권을 확보하고 AI 강국을 건설하기 위해 AI 유니콘 육성에 열을 올린다. 국내도 AI 스타트업 투자가 매년 2배 이상씩 증가하고 있으며, 스타트업 창업도 꾸준히 증가하고 있다.

국내 AI 스타트업 투자 현황과 함께 AI 스타트업 트렌드를 살펴보고, 2022년 선정 기업을 중심으로 작년과 비교해 어떤 변화가 있었는지 알아본다.

1 지난 1년간 AI 스타트업 관련 투자 규모 변화

스탠퍼드대학이 지난 3월 발행한 '인공지능 지수 보고서 2022'에 따르면 지난해 세계 민간에서 AI에 투자한 금액은 935억4000만달러(약 113조4000억원)로 나타났다. 국가별로 살펴보면 미국 내 민간 투자 금액은 528억8000만달러(약 64조원)로 가장 많았다. 2위인 중국 내 민간 투자액(172억1000만달러, 약 20조8000억원)의 3배가 넘는다.

뒤를 이어 영국(46억5000만달러, 약 5조6000억원)과 이스라엘(24억1000만달러, 약 2조9000억원), 독일(19억8000만달러, 약 2조4000억원) 등의 순이었다. 한국은 11억달러(약 1조3000억원)로 10위를 기록했다.

또한 지난 4월 CB인사이츠가 발간한 'AI 현황 보고서'에 따르면 AI 스타트업에 대한 글로벌 투자액은 지난해 668억 달러(81조원)로 2020년 321억달러(40조원)보다 108%나 늘었다. 전체 투자 건수 증가 폭은 크지 않았으나 평균 투자액이 2020년 1800만달러(220억원)에서 2021년 3200만달러(390억원)로 78% 증가하며 투자 규모가 커졌다.

특히 스타트업이 1회 투자유치 때 1억달러(약 1100억원) 이상 대규모 자금을 조달하는 메가라운드는 2020년 37건에서 179건으로 5배가량 급증했다. 현재까지 집계된 전 세계 AI 유니콘[1](125개) 중 절반 이상(65곳)이 지난해 탄생했다. 이런 상황은 국내도 비슷하다. 2021년 한국 스타트업에 몰린 투자액은 약 13조원으로 2020년 약 5조원보다 3배 가까이 증가했다. AI 분야만 살펴보면, 2021년 국내 AI 스타트업 대상 투자액은 약 2조5193억원으로 2020년 약 8123억원보다 3배 이상 증가(비공개 투자 금액은 제외)해 전체 스타트업 투자액 증가 추이를 그대로 반영하고 있다.

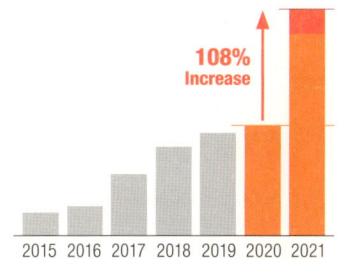

세계 AI 스타트업 투자액 추이

108% Increase

2015 2016 2017 2018 2019 2020 2021

*주 2015~2021년
자료 'State of AI 2021 Report', CBINSIGHTS

같은 기간 투자 건수는 2020년 163건에서 2021년 179건으로 증가 폭이 크지 않아 글로벌 투자 트렌드와 마찬가지로 투자규모가 커진 것을 알 수 있다. 특히 스타트업이 1회 투자유치 때 1000억원 이상 대규모 자금을 조달한 경우는 2020년 0건에서 2021년 6건(총 9369억원)으로 전체 투자 금액의 약 37%를 차지하고 있어 소수의 기업에 투자액이 쏠린 경향을 보이고 있다.

자세히 들여다보면 뭉칫돈이 AI 스타트업들에 몰리며 AI 유니콘 성장을 견인하는 글로벌 동향과 달리 국내 AI 스타트업들은 대부분 초기 투자 상태에 머물러 있다. 국내 스타트업 민관협력 네트워크 스타트업얼라이언스가 발간한 'AI 스타트업 생태계 리포트'에 따르면 AI 스타트업 10곳 중 6곳(60.5%)은 시드투자와 프리 시리즈A 등 초기 투자를 받은 것으로 나타났다.

실제로 지난해 세계적으로 65곳의 AI 유니콘이 탄생했지만, 한국에서는 AI 유니콘이 하나도 없는 상황이다. 지난해 기준으로 스타트업 18곳이 기업가치 1조원 이상을 달성했지만 특화된 AI 기술을 보유한 유니콘 기업은 아직 등장하지 못하고 있는 것이다. 다만 최근 몇 년간 두각을 나타내는 AI 스타트업들이 있어 향후 국내 AI 유니콘 기업의 등장을 기대해볼 만하다.

2 글로벌 스타트업 트렌드와 국내 스타트업 트렌드 비교

최근 부각되는 AI 기술과 서비스 분야를 살펴보기 위해 2022 코리아 AI 스타

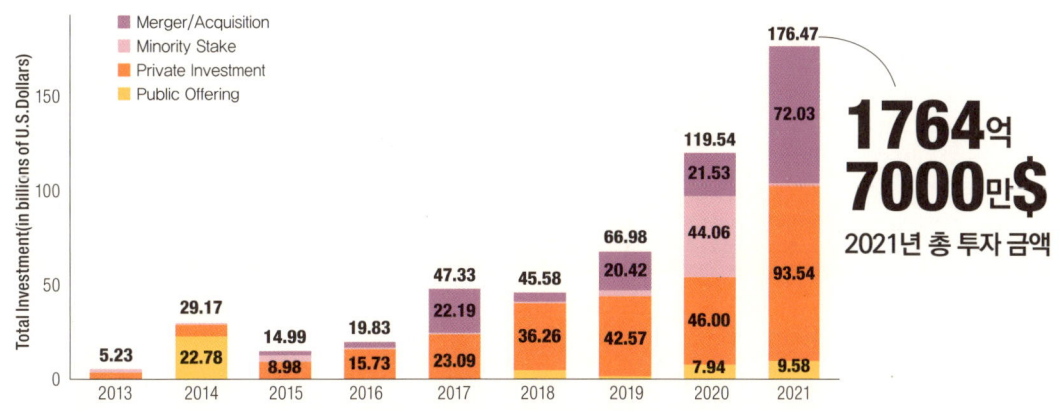

세계 AI 투자액 추이

1764억 7000만$
2021년 총 투자 금액

*주 2013~2021년 자료 '2022 AI Index Report: Measuring trends in Artificial Intelligence', Stanford University 단위 십억달러

2조 5193억원
2021년 국내 AI 스타트업 대상 투자액

*주 2019~2021년 자료 로아엔진 기반 KT경제경영연구소 재구성 단위 억원, 건수

트업 100 선정 기업과 CB인사이츠가 2022년 5월 발표한 'AI Startups 100'을 비교해 보았다.

CB인사이츠는 지난 2017년 이후 매년 AI 분야 글로벌 100대 스타트업을 발표하고 있다. 올해는 여섯 번째 발표로 세계 약 7000개 스타트업을 대상으로 R&D 활동, 모자이크 스코어(Mosaic Scores)[2], 시장성, 비즈니스 관계도, 투자자 현황, 뉴스 감정분석(news sentiment analysis), 경쟁 상황, 인적 구성(team strength), 기술적 참신성을 평가해 100개 유망 기업을 내놓았다. 국가별로 미국 72개, 영국 8개, 캐나다 5개 등 북미와 영국이 85%를 차지했다. 이어 이스라엘 4개, 중국 3개, 스위스·독일 각 2개, 대한민국·홍콩·인도·스웨덴 각 1개가 이름을 올렸다. 산업특화 애플리케이션별로는 헬스케어(10개), 금융&보험(7개), 소매(6개), 자율주행(5개) 순이고, 가장 큰 비중을 차지하는 의료분야의 경우 외과 기술과 희귀질환용 약물 탐색 기업을 포함하고 있다. 전 산업에 걸쳐 공통적으로 활용될 수 있는 산업 공통 응용 솔루션 영역에서는 창고·물류 로봇, 영업·컨택 센터 관련 기술, 엔지니어링 설계 도구 등과 관련한 업체들이 골고루 포함됐다. AI 영상 검색 기술 스타트업인 트웰브랩스가 국내 기업으로는 유일하게 검색 카테고리에 이름을 올렸다. CB인사이츠는 올해 특히 AI 개발 툴 분야를 따로 분류했는데, 데이터 어노테이션부터 모델 훈련, 알고리즘 편향에 대한 모델 모니터링까지 AI 라이프사이클의 다양한 단계 관리를 지원하는 솔루션 관련 업체들을 포함했다.

2022 코리아 AI 스타트업 100을 통해 선정된 기업 분포를 살펴보면, 개별 산업 분야에서는 헬스케어(19개), 교통&운송(9개), 금융&보험(6개), 미디어&콘텐츠(6개) 순으로 선정됐다. 산업 공통 분야에서는 AI 솔루션&플랫폼(17개), 데이터 가공(5개), AI 프로세서(5개) 순으로 뽑혔다. CB인사이츠 글로벌 AI 스타트업 100과 마찬가지로 헬스케어 분야와 금융 및 보험 분야, 그리고 자율주행 분야에서 AI 스타트업들이 활약하고 있는 것을 알 수 있다.

실제로 글로벌 AI 투자 규모를 보더라도, 2021년 전체 투자 금액의 5분의 1이 헬스케어 관련 스타트업에 투자돼 국내외 AI 스타트업의 트렌드가 헬스케어에 집중돼 있음을 알 수 있다.

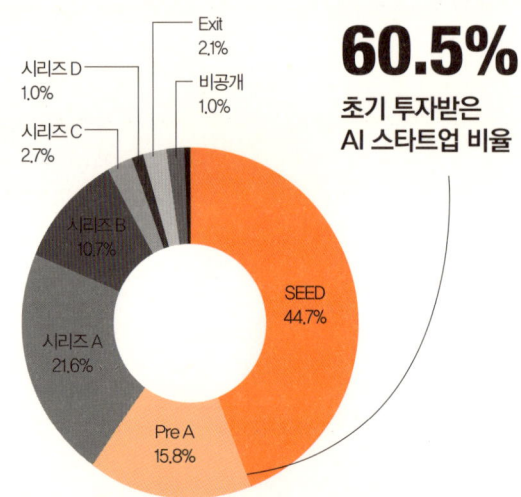

60.5% 초기 투자받은 AI 스타트업 비율

*주 2021년 2월 기준 스타트업 투자정보 플랫폼 더브이씨(The VC)의 '한국 스타트업 투자 데이터베이스'에 등록된 AI 스타트업 291개사를 대상으로 진행. 정부 지원금만 받은 경우는 포함되지 않음.
자료 'AI 생태계, 스타트업이 말하다'(2022.04.25), 스타트업얼라이언스

CB INSIGHTS AI 100 2022

구분	산업	회사 수
산업 특화 애플리케이션	헬스케어	10
	금융·보험	7
	소매	6
	자율주행	5
	텔레콤, 우주&방위, 농업, 건설, 게임, 미디어	2
	정부, 해양, 오수관리	1
산업 공통 응용 솔루션	제조	4
	창고·물류 자동화, 영업·컨택센터, 검색, 사이버보안	3
	엔지니어링 설계, 비즈니스 인텔리전스, IT&데브옵스 자동화, 기타 R&D	2
	고객 피드백 분석, 위치 데이터, 작업자 안전 및 사고 방지	1
AI 개발 툴	AI 반도체	5
	모델 검증&모니터링, 머신러닝 플랫폼, 자연어 처리	4
	데이터 품질&관찰가능성, 버전 컨트롤&실험 트래킹	3
	데이터 어노테이션	2
	합성 자료, 데이터 비식별, 머신러닝 배포, 자원 최적화, 컴퓨터 비전	1

2022 코리아 AI 스타트업 100

구분	산업	회사 수
개별 산업	헬스케어	19
	교통·운송	9
	금융·보험, 미디어·콘텐츠	6
	로봇	5
	패션	4
	교육, 버추얼휴먼, 스마트 팩토리	3
	농축산, 세일즈·마케팅, 스마트시티	2
	스마트 에너지, 푸드테크, 프롭테크	1
산업 공통	AI 솔루션·플랫폼	17
	데이터 가공, AI 프로세서	5
	요소기술(NLP, 컴퓨터 비전 등)	4
	AI 컨설팅·적용, 정보 보안	1

3 주요 산업별 AI 활용 특징과 사례

헬스케어

코로나19 팬데믹 이전과 비교해 디지털 헬스케어[3] 시장은 약 10배 이상 커진 것으로 분석된다. 시장조사 기관 리서치앤마켓에 따르면 글로벌 디지털 헬스케어 시장은 2020년 1833억달러(약 217조원)에서 2027년 5000억달러(약 600조원)로 성장할 것으로 전망됐다. 이에 국내외에서 디지털 헬스케어 관련 스타트업에 대한 관심도 증가하고 있다. 국내 AI 스타트업계에서도 디지털 헬스케어 업체들이 투자유치에 잇따라 성공하며, 본격적인 사업화를 추진하고 있다. 올해 코리아 AI 스타트업 100에도 헬스케어 분야에서 가장 많은 19개 기업이 선정됐다. 특히 작년에 뽑혔던 뷰노, 제이엘케이, 루닛이 상장 기업에 해당돼 졸업 기업으로 선정됐고, 올해 새롭게 10개 기업이 헬스케어 분야에 진입했다. 딥러닝 기술 기반 CT 영상 노이즈 제거 솔루션을 개발하는 클라리파이, 빅데이터 분석 기술 기반의 바이오·의료 연구개발 및 건강관리 솔루션을 운영하는 휴레이포지티브, 피부를 AI로 분석해 최적의 제품을 추천하는 솔루션을 제공하는 룰루랩, 의료 빅데이터를 기반으로 이를 학습한 AI와 로봇을 활용해 수술 성공률을 높이는 서지컬 데이터 플랫폼 업체인 휴톰이 대표적이다.

교통/운송

교통과 운송 분야 관련 AI 스타트업은 자율주행과 지능형 교통체계 제어, 사고 위험 예측·예방, 물류 배송 최적화 등에 포진돼 있다. 현대자동차가 올해 말 레벨3 자율차 상용화를 앞두고 있어 관련 스타트업들의 신규 투자는 물론이고 매출이 크게 늘고 있다. 미국에 본사를 둔 자율주행차 업체 토르드라이브의 경우 1000억원의 대규모 투자 유치 작업에 착수했고, 첨단 운전자 보조 시스템(ADAS)과 자율주행용 AI 기반 카메라 인식 소프트웨어를 개발하는 국내 스타트업 스트라드비젼도 8월 1076억원 규모의 투자를 받았다. 자율주행 소프트웨어 개발 스타트업 라이드플럭스도 지난해 12월 165억원의 투자를 받았다. 이런 현상을 보더라도 미래차 핵심 기술을 보유한 기업에 대한 투자는 끊이지 않는 모양새다.

자율주행은 비단 자동차에만 해당되지 않는다. 올해 새롭게 코리아 AI 스타트업 100에 진입한 자율비행 드론 솔루션 스타트업 니어스랩은 국제 AI 대회 캐글(Kaggle)[4]에서 금메달을 획득하면서 기술력을 인정받았다. 니어스랩의 누적 투자는 국내 드론 스타트업으로는 최대 규모인 300억원이다. AI 자율비행 시스템을 적용한 드론으로 주요 시설물 안전을 점검하는 솔루션을 개발하고 있는데, 드론이 시설물에 접근해 촬영하며 이미지 딥러닝으로 안전 문제와 결함을 찾아낸다.

로봇

코로나19로 비대면 문화의 확산, 고령화와 구인난으로 인해 다양한 업종에서 로봇 수요가 급증하면서 로봇 관련 스타트업이 관심을 받고 있다.

특히 자율주행 기능을 탑재한 서빙 로봇, 배달 로봇 제조·판매 업체들이 올해 코리아 AI 스타트업 100에 다수 포함됐다. 2007년 설립된 베어로보틱스는 지난 3월 시리즈B(두 번째 기관투자)에서 1000억원의 투자금을 유치했다고 발표해 화제를 모으기도 했다. 베어로보틱스는 2020년부터 라이다(LiDAR) 센서와 3차원(3D) 카메라로 주변을 인식해 손님 테이블까지 자율주행으로 음식을 안전하게 운반하는 자율주행 서빙 로봇 '서비'를 제조·판매하기 시작했다. 현재 한국, 일본, 미국의 여러 요식업체에서 서비가 사용되고 있다.

여러 산업에서 로봇 도입이 늘면서 이를 제어할 관제 시스템 역시 중요해지고 있다. 로봇 하드웨어(HW)만큼이나 로봇을 제어하는 SW 중요성도 크기 때문이다. 예를 들면, 같은 서비스를 제공하더라도 로봇별로 제조사가 다른 경우가 많은데, 로봇마다 운영체제(OS)가 다르면 상대 로봇을 장애물로 인식하고 오동작할 위험이 존재한다. 이에 클로봇은 2020년 로봇 제조사와 관계없이 통합으로 경로와 동작 등을 제어할 수 있는 이기종 로봇 관제 솔루션 '크롬스'를 출시했다.

로보틱스는 AI와 IoT, 드론, 자율주행, 가상현실(VR), 5G 이동통신 등의 첨단 기술과 접목되면서 '말하고 판단하고 실행하는 로봇'이 미래 산업의 핵심으로 떠오를 것으로 보여 향후 AI 스타트업 시장에서 더욱 더 주목되는 분야다.

버추얼휴먼

4년 전쯤, MBC에서 VR다큐멘터리 '너를 만났다'를 방영한 적이 있다. 세상을 떠난 아이, 아내, 어머니를 생전의 영상과 음성을 기반으로 버추얼휴먼을 제작, VR을 착용하고 기억 속의 그들을 만나러 가는 다큐멘터리였다. 3D 버추얼휴먼의 어색함과 이질감은 남아 있었지만, 그래도 더 이상 볼 수 없는 사람을 다시 만나는 경험에 참가자들은 하염없이 눈물을 쏟았다.

이렇게 세상을 떠난 이를 버추얼휴먼으로 다시 만나는 서비스를 국내 스타트업이 시작했다. '딥브레인AI'는 지난 7월 세계 최초로 나이 든 부모님의 건강한 모습을 AI휴먼으로 구현하는 '리메모리' 서비스를 시작했다. 음성 및 영상 합성, 자연어 처리, 음성 인식 등과 같은 기술을 활용해 이 서비스를 신청한 이용자의 부모 얼굴과 목소리, 표정을 담은 가상 인간을 제작하는 것이다. 버추얼휴먼이 사회 전반에서 눈에 띄

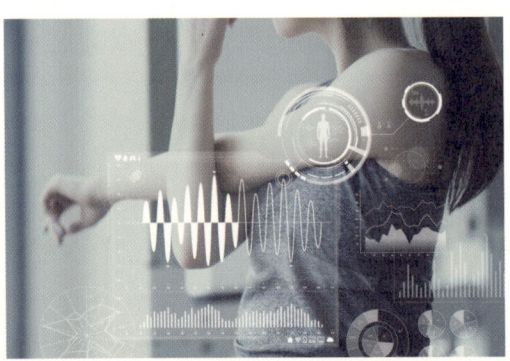

게 증가하고 있다. 은행원부터 아이돌, 영어 선생님, 쇼호스트, 안내원, 큐레이터 등과 심지어 TV 생방송 출연까지 다양한 영역으로 활동 무대를 넓히고 있다. 올해 지난해와 달리 버추얼휴먼 분야가 새롭게 진입한 이유다.

디오비스튜디오는 2020년 출범한 스타트업으로 실제 인물과 견줘도 쉽게 구별이 안 가는 가상인물 '루이'를 선보이며 엔터테인먼트, 광고, 유통업계에 혜성처럼 등장했다.

그간 대부분 가상인물이 컴퓨터그래픽(CG) 기술을 이용해 정교함을 더하지만, 이에 비례해 오랜 작업 시간과 비용이 수반될뿐더러 피부의 미세한 움직임을 완벽하게 처리하지 못해 이른바 '불쾌한 골짜기 현상'을 일으키곤 했다. 디오비스튜디오 루이는 AI 딥러닝 기술을 적용해 제작 속도와 경제성이 뛰어나고, 실제 사람과 구별하기 쉽지 않은 완벽한 '부캐(부가캐릭터)'를 만들어냈다는 평가를 받아, 작년 11월 50억 원의 투자 유치를 받았다. 또한 지난 6월에는 환상 속 존재 '아일라'를 버추얼휴먼으로 선보이며 메타버스 시대에 대비하고 있다.

의식주 라이프

AI를 비롯한 첨단 기술을 앞세워 의식주 혁신에 나선 이른바 '라이프테크'

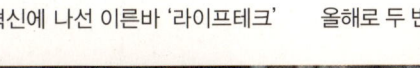

스타트업이 올해에도 주목을 받고 있다. 딥러닝 이미지 인식기술 기반 이커머스 위조상품 모니터링 솔루션 및 온라인 브랜드 포장영상 시스템을 운영 중인 마크비전, 스마트폰으로 신체사이즈 측정을 통한 의류 사이즈 매칭 서비스를 제공하는 아이덕션, 자체 개발한 '로봇 요리사' 시스템으로 주방 인력을 최소화해 요리 과정을 효율화한 신스타프리젠츠, 부동산 개발 시 수익화와 효율성 등 고객 니즈에 따라 최적화된 공간을 설계해주는 AI 기반 설계 솔루션 '제너레잇'을 운영하는 제너레잇 등 우리 일상생활과 관련한 AI 스타트업들이 점차 많아지고 또 다양해지고 있다. AI 스타일리스트·디자이너·요리사·건축설계사 등 사람처럼 '일 좀 하는' AI가 속속 등장하기 시작한 것이다.

이런 AI 스타트업이 많아질수록 AI가 사람 업무를 도와주고, 사람은 창의적인 일에 집중하면서 업무 생산성을 높이는 미래를 기대해 볼 수 있게 될 것이다. 이들 스타트업이 보여줄 각종 테크를 활용한 서비스로 우리의 일상이 획기적으로 편리해지는 미래를 기대해 본다.

트렌드 제언

올해로 두 번째를 맞이하는 코리아 AI 스타트업 100은 매년 AI 스타트업 발굴을 통해 AI 분야의 창업을 활성화하고 기업 역량을 강화해 AI 혁신 생태계의 선진화를 조성하고, 국가의 AI 경쟁력을 제고하는데 기여하려 노력하고 있다. 올해는 기존에 선정된 55개 기업을 재선정해 우수한 AI 기업을 다시 한번 조명하고, 새로운 기업 45개를 소개해 국내 AI 스타트업 생태계가 건강하게 지속적으로 활성화되고 있음을 보여주고 있다.

스타트업얼라이언스가 지난 5월 주요 기술이 AI로 등록된 스타트업 314곳을 분석한 'AI 생태계, 스타트업이 말하다' 보고서에 따르면 73.9%는 B2B 비즈니스[5]를 했다. B2C 비즈니스는 43.9%로 상대적으로 적었다. B2B 영역 없이 B2C 비즈니스만 하는 스타트업은 24.4%에 불과했다. 많은 AI 스타트업들이 일반 고객보다는 기업, 특히 대기업과 비즈니스를 하고 있는 것이다.

기술이 고도화돼도 일반 이용자들이 체감할 제품과 서비스는 상대적으로 부족한 것이 현실이다. AI는 미래의 핵심 기술인 데 반해 국내 스타트업 수는 글로벌에 비해 많이 부족하다. B2B, B2C 모든 영역에서 더욱 다양한 AI 스타트업들이 창업하고 성장해서 좀 더 많은 사람들이 경험할 수 있는 AI 제품과 서비스가 등장하길 기대해 본다.

[1] 기업가치 1조원 이상 비상장기업

[2] Mosaic Scores: CB인사이츠 알고리즘을 토대로 비상장기업 전반의 시장성, 재무상태, 성장 잠재력 등을 측정해 기업의 성장세를 예측하는 자체 개발 지표

[3] 디지털 헬스케어는 건강과 보건 의료분야에 인공지능(AI)과 가상현실(VR), 모바일앱, 무선통신, 원격의료, 소프트웨어 등의 첨단기술을 결합한 형태를 의미하며 병원 의료 서비스의 영역을 포함

[4] 캐글은 구글이 보유한 데이터 전문가 커뮤니티이자 세계 최대 AI 대회 플랫폼. 세계 다양한 기업들이 풀고 싶은 과제를 캐글에 등록해 AI로 해결하는 경진대회를 개최하는 방식으로 진행되며 현재 194개국 800만 명 이상 회원을 보유 중

[5] B2C(기업과 소비자 간 거래)와 중복 허용

FOCUS

멘토가 되어 돌아온 2021년 선정 기업 ① - 루닛

전문 인재들이 개발한 AI기술로 의료 판도 바꾸는 '루닛'

서범석 루닛 대표

'인공지능 기술을 통한 암 정복'을 꿈꾸는 루닛은 2013년 의료 AI기업으로 태동했다. 설립 이후 국내 최초로 미국 헬스케어 VC로부터 대규모 투자를 유치하고 GE헬스케어, 필립스 등 글로벌 의료기기와 파트너십을 맺고 공격적인 저변 확대로 글로벌 시장에 기술력을 인정받았다. 루닛은 가정의학과 전문의 출신인 서범석 대표를 비롯해 6명의 KAIST 출신 공동창업자가 세운 국내 1호 딥러닝 기업이다.

by_강홍민 한국경제매거진 기자

루닛이 개발한 '루닛 인사이트', '루닛 스코프'에 대해 소개해 주세요.

"루닛 인사이트는 흉부 엑스레이 분석을 통해 폐 질환 진단을 보조하는 소프트웨어인 루닛 인사이트 CXR과 유방암 진단 보조 제품인 루닛 인사이트 MMG로 나뉩니다. CXR은 흉부 엑스레이 내 폐암을 유발할 수 있는 아홉 가지 폐 질환을 99%에 가까운 정확도로 검출하고, MMG는 유방 촬영술 내 유방암을 96% 정확도로 검출해 의료진의 진단을 보조하는 역할입니다.

루닛 스코프는 AI로 암세포 조직을 분석해 환자의 항암 치료 반응을 예측하는 소프트웨어인데요. AI를 통해 조직 슬라이드의 전체 영역을 빠르게 분석해 환자에게 맞는 면역항암제 등 치료제를 제시하는 '바이오 마커' 역할을 합니다."

업계에서는 루닛 인사이트, 루닛 스코프가 의료 현장에서의 AI기술 도입을 빨리 끌어올렸다는 평가가 있는데요. 루닛의 차별화 전략은 무엇인지 궁금합니다.

"루닛의 성공 비결은 세계 최고 수준의 AI 기술력 그리고 의학 전문성, 글로벌 비즈니스를 위한 환경 조성을 꼽을 수 있습니다. 무엇보다 저희의 강점이자 차별점은 KAIST 출신의 공동창업자를 주축으로 한 AI 연구 인력을 확보하고 있다는 점, 그리고 의료 AI제품 개발을 위한 양질의 의료데이터를 구축한다는 점입니다. 특히 글로벌 AI경진대회에서 구글, IBM, 마이크로소프트 등 글로벌 기업을 제치고 최고 성적을 거뒀다는 점도 저희의 강점이자 차별점이죠."

의료분야 특성상 끊임없는 연구가 필요한 분야이기도 합니다. 새로운 기술 개발 등을 위해 어떤 준비를 하고 있으신가요.

"저희의 강점 중 하나가 국내 가장 많은 수준인 12명의 전문의가 근무하고 있고, 영상의학 및 종양학 관련 세계적인 석학으로 구성된 자문단을 보유하고 있다는 점입니다. 이를 통해 150편이 넘는 연구논문 및 초록을 국제학술지와 글로벌 학회에 소개하고, 해외 80여 개의 의료기관과 연구 파트너십을 맺고 다양한 연구를 진행하고 있습니다."

2013년 창업 이후 괄목할 만한 성과를 많이 이뤘습니다. 어떤 성과가 있는지 소개해 주십시오.

"무엇보다 루닛 인사이트와 루닛 스코프 개발을 통해 암 환자의 생존율 향상에 기여했다는 점을 꼽을 수 있는데요. 실제 루닛의 X-Ray 및 유방 촬영술 영상 분석 솔루션을 통해 놓쳤던 암을 발견하는 사례가 나오고 있고, 저희 제품을 통해 암을 조기에 발견할 가능성을 지속적으로 확인하고 있습니다.

사업적인 면에서는 2019년 매출 2억원을 기록한 이후 이듬해 14억 원, 2021년 66억원을 달성했습니다. 올해는 200억원의 매출을 목표로 하고 있을 정도로 급성장 중인데요. 내년 상반기에는 암 치료 결정 가이드 역할을 하는 AI 바이오마커 '루닛 스코프'의 정식 론칭을 앞두고 있어 다양한 글로벌 제약사들과 협업을 통한 매출확대를 기대하고 있습니다."

루닛의 성장세와 성과가 빠르게 나타나고 있는 반면 스타트업 운영을 하면서 어려운 점도 있을 것 같습니다.

"회사가 빠르게 성장하는 과정에서 스테이지에 맞게 성과를 이루고, 지속적으로 운영하는 방식을 바꿔나가야 하는 게 쉽지만은 않은 것 같아요. 스타트업답게 미래에 대한 큰 포텐셜을 제시해야 하고, 구성원들을 잘 이끌어 나가야 한다는 점, 그리고 누군가 밟았던 길이 아니라 우리 스스로 미래를 만들어 나가야 한다는 점도 스타트업, 그리고 루닛이 겪고 있는 고충일 듯싶습니다."

최근 국내 AI기술 및 기업이 글로벌시장에서 두각을 나타내고 있습니다. 앞으로의 AI시장, 그리고 국내 의료 AI기업은 어떻게 성장할 것으로 보시나요.

"의료는 근본적으로 데이터 기반 산업입니다. 의료진이 의사결정을 할 때 다양한 데이터를 가지고 결정하는데, 의료 데이터는 매우 복잡하기 때문에 데이터를 정밀하게 분석하는 데 도움을 줄 수 있는 AI기술은 가치가 높을 수밖에 없죠. 때문에 앞으로 인공지능은 의료의 기본이 되고 시장 확장성도 크다고 봅니다. 다만, 시장이 원하는 제품을 구성하고, 비즈니스 모델을 얼마나 잘 구축하느냐에 따라 생존여부는 결정될 것입니다."

향후 루닛이 이루고자 하는 계획 또는 목표가 있다면 무엇인가요.

"루닛은 모든 암 영역에서 글로벌 표준이 되기 위해 노력하고 있습니다. 암 진단 분야에서 파트너십을 확대해 매출을 확대하고, 국가별 인허가를 통해 판매지역을 넓혀 나갈 계획입니다. 또 2대 주주이자 전략적 파트너인 가던트헬스와 협업을 강화해 향후 새로운 암 검진 및 진단법을 발굴하고 나아가 AI바이오마커 기반의 글로벌 신약개발기업으로 도약할 계획입니다."

FOCUS

멘토가 되어 돌아온 2021년 선정 기업 ② - 몰로코

구글·메타의 머신러닝 기술을 누구나 사용가능하게 만드는 '몰로코'

안익진 몰로코 대표

몰로코는 머신러닝 기술 기반의 모바일 광고 솔루션을 통해 전 세계 모바일 기업의 성장과 자사 데이터를 활용해 수익 창출을 돕는 애드테크 스타트업이다.
구글 출신인 안익진 대표는 아마존, 트위터 출신의 인재들과 함께 2013년 실리콘밸리서 몰로코를 창업했다.
유튜브와 구글에서 20여 년간 소프트웨어를 활용한 비즈니스 모델에 대한 노하우를 쌓아 온 안 대표는 몰로코 설립 이후 글로벌 비즈니스로의 도약을 꿈꾸고 있다.

by_강홍민 한국경제매거진 기자

몰로코의 비즈니스 모델은 무엇인가요.

"몰로코는 머신러닝 엔진을 중심으로 성과를 최적화할 수 있도록 돕는 광고 플랫폼입니다. 우선 몰로코 클라우드 DSP는 글로벌 시장에서 검증된 예측 모델인데요. 마케팅 캠페인 퍼포먼스를 빠르고 효율적으로 확장하고, 고가치의 유저를 확보할 수 있는 서비스입니다. 이 서비스는 기업 예산에 맞춰 확장되는 퍼포먼스로 캠페인을 유연하게 계획하고 성과를 극대화할 수 있는 장점이 있고, 개인정보 규제에 의한 리스크는 최소화해 지속적인 퍼포먼스를 유지할 수 있습니다. 두 번째로 몰로코 리테일 미디어 플랫폼(RMP)은 온라인 리테일 및 마켓플레이스 기업이 보유한 퍼스트파티 데이터와 트래픽 자산을 바탕으로 광고 비즈니스를 손쉽게 구축해 수익 창출을 돕는 솔루션입니다. 이 솔루션의 특징은 이커머스 플랫폼이라면 직접 광고사업을 운영할 수 있고, 셀러들의 상품을 적합한 유저들에게 노출시켜 높은 구매전환율, 유저의 쇼핑 경험 향상은 물론, 셀러 리텐션과 ROAS(Return On Ad Spend)를 달성할 수 있도록 지원하고 있습니다."

몰로코만의 차별화된 강점은 무엇인가요.

"저희의 핵심 경쟁력은 머신러닝 기술입니다. 모든 광고주들이 구글, 아마존, 페이스북 수준의 규모와 속도로 ROAS를 달성할 수 있도록 지원하는 것인데요. 언제, 누구에게, 어떤 광고를 보여줘야 하는지 예측할 수 있는 기술력도 저희만의 강점입니다. 특히 대형 광고 플랫폼들과 달리 몰로코의 독점 머신러닝 엔진은 1시간마다 업데이트되는 DNN(Deep Neural Networks)모델을 사용해 실시간으로 광고를 최적화하고 있습니다. 특히 전 세계적으로 초당 500만 개 이상의 광고 요청을 100밀리세컨드(1밀리세컨드는 1000분의 1초) 내 분석해 광고를 거래합니다. 눈 한 번 깜빡일 시간에 수천만 건의 광고 요청이 처리되고 있는 것이죠."

2013년 창업 이후 몰로코가 이룬 성과는 무엇인가요.

"창업 이후 매년 100% 이상 지속적인 성장을 기록하고 있다는 점입니다. 2021년 200% 성장을 기록한 해에는 시리즈 C 투자로 누적 투자유치금액이 총 2억달러(한화 약2355억원)를 기록했고, 기업가치는 15억달러(약 1조7664억원)에 달했습니다. 또한 미국 내 최고 권위를 인정받고 있는 '랭킹 Inc 5000 리스트'에서 95위에 선정됐습니다. 초고속으로 성장한 미국 민간기업 순위를 매긴 것인데요. 경제 분야 중 가장 역동적이고 눈에 띄게 성공한 기업을 포함했는데, 광고 및 마케팅 기업 중 9위, 캘리포니아 기업 중 15위, 샌프란시스코 메트로 기업 중 5위에 선정됐습니다. 현재 전 세계 9개의 오피스에서 300여 명의 직원이 근무 중인데, 올해 저희 몰로코는 2억달러 매출을 목표로 하고 있습니다."

창업을 선택하게 된 계기가 있으신가요.

"서울대 컴퓨터공학과를 졸업하고 곧바로 미국 유학길에 올랐어요. 펜실베이니아 대학에서 석사 학위 취득 후 캘리포니아 대학에서 컴퓨터과학 박사 수료를 했는데, 이후 학위 대신 구글행을 선택했죠. 구글에서 유튜브의 추천 알고리즘을 만들고, 안드로이드 팀의 첫 데이터 엔지니어로 일하면서 모바일 비즈니스의 여러 문제들을 보게 됐죠. 더 많은 기업들이 머신러닝 기술에 접근할 수 있도록 연결하면 어떨까라는 생각에 창업을 결심하게 됐습니다."

당시 머신러닝 기술은 구글의 독보적 기술로 알려져 있었는데, 구글 수준의 기술을 구축하기 쉽지 않았을 것 같아요.

"맞습니다. 구글뿐만 아니라 많은 플랫폼 기업들이 머신러닝 기술을 자발적으로 공개하지 않는데, 전 이 부분을 꼭 풀어야하는 문제라고 생각했어요. 이걸 풀기 위해선 구글 밖에서 가능하다고 생각해 창업하게 됐죠."

비즈니스 모델은 찾았지만 창업은 또 다른 문제의 연속이었을 텐데요. 어려운 점은 없었나요.

"처음엔 다들 믿지 않았어요. 모바일 애드테크 투자자들 역시 '좋은 선택이 아니다, 안 풀리는 문제일 것'이라며 제 말을 확신하지 못했어요. 투자자들에게 믿음을 주지 못해 첫 투자도 창업 후 3년이 지났을 때였어요. 그때 참 힘들었죠. 직원들 월급 줄 돈이 없어 월급날 밤에 손 편지를 써서 팀원들 책상 위에 놓고 퇴근한 기억이 아직도 생생합니다. 위기는 있었지만 저희 팀은 계속해서 퍼포먼스를 보여줬고, 여러 지표에 영향력을 보여주면서 기술력을 인정받기 시작했어요."

향후 몰로코가 이루고자 하는 목표가 있다면 무엇인가요.

"고객들에게 실질적인 도움을 줄 수 있는 머신러닝 기반의 혁신 서비스를 시장에 지속적으로 출시하는 기업으로 성장하는 것입니다. 세상에 많은 플랫폼들이 저희를 통해 머신러닝 기술을 쉽게 사용할 수 있게 하는 것이죠."

FOCUS

멘토가 되어 돌아온 2021년 선정 기업 ③ - 뷰노

기술로 인류를 건강하게 만드는 '뷰노'

이예하 뷰노 대표

삼성전자 종합기술원에서 딥러닝 분야를 연구해 온 3명의 공동창업자가 2014년 설립한 뷰노는 국내 1호 인공지능 의료기기 상용화에 성공한 의료 인공지능 스타트업이다. 뷰노는 2018년 국내 최초로 식품의약품안전처로부터 AI 의료기기 뷰노메드 본에이지 허가 획득 이후 의료영상, 생체신호, 병리영상 등 다양한 의료 데이터 분석을 통해 의료 서비스를 한층 높였다는 평가다. 2021년 2월 코스닥 상장한 뷰노는 현재 의학, 영업 및 마케팅, 법무, 특허 등 각 분야의 전문가들이 모여 '환자 중심 헬스케어'를 지향하는 의료 인공지능 기업으로 성장 중이다.

by_강홍민 한국경제매거진 기자

뷰노가 지난해 '코리아 AI 스타트업 100'에 선정돼 올해 졸업까지 마쳤는데요. 소감이 어떠세요.

"작년에 '코리아 AI 스타트업 100' 헬스케어 분야에 선정돼 기뻤던 게 떠올라 감회가 새롭네요. 디지털 헬스케어 분야에서 이제 막 태동기에 진입한 시장을 개척해 나가고 있는 입장에서 이번 졸업이 더 큰 성장을 마주하는 계기가 되었으면 합니다."

뷰노의 비즈니스 모델은 무엇인가요.

"저희는 '뷰노메드 솔루션' 브랜드 내 의료영상 분야부터 생체신호까지 사업 영역을 확장하고 있습니다. 의료영상 분야는 AI를 기반으로 X-ray, CT, MRI 등 의료영상 데이터를 분석해 의료진의 진단을 보조하고 효율적인 임상의사결정을 지원하는 제품군입니다.

이 제품들은 각각 최고 권위를 보유한 임상학술지 및 학회에 발표된 임상연구논문을 보유하고 있으며, 국내외 여러 의료현장에서 임상적 유효성을 입증해오고 있습니다. 생체신호 분야는 호흡, 맥박, 체온, 혈압 등 활력징후나 심전도 데이터와 같이 생체신호 데이터를 활용 및 분석합니다. AI를 기반으로 일반병동 입원환자의 24시간 내 심정지를 예측하는 제품이 여러 병원에 도입되고 있으며, 심전도 데이터를 분석해 심부전, 심근경색, 부정맥 등 주요 심장질환을 탐지하는 제품을 현재 상용화 준비 중입니다."

최근 의료AI 스타트업의 서비스와 제품이 출시되고 있습니다. 뷰노만의 차별점 또는 강점이 있다면 무엇인가요.

"무엇보다 가장 먼저 의료현장에 진입한 인공지능 의료기기를 선보인 만큼 여느 기업보다 많은 임상활용경험을 보유하고 있다는 점입니다. 국내외 400여 개의 의료기관에서 뷰노메드 솔루션을 활용 중인데, 이는 뷰노가 시장에 대한 이해도가 그만큼 높다는 것을 의미합니다. 또 글로벌 임상학술지 및 학회에 발표된 80편 이상의 임상연구논문을 보유하고 있다는 점도 저희의 강점이죠."

국내 1호 인공지능 의료기기 상용화 등 업계에서 주목할 만한 성과가 많았습니다. 그간 뷰노가 이룬 성과를 소개해 주신다면요.

"무엇보다 의료AI 업계 최초로 선진입 의료기술로 확정된 제품을 선보였다는 점입니다. 현재 국내 건강보험제도상 식약처 허가를 받더라도 병원 입장에서 급여 및 비급여 형태로 환자에게 추가적인 비용을 청구할 수 없는 형태인데요. 뷰노의 AI 기반 심정지 예측 의료기기 '뷰노메드 딥카스™'는 업계 최초로 선진입 의료기술로 선정돼 2022년 8월부터 비급여 시장에 진입했습니다. 아직 태동기에 있는 시장에서 의료AI 제품도 큰 수익을 낼 수 있다는 기반을 마련한 성과로 큰 의미를 갖습니다."

올해 창업 8년차를 맞았습니다. 그동안 힘든 점도 많았을 것 같습니다.

"창업 초기엔 의료 시장에 기존에 없던 기술인 AI 의료기기를 도입하는 것이 쉽지 않았습니다. 제가 창업을 할 즈음 '알파고'가 화제였어요. 알파고로 인해 의료계에서 AI가 의사를 대체하는 것 아니냐는 위기의식이 생겼었죠. 그러다 점차 AI 의료기기가 의료진의 진단 효율성을 높이고 워크플로에 잘 녹아들어 활용될 수 있다는 근거가 쌓이기 시작하면서, 이제는 더 이상 AI가 의사를 대체하는 것이 아니라 돕는 것, 함께 가는 것이라는 인식의 변화가 생기기 시작했어요."

예비·초기 창업자들에게 전해주고 싶은 조언이 있다면 무엇인가요.

"창업을 해서 원하는 목표를 달성하는 건 정말 어려운 일입니다. 그럼에도 불구하고 포기하지 않고 가치 있는 일에 집중하면 분명 길은 있다고 생각합니다. 가치 있다고 믿는 것에 집중해 꿈을 잃지 않았으면 좋겠습니다. 또 창업도 결국 사람이 가장 중요하기 때문에 좋은 사람들을 잘 만나는 것이 무엇보다 중요하다는 걸 공유하고 싶습니다."

앞으로 뷰노가 이루고자 하는 목표가 있다면 무엇인가요.

"앞으로 미국이나 일본, 유럽 등 의료선진국을 포함해 동남아시아, 중남미 등 의료AI에 대한 니즈가 있는 해외 시장 개척에 집중할 계획입니다. 이를 위해 의료영상 분야 주요 제품들이 이미 해외 각국 인허가를 획득했고, 미국 FDA 허가 획득도 현재 준비 중입니다.

저희의 궁극적인 목표는 의료진을 돕는 것에서 더 나아가 환자의 일상에서도 체감할 수 있는 의료 가치를 만드는 것인데요. 창업을 시작한 시기부터 '기술로 인류를 건강하고 행복하게 만들자'는 미션은 변함없습니다."

TREND

캡스톤파트너스의 사례를 중심으로 쓴
국내 벤처캐피털의 AI 투자 방향

최근 벤처캐피털의 AI 분야 투자 방향은 어디를 향하고 있을까. 이를 가늠하도록 필자가 대표로 있는 캡스톤파트너스 사례를 중심으로 벤처 생태계 내 AI 동향과 투자 사례 등을 소개한다.

by_송은강 캡스톤파트너스 대표

최근 5년간 AI 관련 연구와 산업은 높은 관심을 받으며 크게 성장했고, AI 분야의 창업 또한 꾸준히 증가하고 있다. 캡스톤파트너스는 AI 기술을 통해 큰 꿈을 이루고자 하는 기업을 다수 만나왔는데, 이를 토대로 벤처 생태계에서의 AI 동향과 투자 사례를 공유한다. CB인사이츠에 따르면 2021년 세계적으로 AI 스타트업에 이뤄진 투자 규모는 81조원에 달했는데, 이는 직전 해인 2020년과 대비해 108% 증가한 수치다. 이렇게 AI 스타트업에 대한 관심이 증가한 이유로는 AI가 가지는 성장성과 범용성을 들 수 있다. 스탠퍼드대학에 따르면 AI 논문의 발표 숫자는 2015년 5400개에서 2020년에 3만4700개에 이를 정도로 AI 기술은 놀라운 속도로 진화하고 있다. 지난해 전 세계에 탄생한 AI 유니콘 기업은 65곳으로, 2020년에 비해 5.4배 증가했다.

국내에서도 AI 기업은 급속하게 늘어나고 있으며 엑시트(exit)에서도 긍정적인 성과를 보이고 있다. 코스닥은 AI 기업에 대해 특례 상장의 길을 열어주었으며, 솔트룩스, 마인즈랩, 씨이랩, 제이엘케이, 뷰노, 라이프시맨틱스, 루닛 등이 AI 기술 특례 상장으로 코스닥에 진입했다. 또, 제조업 분야에 무인 검사 솔루션을 제공하는 수아랩은 미국 나스닥 상장 기업 코그넥스(Cognex)에 1억9500만달러에 인수됐다. 국내 AI 관련 스타트업들이 급부상하면서, AI산업에 대한 국내 VC의 관심도 커지고 있다. AI 기업은 크게 AI 개발 도구 및 반도체 분야, 산업에 적용하는 AI 그리고 플랫폼 기업으로 구분된다. 각각에 대한 스타트업 투자 사례들을 살펴보자.

AI 개발 도구 및 AI 반도체 분야

AI 개발 도구 및 반도체 분야는 AI를 반도체 또는 소프트웨어 엔진 형태로 기업에 공급하는 회사를 말한다. 미국은

이 분야에만 100여 개의 유니콘을 보유하고 있는 반면, 한국은 미국에 비해 극히 열세에 있는 분야다.

데이터브릭스는 B2B 데이터 솔루션을 개발하는 기업으로, 대량의 데이터를 빠르게 분석하고 처리하는 AI 소프트웨어를 제공하고 있다. 기업의 데이터가 AI 모델에 적용될 수 있도록 지원하는 사업도 펼치고 있다. 데이터브릭스는 데카콘 기업으로, 누적 35억달러의 투자를 유치했으며 최근 회사 가치는 380억달러로 평가받는다. 클라우드 3사인 아마존, 구글, 마이크로소프트 모두에서 투자를 받은 전례 없는 기업으로 주목받고 있다.

프렌들리에이아이는 누구나 쉽고 빠르게 대규모 AI 개발이 가능하도록 돕는 플랫폼 '페리플로우'를 운영한다. 페리플로우는 대규모 AI 모델의 학습부터 추론을 수행하기까지 전 과정을 자동화하는 클라우드 기반 플랫폼이다. 프렌들리에이아이는 지금까지 80억원 규모의 시리즈 A 투자를 유치했으며, 글로벌 초거대 AI 모델들과 경쟁할 수 있는 예비 유니콘기업으로 평가받고 있다.

딥엑스는 AI 및 NPU(신경망처리장치) 전문 업체로, 방대한 딥러닝 연산처리를 돕는 NPU 설계 기술을 보유했다. 딥엑스가 주력하는 고성능 및 저전력 NPU는 지능형 기기를 소형화할 수 있는 기술로서, AI 시대를 앞당길 수 있는 핵심 기술로 평가된다. 딥엑스는 원천 기술과 NPU 성장 가능성을 인정받아 누적 261억원 규모의 투자를 유치했다.

산업 적용 AI

현재 가장 많은 창업이 이뤄지는 AI 분야로, 금융산업, 소매, 헬스케어, 통신, 정부, 자동차, 농업, 미디어, 제조업체 등에 AI를 적용하는 기업을 의미한다. AI 기술은 기존의 재고, 판매, 검색, 보안, 비즈니스 인텔리전스(Business Intelligence) 분야의 IT 기업에 적용돼, 기업의 자동화와 생산성을 높이는 데 큰 역할을 하고 있다. 캡스톤은 자동차, 제철-제강, 농업, 글쓰기, 금융회사 콜센터, 건설현장, 중고자동차 거래, 웹툰

> 벤처캐피털의 투자
> 의사결정 기준은 기업의
> 사업 단계에 따라 다르다.
> 시리즈 B 이상의 기업에
> 대해서는, 확실한
> 엑시트(exit) 가능성을
> 보고자 한다.

등의 분야에 투자하고 있고, 다양한 분야의 AI 스타트업을 찾고 있다.

디보티드헬스(Devoted Health)는 총 20억달러의 투자를 유치한 미국의 시니어 대상 헬스케어 기업으로, 고령자 건강보험 서비스를 제공하고 있다. 지역별로 병원, 약국 등 의료기관과 협력해 건강보험 상품을 설계하는데, 기존 보험에서 보장하는 서비스 외에 응급 수술, 특정 약품 처방 등 시니어 고객에게 필요한 다양한 서비스를 보장하는 것이 특징이다. 자체 AI 기술과 데이터

를 활용해 수익성과 고객 만족도 측면에서 더 나은 상품을 설계함으로써, 다른 보험사 대비 큰 경쟁력을 보이고 있다. 지난해 10월 120억달러 이상의 기업가치를 인정받은 바 있다.

라이드플럭스는 자율주행 테크 스타트업으로 인지, 측위, 예측, 판단, 제어 등 완전 자율주행에 필요한 운영 시스템과 소프트웨어를 개발한다. 현재 완전 자율주행 기술(레벨4) 개발을 목표로 소프트웨어를 연구하고 있으며, 다양한 주행과 기상 상황에 대응 가능한 기술, 제주에서 선보인 실시간 수요응답형 자율주행 셔틀 서비스를 높게 인정받아 누적 292억원 규모의 투자를 유치했다.

아이오크롭스는 AI 기반 스마트팜 원격 운영 스타트업으로, 농업 데이터 분석 플랫폼 '아이오팜'을 개발했다. 아이오팜은 지역적 제한 없이 스마트팜을 원격으로 운영할 수 있게 함으로써, 기존 스마트팜 대비 생산성 및 수익성을 증대하는 역할을 한다. 아이오크롭스는 높은 기술력을 바탕으로 농업 혁신 흐름에 앞장서고 있으며, 누적 55억원의 투자금을 유치했다.

인이지는 설명가능 AI 예측 솔루션 전문 기업으로, AI솔루션 'INFINITE OPTIMAL SERIES'를 국내 독자 기술로 개발했다. 이는 다변수 데이터 기반 예측 기술 및 설명 가능 AI 독자적 기술로 공정을 최적화하고 가이던스를 제공하는 솔루션으로, 국내 화학, 제철, 정유, 발전, 유리 제조 등 주요 제조기업 공정에서 그 실효성을 입증했다. 인이지는 검증된 기술력과 공정 최적화의 노하우를 높게 인정받아, 55억원 규모의 프리 시리즈 A 투자를 유치했다.

플랫폼 기업

글로벌 유니콘 기업 1182개(2022년 8월 기준) 중 50% 이상이 플랫폼 기업인 만큼, 벤처 생태계 내에서 플랫폼 기업은 크게 각광받고 있다. 플랫폼 기업에서 AI는 공급자(상품)와 수요자의 연결, 매칭, 모바일 화면 구성 등 핵심 기능을 담당하며, 플랫폼 사업자의 경쟁력을 좌우하는 요소다. 네이버, 구글, 아마존 등 국내외 대규모 플랫폼 기업들이 매년 AI 기술 개발에 투자를 집중하고 있는 이유다.

바이트댄스는 중국의 AI 테크 기업으로, AI 추천 알고리즘을 도입한 뉴스 검색 앱 '진르터우탸오', 숏폼 비디오 플랫폼 '틱톡' 등을 개발해 글로벌 센세이션을 일으켰다. 바이트댄스의 성공 비결은 자체 AI 알고리즘을 통해 사용자가 어떤 콘텐츠를 즐기는지 분석하고, 이에 맞는 개인화 콘텐츠를 계속해 제안한 것이다. AI 기술력 기반의 높은 성장성을 인정받아, 바이트댄스는 총 94억달러의 투자를 유치하고, 기업가치 1000억달러 이상인 세계 최초 헥토콘 기업으로 성장했다.

플랫폼 사업에서 AI 기술의 중요성이 커짐에 따라 캡스톤이 투자한 직방, 당근마켓, 컬리, 센드버드 등의 유니콘 플랫폼 기업들도 AI 기술자를 다수 확보하고 있으며 그 숫자를 늘리고 있다.

VC가 선호하는 AI 기업은

그럼 벤처캐피털은 어떤 AI 기업을 선호할까? 벤처캐피털의 투자 의사결정 기준은 기업의 사업 단계에 따라 다르다. 시리즈 B 이상의 기업에 대해서는, 확실한 엑시트(exit) 가능성을 보고자 한다. 기술 중심 스타트업이라면, 경쟁사와 대비한 기술력 수준, 후발주자에 대한 진입장벽 유무가 중요할 것이다. 또한, 주요 지표들의 성장 추이에 더해 그러한 지표가 매출이나 이익으로 바뀔 수 있을지 여부에 주목한다. AI로 기술 상징한 회사들이 아직 재무적으로 성과를 보여주지 못하고 적자상태로 남아 있기에, 코스닥에서 계속해서 AI 기업을 기술성 특례로 상장시키는 것은 부담이 클 것으로 예상된다. 따라서 AI 기업들은 기술력 고도화뿐만 아니라, 수익성 증대 방안도 고민해야 한다.

재무적 성과가 적거나 거의 없는 시드 투자부터 시리즈 A 단계까지의 기업에서는 장기적인 관점에서의 성장 잠재력에 주목한다. 그래서 위와 같은 세 가지 조건이 중요하다.

한편 재무적인 성과가 적거나 거의 없는 시리즈 A 이전의 초기 기업 투자에서, 캡스톤은 장기적인 관점에서의 성장 잠재력에 주목한다. 이를 구체적으로 기술하면 다음과 같다.

첫째, '고객'에 집중하는 AI기업. 오늘날 AI 기술은 도입되지 않은 분야가 없을 정도로 가장 핫한 벤처 트렌드다. 그러나 여타 기술과 마찬가지로, AI는 단지 도구일 뿐이라는 점을 기억해야 한다. 우리가 가장 이상적으로 생각하는 창업자는 고객이 겪고 있는 작은 문제를 가장 잘 풀 수 있는 사람이다. AI는 이 문제를 풀기 위한 효율적인 수단으로서 기능할 뿐 목적이 될 수는 없다. 즉, AI 스타트업의 주안점은 AI 기술 자체가 아닌 '고객의 문제'이어야 하며, 만일 보유 기술이 고객의 문제를 풀 수 없다고 생각된다면 과감히 방향을 틀 줄 알아야 한다.

둘째, 실행력이 뛰어난 스타트업. 모든 스타트업에 해당하는 것이지만 AI기업이라고 해서 예외일 수는 없다. 이와 관련해서 페이팔 마피아 중 한 사람이며 링크트인의 창업자인 리드 호프만은 "빠르게 움직여라. 완벽하려고 노력할 필요 없다"라고 했다. 본인도 이 의견에 전적으로 동감하며 빠른 실행력이야말로 스타트업이 대기업을 이길 수 있는 힘의 근원이다.

셋째, 좋은 AI 인력을 보유한 조화로운 창업팀. 창업에서 팀보다 더 중요한 것은 없다. 미국의 전통 강호 벤처캐피털의 파트너인 존 도어는 스타트업에서 제일 중요한 첫째도 팀, 둘째도 팀, 셋째도 팀이라고 선언했다. AI 인력 공급은 아직도 수요를 맞추지 못하고 크게 모자라는 상황이다. AI 창업팀에 훌륭한 AI 인력이 많으면 많을수록 가치를 높게 인정하는 것은 당연한 상황이다. 올해 2분기 들어 급격히 벤처투자 시장이 위축되고 있고 금융시장 전체도 불황으로 겨울을 보내고 있다. 이 불황의 바닥은 아직 확인되지 않았으며 언제 회복할지 기약이 없다. 단지 겨울이 지나면 봄이 온다는 믿음이 있을 뿐이다.

> 벤처캐피털 초기 투자는 시리즈 B 이상의 투자에 비해 큰 감소 없이 꾸준히 계속되고 있다. 따라서 창업을 준비하는 팀이라면 이 시기에 어렵게 시작하라고 조언하고 싶다.

그러나 과거의 일반적인 사례로 보면 이 불황은 2~3년을 넘기지는 않을 것으로 판단하고 있으며, 2~3년 겨울이야말로 창업자들이 모여 창업하기 가장 좋은 시기라고 본다. 투자 유치와 고객 확보는 비교적 어렵더라도, 겨울에 잘 준비하고 있다가 봄의 상승 시장에서 크게 도약할 수 있기 때문이다. 또한, 벤처캐피털 초기 투자는 시리즈 B 이상의 투자에 비해 큰 감소 없이 꾸준히 계속되고 있다. 따라서 창업을 준비하는 팀이라면 이 시기에 어렵게 시작하라고 조언하고 싶다.

세계적으로 AI 유니콘이 빠르게 성장하는 가운데, 국내에서는 아직 플랫폼 기업을 제외한 AI 기술 유니콘 기업은 등장하지 않은 상황이다. 그러나 최근 높은 기술력과 반짝이는 아이디어로 새로운 가치를 창출하고자 하는 젊은 창업가들을 보며, 머지않아 국내에서도 AI 유니콘 기업이 등장할 것으로 기대하고 있다. 우리 벤처캐피털리스트 역시 투자를 통해 이들의 도전을 응원함으로써, AI 스타트업 생태계 발전에 기여할 수 있기를 소망한다.

'2022 코리아 AI 스타트업 100'은 KT·LG전자·우리은행·KAIST 등이 참여한 국내 최대 산학연 AI 연구협력체인 'KT AI 원팀'에서 선정했습니다. 기업은 2022년 9월 20일 기준으로 선정했습니다.

※ 2022년 10월 10일까지 최신 내용을 업데이트한 기업의 정보를 반영해 작성했습니다. 일부 기업의 경우, 최신 내용이 아닐 수 있습니다.

딥러닝 음성합성 기술 기반 AI 성우 서비스 제공

네오사피엔스(주)

2021-2022 2년 연속 선정

대표자
김태수

위치
서울특별시 강남구 강남대로 94길 10, 11층

설립 연도
2017년 11월

홈페이지
neosapience.com

문의
contact@neosapience.com / 02-2155-4548

상장 여부
비상장

시장 진출한 해외 국가
미국 등 진출

주요 사업
AI 성우 서비스

● 창업자의 경력

김태수 네오사피엔스 대표는 한양대 전자전기공학부를 졸업했다. 2001년 KAIST의 이수영 교수 연구실에 들어갔다. 이 교수는 1990년대부터 AI를 연구한 이 분야 전문가다. 김 대표는 KAIST에서 박사학위까지 취득하고 LG전자에 입사했다. 음성인식 분야를 연구했다. LG전자에 이어 퀄컴코리아에서 7년 동안 일했다. 네오사피엔스의 초기 연구진도 퀄컴코리아와 KAIST 출신이 많다.

●● 창업 배경

김태수 대표는 LG전자, 퀄컴코리아 등에서 음성인식 기술을 개발한 AI 음성 분야 전문가다. 2016년 건강 악화를 겪고 창업을 결심했다. 그는 퀄컴코리아, KAIST의 연구실 동료와 네오사피엔스를 설립했다.
김 대표는 한국경제신문과 인터뷰에서 "기존의 딱딱한 기계음에서 벗어나 사람 목소리처럼 감정이 느껴지는 음성을 AI로 제공할 수 있다"며 "실제 성우 목소리를 분석해 음성 콘텐츠를 만들거나 고인(故人)의 목소리를 그대로 살려낼 수 있는 수준까지 기술이 발전했다"고 설명했다. 네오사피엔스가 2018년 공개한 도널드 트럼프 전 미국 대통령의 음성 합성 동영상은 아직도 회자된다. 트럼프의 말투를 AI가 학습해 트럼프가 한국어를 본인 말투로 구사하는 내용이다. 특정인의 말투 그대로 다른 언어를 말하게 하는 기술도 네오사피엔스가 세계 최초로 개발했다.

●●● 비전 및 목표

AI로 만들어진 버추얼 인간을 누구나 사용하며, AI 기술로 사람들의 창작 활동을 적극적으로 돕는 미래를 만들어 간다는 계획이다. 미래의 창작, 즉 크리에이터 활동에 있어서 AI를 꼭 필요한 하나의 도구로 사용하며, 사람이 제작하는 콘텐츠를 더 효율적으로 생산할 수 있게 돕고 그 안에서 생기는 기회를 잘 활용해 산업 전반에 큰 기여를 하고자 한다.

●●●●
주요 제품 또는 서비스

타입캐스트 인공지능 딥러닝을 활용한 음성·영상 콘텐츠 제작 서비스. 유료 멤버십 중 베이직과 프로, 그리고 비즈니스 요금제를 사용하면 현재 가상 인간을 활용해 영상을 제작하고 본인이 원하는 음성을 삽입해 비디오를 다운로드하는 것까지 가능하다.

●●●●●
핵심기술

네오사피엔스는 자체 기술을 바탕으로 이용자가 원하는 문자 내용을 고품질 오디오와 비디오 콘텐츠로 변환하는 '타입캐스트(Typecast)'라는 서비스를 운영하고 있다. 한국어 188개, 영어 88개, 일본어 4개, 스페인어 1개의 'AI 성우' 또는 '목소리 배우'를 보유 중이며, 비디오에 출연시킬 수 있는 10명의 가상 인간을 보유 중이다. 슬픔, 기쁨, 분노 등 다양한 감정 표현도 자유자재로 가능하다. 최근 유튜버 등 1인 크리에이터와 영상 콘텐츠 유통이 급증하면서 타입캐스트를 찾는 이용자가 늘었다. 인기 유튜브 채널에서 타입캐스트를 사용하는 경우를 쉽게 찾을 수 있다. TV 프로그램에서도 기존에 성우가 맡던 내레이션을 타입캐스트가 대체하기 시작했다. 전자책 구독 서비스업체 밀리의서재는 네오사피엔스 기술을 활용해 오디오 독서 콘텐츠를 제공하고 있다.

밀리의서재와의 컬래버레이션 외에도 기업 간 협업으로 BTS의 한국어 학습 패키지 'Learn! KOREAN with TinyTAN'에서 방탄소년단의 목소리를 AI로 제작해 팬들이 한국어 공부를 하면서 좋아하는 멤버의 목소리로 응원을 하고, 이름을 불러주는 등의 프로젝트도 진행했다.

또한, MZ세대의 아이콘으로 큰 인기를 끌고 있는 배우 주현영의 부캐, "주기자"의 AI 버전인 AI 주기자를 제작하여 SNL에 인간 주기자 vs AI 주기자로 방영이 되기도 하였다.

●●●●●●
향후 계획

현재 이미 글로벌 23개국 이상의 고객이 서비스를 유료로 사용 중이다. 현재 한국어, 영어, 일본어, 스페인어 4개의 언어로 서비스하고 있으며 앞으로도 서비스 언어와 가상 인간 모델 수를 계속해서 늘릴 예정이다.

투자 유치

시리즈 B까지
256억원 이상

특허, 논문, 보고서 등 지식재산권 보유 현황

- 점수 기반 편집 방식으로 조절 가능한 음성합성기(Score-based Editing for Controllable Text-to-Speech)
- 텍스트 기반의 감정 조절 및 화자간 스타일 전이가 가능한 음성합성기(Text-driven Emotional Style Control and Cross-speaker Style Transfer in Neural TTS)
- MLP Singer: Towards Rapid Parallel Korean Singing Voice Synthesis

수상 이력

- 2022년 임팩테크 대상 과기정통부 장관상 수상
- 2020년 제1회 서울시 '스테이지 유레카' 우수상 수상
- 2020년 이데일리 주최 'AI 코리아대상 2020'
- 2020년 과학기술정보통신부 장관상 수상
- 2020년 서울시 주최 'CAC 글로벌 서밋 2020' IT 언택트 분야 혁신기업 선정

AI 모델 경량화 딥테크 기업

(주)노타

2021·2022
2년 연속 선정

대표자
채명수(사진), 김태호

위치
서울특별시 강남구 선릉로92길 36(삼성동)
대동빌딩 3·4·7·8층

설립 연도
2015년 4월

홈페이지
nota.ai

문의
contact@nota.ai / 02-555-8658

상장 여부
비상장

시장 진출한 해외 국가
미국 등 다수 국가

주요 사업
응용소프트웨어 개발 및 공급

● 창업자의 경력

노타의 공동창업자 채명수 대표는 숭실대학교에서 정보통계보험수리학·산업정보시스템공학 학사과정을 마무리했다. 그리고 KAIST 산업및시스템공학과 석사를 마쳤다. 채 대표는 KAIST 재학 시절 인공지능 연구소 소속 엔지니어로 활동했다.
채 대표는 대학 연구소 특성상 주요하게 해오던 이론 연구 활동보다는 실생활에서 기술이 어떻게 응용되는지에 더욱 관심이 생겼다. 이에 2015년 마음 맞는 동료 4명과 교내 벤처로 노타를 설립했다.

●● 창업 배경

2015년 처음 창업할 때는 스마트폰 소프트키보드에 탑재되는 오타감소 알고리즘을 AI로 해결하는 솔루션을 목표로 했다. 해당 솔루션 개발 과정에서 AI를 디바이스에서 실행하는 것이 얼마나 어려운 일인지 경험했고, AI 모델 경량화를 통해 같은 고민을 하는 기업 고객들을 돕고자 했다.
AI가 고질적으로 가진 AI 모델의 크기와 연산량이 크다는 문제를 해결하고자 피벗(사업 아이템 전환)해 현재의 노타가 됐다.

●●● 비전 및 목표

10년 전의 삶과 오늘의 삶은 굉장히 큰 차이가 있다. 오늘과 10년 후의 삶에도 큰 차이가 있을 것이다. 노타는 "인공지능이 폭발적으로 성장하는 시대에 기술로 사람들을 터치하는 일을 한다는 건 가슴 뛰는 일이 아닐 수 없다"고 강조했다.
AI가 인간의 삶과 사회에 투영돼 다양한 변화를 일으킬 때, 주요한 장벽이 되는 모델의 크기와 연산량 문제를 해소하고 싶다는 것이 노타의 목표다.

주요 제품 또는 서비스
넷츠프레소(NetsPresso) AI 모델 자동 경량화 플랫폼.
Nota FR 경량화 기술이 접목된 안면 인식 솔루션.
Nota ITS 경량화 기술이 접목된 실시간 교통 분석 솔루션.

핵심기술
AI 모델 경량화 기술이 핵심기술이다. 이 기술이 적용된 넷츠프레소(NetsPresso)는 딥러닝 모델 자동 경량화 플랫폼이다. 경량화된 모델을 더 경량화시켜 최적화된 AI 기기에 적용하는 것으로 최적화된 플랫폼이다. 다양한 경량화 기법으로 기존의 입력된 모델에 알고리즘을 활용하여 기존 모델이 가지고 있는 문제를 해결하는 데 도움을 주고 효율성을 높일 수 있다.

전문 엔지니어 없이도 빠르고 저렴하게 AI 모델을 경량화해 AI 기술을 필요로 하는 기업들을 위한 솔루션이다. AI 추론 모델은 작을수록 좋다. 모델이 클수록 운영하는 비용이 많이 들기 때문이다. 정확성도 떨어지면 안 된다.

노타는 100MB AI 추론 모델을 1MB로 줄인 경험을 갖고 있다. 정확성을 유지하면서 AI 추론 모델을 최대 1%로 줄여준다. AI 모델 경량화 기술은 어디에도 탑재가 가능하며, 제품과 서비스 개발 등의 비용과 시간을 줄일 수 있는 효율성을 지니고 있다.

향후 계획
넷츠프레소 출시를 앞두고 있다. 사용자의 피드백을 통해 출시 버전을 더욱 완벽하게 보완해 베타 서비스를 진행할 계획이다. 노타는 "베타 서비스는 넷츠프레소를 통해 AI 모델 경량화를 미리 경험해볼 수 있는 좋은 기회가 될 것"이라고 설명했다.

투자 유치

시리즈 B 완료
273억원
(누적투자 금액)

특허, 논문, 보고서 등 지식재산권 보유 현황
- 시뮬레이션-가이드된 반복적 프루닝을 사용하는 효율적인 네트워크 압축 (1020180156750/2018.12.07)
- 디스플레이 디바이스 및 그의 터치 입력 프로세싱 방법(1020187019858/2016.01.27)
- 터치 입력 프로세싱 방법 및 디바이스 (1020180007945/2018.01.22)
- 신경망 다운사이징 방법 및 시스템 (1020170053681/2017.04.26)
- 키 입력을 인터페이스하는 장치 및 방법 (1020150088188/2015.06.22)
- 하드웨어 친화적인 신경망 구조 탐색 기반 신경망 데이터 양자화 기법 (1020210005891/2021.01.15)
- 딥러닝 기반 실시간 온-디바이스 얼굴 인증을 위한 방법 및 장치 (1020200009739/2020.01.28)

수상 이력
- 2021년 산업통상자원부가 지원하는 혁신기업 국가대표 1000 선정
- 2017년 중소벤처기업부 기술 창업 프로그램 팁스에 최종 선정
* 인텔, 엔비디아, 액시즈, AWS, ARM, SK텔레콤, 삼성 SDS, LG CNS와 파트너십 체결

치매 발병을 조기 예측하는 AI 기반 헬스케어 기업

㈜뉴로젠

대표자
박종성, 이건호

위치
서울특별시 강남구 테헤란로 413 태양빌딩 5층

설립 연도
2015년 1월

홈페이지
neurozen.ai

문의
hello@neurozen.ai / 02-501-4295

상장 여부
비상장

시장 진출한 해외 국가
-

주요 사업
AI 기술 기반 알츠하이머성 치매 발병 예측 및 조기진단, 예방 및 케어 서비스 등 치매 토털솔루션 제공

● 창업자의 경력

뉴로젠은 2015년 벤처 1세대로 꼽히는 이상훈 젠앤벤처스 대표가 설립했다. 조선대 광주치매코호트연구단으로부터 기술을 이전받아 알츠하이머병 발병을 예측하는 AI 기술을 개발한다. 이 대표는 인터파크 창립 멤버다. 그가 최대주주로 있는 젠앤벤처스는 뉴로젠 외에 유젠, 젠엔터테인먼트 등을 자회사로 두고 있다. 그는 창업 초기부터 인포메디텍 공동대표를 직접 맡았으나 2019년 뉴로젠으로 사명을 변경한 즈음 경영 일선에서 물러났다.

●● 창업 배경

뉴로젠은 지난 7월 박종성, 이건호 공동대표 체제로 바뀌었다. 박종성 대표는 인하대 정보통신공학과에서 석사 학위를 받았다. 오라클코리아 컨설턴트를 거친 뒤 소프트웨어 기업 웨어밸리, 유젠소프트에서 상무이사를 역임했다. 2020년부터는 뉴로젠 부사장을 맡아 AI 개발을 총괄했다.

이건호 대표는 조선대 의대 교수로서 2013년 광주 조선대에 광주치매코호트연구단을 발족한 주인공이다. 그는 치매에 대한 사회와 국가의 부담을 줄여야 한다는 생각으로 이상훈 대표에게 기술을 이전해 뉴로젠 설립을 이끌었다. 설립 초기부터 뉴로젠의 기술 자문을 맡았으며 지난 7월 공동 대표이사에 올랐다.

광주치매코호트연구단엔 광주지역 노인들의 치매 관련 조사 데이터가 10년째 축적돼 있다. 치매 증상을 보이기 전 8000여 명을 대상으로 유전체 검사, 인지기능검사, 뇌 자기공명영상(MRI) 자료 등을 모아 치매 발병 위험을 관리하고 있다. 치매가 발병하기 전부터 추적·관리하는 경우는 세계적으로 드문 사례다.

●●● 비전 및 목표

언제 어디서나 간단하게 치매 조기진단을 할 수 있는 AI 기술 소프트웨어 개발.

주요 제품 또는 서비스

뉴로 아이(Neuro I) 자기공명영상(MRI) 기반의 뇌 영상 정량화 소프트웨어(SW)로 2018년 식품의약품안전처로부터 허가받았다. 뉴로아이는 숙련된 전문의들도 맨눈으로 파악하기 어려운 뇌의 미세한 변화를 찾아내 알려준다.

뉴로 에이아이(Neuro AI) 고가의 PET 검사장비에 비해 상대적으로 저렴한 MRI 이미지를 통해 알츠하이머의 원인으로 지목되는 '베타 아밀로이드'의 양성률을 예측하는 AI 뇌 영상 분석 기술이다. 전남대 병원과 임상시험을 거쳐 올해 하반기 식품의약품안전처 허가를 목표로 하고 있다.

핵심기술

뉴로젠의 유전체 분석 기술은 선천적인 치매 발병 위험을 예측한다. 치매는 그 어떤 질환보다 유전적인 발병률이 높다. 치매에 관련된 유전자를 검사해 부모로부터 물려받은 유전자가 치매 발병에 얼마나 취약한지를 확인하는 기술이다.
AI 기반 뇌 영상 MRI 분석 기술을 통해 치매 발병 위험도를 모니터링하고 치매를 예측한다. 뇌는 노화가 될수록 위축되는데 뇌가 정상인보다 빠르게 위축되는 사람들은 치매로 이어질 위험이 높다. 뇌의 위축도, 대뇌피질의 두께 변화 등을 AI가 분석해 정상인보다 뇌가 빠르게 퇴화하는지를 보여줘 치매 발병 위험을 예측한다.

향후 계획

뉴로젠은 올해 뉴로아이 소프트웨어를 기업, 병원 및 건강검진센터에 보급하는 것이 최우선 목표이다. 아울러 뉴로에이아이의 임상 시험을 성공적으로 마치겠다는 계획이다.
나아가 조금 더 간편한 방법으로 치매를 예측할 수 있는 기술들을 고민하고 있다. MRI 이미지의 경우도 병원에 가야 하므로 언제 어디에서나 간편하게 치매를 진단할 수 있는 다양한 제품군 개발로 사업을 확장해 나갈 계획이다.

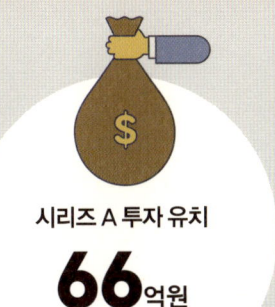

투자 유치

시리즈 A 투자 유치
66억원

특허, 논문, 보고서 등 지식재산권 보유 현황

- 신경 심리 검사에 대한 점수를 획득하는 방법 및 이를 수행하는 신경 심리 검사 장치 (1020210138536/2021.10.18)
- 알츠하이머병 발병 위험도 예측을 위한 단일염기다형성 마커 및 이의 용도 (1020200160077/2020.11.25)
- 시공간 기억 검사와 뇌 영상 정보를 활용한 인지 장애 예측 장치 및 방법 (1020210142095/2021.10.22)
- 뇌 질환 예측 장치 및 방법, 뇌 질환을 예측하기 위한 학습 장치(1020217022211/2020.3.5)
- 알츠하이머성 치매의 조기진단을 위한 펩타이드 프로브(1020170043966/2017.4.4)

AI 기술 기반 '진단·가이드·치료' 전주기 뇌 영상 분석 솔루션 개발 전문기업

뉴로핏(주)

2021·2022 2년 연속 선정

대표자
빈준길

위치
서울특별시 강남구 테헤란로 124, 12층
(역삼동, 삼원타워)

설립 연도
2016년 3월

홈페이지
neurophet.com

문의
contact@neurophet.com / 02-6954-7971

상장 여부
비상장

시장 진출한 해외 국가
미국, 유럽, 일본 지역 진출 예정

주요 사업
응용소프트웨어 개발 및 공급

● 창업자의 경력
광주과학기술원(GIST)에서 차세대 뉴로 내비게이션 시스템을 개발한 빈준길 뉴로핏 대표와 김동현 뉴로핏 최고기술책임자(CTO)가 GIST로부터 기술을 이전받아 2016년 3월 공동 창업했다. 빈준길 대표는 GIST 전기전자컴퓨터공학부에서 석사를, 김동현 CTO는 같은 학교·학부에서 박사학위를 받았다.

●● 창업 배경
빈준길 대표는 고등학생 시절부터 창업을 꿈꿨다. 창업 분야를 뇌 연구 기술 쪽으로 잡은 것은 대학원 시절이었다. 치매를 앓는 할머니를 보며 기술을 통해 치매 문제를 해결하고 싶다는 생각을 했다. 이에 빈 대표는 치매 치료 가능성이 있는 전기 뇌 자극을 연구했다. 김동현 CTO는 대학원에서 약 7년간 연구한 뇌 모델링 연구를 상용화하고 싶다는 마음에 빈 대표와 합심했다.

●●● 비전 및 목표
현대 의학의 한계를 넘어 뇌질환 극복을 이끄는 게 목표다. 의료계에 필요한 진단·치료 가이드 솔루션을 제공해 뇌질환으로 고통받는 환자들을 돕고자 한다.

●●●● 주요 제품 또는 서비스
뉴로핏 세그플러스(Neurophet SegPlus) 클라우드 기반의 뇌 영상 AI 분석 플랫폼으로, 뇌 MRI를 97개 영역으로 세분화하고 정량화해 뇌 부피 분석이 가능한 소프트웨어. 고도화된 AI 엔진으로 완전 자동화된 프로세스를 제공하고 별도 프로그램 설치 없이도 뇌 영상 분석이 단 3분 만에 가능.

뉴로핏 아쿠아(Neurophet AQUA) 뇌 MRI를 초고속으로 정량 분석해 뇌 위축과 백질 변성 등을 분석하는 뇌 신경 퇴화 영상 분석 소프트웨어. 알츠하이머병, 혈관성 치매 등의 신경 퇴화 질환에서 관찰되는 뇌 위축과 백질의 변성을 수치화해 육안으로 구별이 어려운 뇌의 위축 정도 파악 가능.

뉴로핏 테스랩(Neurophet tES LAB) 뇌 MRI를 실제 뇌와 유사한 컴퓨터 뇌 모델로 복원한 뒤 전기 자극 시 생성되는 전기장 분포를 계산하는 소프트웨어. 뇌 자극 영역과 강도를 정확하게 분석할 수 있어 각기 다른 환자의 뇌 구조를 고려해 목표 영역을 정밀 자극하는 개인 맞춤형 치료 가능.

뉴로핏 스케일 펫(Neurophet SCALE PET) 뇌 PET(양전자 방출 단층 촬영) 영상과 MRI를 결합해 알츠하이머병 바이오마커를 정량적으로 분석하는 PET 영상 자동 분석 소프트웨어. MRI 뇌 영상을 자동으로 구획하고 구획화한 MRI를 PET 영상과 결합해 알츠하이머병 바이오마커 중 하나인 아밀로이드 베타 단백질 침착에 대한 수치화 가능.

뉴로핏 잉크(Neurophet innk) 고정밀 경두개 직류자극기(tDCS)로 전기 자극을 통해 뇌졸중, 우울증 등 뇌질환의 증상을 개선하거나 치료하는 비침습형 뇌 자극 기기.

●●●●●
핵심기술
뉴로 내비게이션 시스템, AI 기반 뇌 분할 기술 세그엔진

차세대 뉴로 내비게이션 시스템은 뇌 구조를 정밀하게 분석해 두뇌에서 전기자극이 어떻게 퍼질지 데이터 기반으로 정밀하게 예측한다. 의사가 환자의 뇌 영상을 입력한 후 원하는 자극 위치를 선택하면 이 자극이 어느 지점에 도달할 수 있을지를 시뮬레이션으로 보여준다. 치료 효과를 내기 위해 뇌의 어느 부위에 자극을 가해야 좋을지 알 수 있다. 이 시스템은 CT 데이터가 없이도 두개골을 포함한 3차원 컴퓨터 뇌 모델을 구현해 분석할 수 있다.

세그엔진은 AI 기반 뇌 자기공명영상(MRI) 분할 기술이다. 1분 만에 107개 뇌 영역을 구획화한다. AI가 영역별 구조를 분석해 부피나 두께를 1mm 단위로 측정할 수 있다. 퇴행성 뇌질환과 관련된 비정상적 위축이나 뇌 구조 변화, 해부학적 비대칭성 등을 모두 잡아낸다는 설명이다.

●●●●●●
향후 계획

뇌질환 중에서도 알츠하이머병 바이오마커 발굴을 위한 제품 개발을 진행 중이다. 글로벌 CRO(임상시험수탁기관) 회사와 협업하고 알츠하이머병 신약 개발 과정에 필요한 바이오마커 발굴 관련 수익을 창출할 계획이다. 향후 글로벌 CRO 회사와 공동으로 글로벌 제약사를 대상으로 한 영업에 적극 나설 것이다.

투자 유치

누적투자 금액
296억원
(시리즈 B 190억원 포함)

특허, 논문, 보고서 등 지식재산권 보유 현황

- 뇌 구조를 이용한 뇌 영상 보정 방법 및 장치 (1020190025001)
- 10-20 시스템 기반의 위치 정보 제공 방법 (1020190012493)
- TMS 자극 내비게이션 방법 및 프로그램 (1020170115778)
- 3차원 뇌 지도 생성 방법 및 프로그램 (1020170115779)
- 패치 가이드 방법 및 프로그램(1020170108056)
- 경두개 직류 자극술을 위한 맞춤형 헤드기어 설계 방법, 서버 및 컴퓨터 프로그램 (1020210088248/2021.07.06)
- 뇌 구조를 이용한 뇌 영상 보정 방법 및 장치 (1020210007088/2021.01.18)
- 특성 정보를 고려한 의료 영상 분석 방법, 의료 영상 분석장치 및 의료 영상 분석 시스템 (1020200187933/2020.12.30)

수상 이력

- 2022년 NTK(NeuroToolKit) 해커톤 혁신 부문 1위 수상
- 2019년 청년 스타트업 어워즈 대상
- 2018년 테스랩, 레드닷 디자인 어워드 본상
- 2017년 신용보증기금 스타트업 데모데이 2위

카메라 기반 자율주행 배달로봇을 통한 라스트마일 물류 서비스 제공

뉴빌리티

대표자
이상민

위치
서울특별시 성동구 왕십리로 115번지 2층

설립 연도
2017년 10월

홈페이지
neubility.co.kr

문의
info@neubility.co.kr / 0507-1386-2330

상장 여부
비상장

시장 진출한 해외 국가
아시아 시장 선 진출 후 북미·유럽 시장 진출 계획 구체화 중

주요 사업
자율주행 배달로봇 '뉴비' 제조 및 로봇 배달 플랫폼 '뉴비고' 어플리케이션서비스 제공

창업자의 경력

이상민 대표는 연세대 16학번으로 천문우주 및 기계공학 학석사 통합과정 재학 중이다. 대학 2학년 때 뉴빌리티를 설립하며 창업가의 길로 들어섰다. 그는 인하대 사대부속고등학교 재학 중인 2015년 한국청소년항공우주학회 회장으로 활동하며 'Spiral Solution'팀을 만들어 미국 NASA 콘래드재단이 주최한 청소년 아이디어 공모전(Conrad Spirit of Innovation Challenge)에 참가해 항공우주부문 경쟁에서 1위를 차지한 바 있다.

이 팀은 '우주인 화장실'의 전력 소모를 없애 고장 확률을 획기적으로 낮춘 아이디어 제품을 제시했으며 콘래드재단에 6억원 규모 관련 특허기술을 이전했다.

대학에서 우주천문학을 공부하면서 사람들이 실제 겪는 '시장의 문제를 해결하고 싶다'는 걸 깨달았다. 대기과학 인공위성에 들어갈 카메라 부품을 연구하던 게 뉴빌리티 배달로봇에 들어가는 자율주행 카메라로 연결됐다.

그는 2017년 동아리 친구들과 '게이밍 기어' 창업을 시작한 것이 5번의 피봇을 거쳐 지금의 도심 배달로봇 서비스 모델을 구축하기까지 '시장의 문제' 해결에 집중했다. 몰입도 높은 게임 경험을 제공하기 위해 만든 장치를 씽씽이의 안전주행에 적용해 보고, 자율주행을 위한 보행로 데이터 취득에 적용했다가 자율주행 소프트웨어를 개발하고, 이어 작은 소형 이동체인 로봇 하드웨어까지 개발하면서 실외 자율주행 배달 로봇까지 이르렀다.

창업 배경

이상민 뉴빌리티 대표는 우주를 너무 좋아하는 자칭 '스페이스 너드'다. 그런 그가 어떻게 로봇 회사를 창업했을까. 그는

비전 및 목표

자율주행 배달 플랫폼으로 라스트 마일 시장의 라이프 스타일을 혁신하는 기업

주요 제품 또는 서비스

도심형 자율주행 배달로봇 '뉴비' 값비싼 LiDAR 대신 저렴한 카메라와 센서를 활용해 Visaul-SLAM 기반 도심 자율주행 솔루션을 구현했다. 핵심 기술을 자체 개발해 데이터 취득과 컴퓨터 리소스 비용을 절감한 게 특징이다. 가격경쟁력과 복잡한 도심 자율주행 성능을 동시에 확보했다.

로봇 배달 플랫폼 '뉴비고' 어플리케이션 서비스, API Kit, 각종 솔루션 등 파트너 기업 및 실사용 고객의 활용도를 높일 수 있는 통합형 배달 플랫폼이다. 로봇을 이용한 RaaS(Robot as a Service)를 고객에게 제공하기 위한 주문 결제-로봇 배차-배송 추적-고객 확인- 제품 수령까지 라스트마일 배송 전 단계 서비스를 저렴하고 효율적으로 구현했다.

핵심기술

뉴빌리티는 정확하고 경제성 있는 카메라 기반의 위치추정 및 매핑 기술을 확보하고 있다. 라이다(LiDAR), 고가의 GNSS(위성측위시스템) 등 고비용 센서를 사용하여 기술개발을 진행하고 있는 경쟁사와는 달리 저비용 센서인 카메라와 IMU(관성측정장치), GNSS를 결합해 저비용으로도 고성능의 위치추정 기술을 구현했다. 저비용 센서인 카메라와 IMU(관성측정장치), GNSS를 결합해 저비용으로도 고성능의 위치추정 기술을 구현했다. 또 서라운드 멀티 카메라 시스템과 로봇 내 센서 시스템 간의 센서퓨전을 통해 특징점 형태의 지도를 생성해 더욱 정밀한 위치 추정이 가능하다. 강화학습 기반 경로 설정 및 회피기동 기술은 또 다른 강점이다. 이를 통해 장애물이 등장했을 때 로봇이 계속 멈추는 '프리징' 현상을 막을 수 있다. 마지막으로 10만원대의 저비용 GNSS 리시버와 IMU, 휠 오도메트리를 결합해 최대 1.5m 이내의 위치 정확도를 보여주는 위치추정 기술을 적용하고 있다.

향후 계획

글로벌 온라인 음식 배달 거래 시장은 2027년 318조8000억원까지 성장할 것으로 전망된다. 자율주행 로봇 시장 경쟁사로는 미국 스타십테크놀로지, 코코, 러시아 얀덱스 등이 꼽힌다. 뉴빌리티는 폭증하는 수요와 높은 배달 비용 등의 문제에 직면한 음식 배달 시장을 시작으로 도심 라스트마일 비용 문제를 해결하고 효율성을 높인 솔루션을 개발 중이다.

투자 유치

시리즈 A 투자 완료

230억원

(누적투자 금액 268억원 이상)

특허, 논문, 보고서 등 지식재산권 보유 현황

- 로봇의 자율 주행 제어 방법 및 그를 위한 시스템 (1023680820000/2020.10.12)
- 자율주행을 위한 위치 추정 장치 및 방법 (1022198430000/2020.3.17)
- 서라운드 이미지를 이용한 자율주행 이동체의 위치 추정 장치 및 방법 (1023429450000/2020.3.23)

수상 이력

- 2021년 KEA 디지털유통센터 주관 e커머스 피칭페스타 2021 제품부문 혁신상 2위
- 2021년 인천창조경제혁신센터 주관 SMART X-LAB 9기 로봇공모전 인천창조경제혁신센터상
- 2021년 물류산업진흥재단 주관 물류스타트업 경진대회 최우수상(국토교통부 장관상)

자율주행 기반 드론 제작

니어스랩

2022 선정

대표자
최재혁

위치
서울특별시 강남구 논현로 417, 4층, 5층

설립 연도
2015년 5월

홈페이지
nearthlab.com

문의
press@nearthlab.com

상장 여부
비상장

시장 진출한 해외 국가
유럽 15개 국가 및 북미 지역

주요 사업
드론 기반 산업 시설 점검 솔루션

창업자의 경력
최재혁 대표는 KAIST 항공우주공학과 재학 시절 KAIST 방효충 교수가 이끄는 'KAIST ASCL 연구실'에서 소형 인공위성 큐브셋을 만드는 프로젝트에 참여해 일했다. 동 대학원에서 석사를 마치고 두산중공업 미래개발센터에서 원자력발전소 운영 소프트웨어(SW) 개발 담당으로 근무했다.

창업 배경
두산중공업 재직 시절 드론이 신기술로 부상하기 시작했다. 5살 때 미 항공우주국(NASA) 박물관을 방문한 이후 꾸준히 우주와 항공산업에 대한 꿈을 키워왔던 최 대표는 "인공위성이 사람이 갈 수 없는 먼 곳에서 일상을 변화시켰듯, 드론이라는 소형화 장치가 가까운 곳에서 새 변화를 만들 수 있을 것"이라 확신했다. 두산중공업에서 일했던 전문성을 살려 풍력발전지, 댐 등 시설물 안전 점검을 드론으로 대체하려는 시도를 시작했다.

비전 및 목표
니어스랩은 가깝다는 뜻의 영어단어 'Near'와 지구를 뜻하는 'Earth', 연구소를 뜻하는 'Laboratory'를 조합해 만들어진 기업명이다. 우주에 인공위성이 있듯, 지구에선 인간 대신 드론이 현장을 관찰하고 데이터를 수집 및 분석해 가치 있는 데이터를 제공하고자 하는 포부를 담았다. 니어스랩이 지향하는 가치는 안전점검 산업 관계자들이 효율적이고 상해 없이 일할 수 있도록 서비스를 펼치는 데 있다.

주요 제품 또는 서비스
AI 기반 데이터 기술을 접목해 시설물 안전점검 솔루션을 제공하는 니어스랩의 솔루션은 크게 두 가지로 나뉜다. 스스로 대상을 인식하며 균일하고 선명한 데이터를 수집하는 자율비행 SW가 탑재된 기기다. 자율비행 드론의 안전 검점 '시작' 버튼을 누르면 니어스랩이 고유 기술로 개발한 비행 제어 장치로 사람의 조종 능력과 무관하게 드론이 풍력발전기 날

개를 인식하며 최적의 비행경로를 찾는다. 이후 충돌 회피 기술을 적용해 일정한 거리를 유지하며 균일한 초고화질 데이터를 촬영 및 수집한다.

디지털 트윈 플랫폼 '주머블(Zoomable)'은 자율비행 드론을 통해 수집된 고화질 이미지가 저장되는 공간이다. 포털에 저장된 이미지는 0.3mm까지 확대될 수 있어 결함 상태를 정확하게 파악할 수 있다. 또한 지속적으로 저장되는 데이터를 통해 시간의 흐름에 따른 결함의 변화를 확인할 수 있어, 미세한 변화를 감지하고 그에 따른 적절한 대처가 가능하다.

핵심기술

센서 퓨전, 비행 제어, 자동경로 설정, 그리고 이미지 딥러닝 데이터 분석이 보유한 핵심 기술이다. 센서 퓨전은 컴퓨터 비전, 딥러닝, 라이다(LiDAR), 관성측정장치(IMU), GPS 등 다양한 센서를 융합해 주변 환경과 장애물을 인지하고 드론의 현재 상태를 추정하는 기법들이 융합된 기술이다. 주변 환경과 장애물을 인지하고 드론의 현재 상태를 추정한다. 비행 제어는 다양한 환경에서 복잡한 업무를 안정적으로 수행할 수 있는 성능, 자동 경로 설정은 드론이 장애물을 피하고 원하는 대상물을 탐색하기 위한 최적의 경로를 생성하는 기술이다. 이미지 딥러닝 데이터 분석은 수집한 고화질 사진에서 니어스랩의 독자적 AI 알고리즘을 통해 결함의 크기, 종류와 심각도를 자동으로 검출하는 이미지 딥러닝 데이터 분석도 지원한다. 전체 서비스를 통하면 기존 풍력발전기 터빈 1기 당 6시간 소요됐던 점검 시간은 15분 수준으로 단축 가능하다. 수기로 1달 걸리던 점검 결과보고서 기간은 1~2일 이내로 줄였다.

향후 계획

AI 기술과 항공우주 기술을 활용한 세계 최고 수준의 자율비행 기술을 기반으로 사람이 직접 수행하기 위험하거나 어려운 업무들을 보조하는 산업용 솔루션을 개발하고 있다. 국가 주요 자산인 대형 시설물 관리에 활용할 수 있을 뿐 아니라, 소방, 재난 모니터링, 국방 등 보안이나 공공안전 등 다양한 영역에서 활용이 가능하다. 국산 드론 기체가 늘어날수록 외산 기술에 대한 의존도를 낮추고, 나아가 제2의 한국항공우주(KAI), 쎄트렉아이와 같은 글로벌 항공우주 기업으로 성장할 수 있을 것으로 기대하고 있다.

투자 유치

시리즈 C 라운드
305억원 이상

특허, 논문, 보고서 등 지식재산권 보유 현황

특허 등록
- 풍력 발전기 블레이드 결함 인식/분석 장치 및 방법 (1020200033718)
- 풍력발전기 점검 시스템 및 그 점검 방법 (1020210170728)
- 풍력 발전기 점검을 위한 드론 이동 경로 생성 방법 및 장치 (1020220069332)
- 산업 구조물 점검을 위한 드론 이동 경로 생성 방법 및 장치 (1020220069334)
- 산업 구조물 점검을 위한 복수의 드론 이동 경로 생성 방법 및 장치 (1020220069335)

특허 출원
- 듀얼 모터를 포함한 무인 비행체 (1020210165280)
- 결함 점검 시스템 및 그 방법 (1020210170011)
- 임무장비 마운트 장치 (1020210169877)
- 풍력발전기 점검을 위한 AI 기반 이미지 스티칭 장치 및 방법 (1020220105798)

수상 이력

- 2022년 드론산업발전 유공 국토부장관상(국토교통부)
- 2022년 Image Matching Challenge 2022 by Google Research국제 AI대회 캐글 금메달(캐글)
- 2022년 CES 2022 소프트웨어&모바일 앱 부문 혁신상 Innovation Award Honoree(CTA)
- 2021년 환경에너지대상 환경부장관상(환경부)

O2O 기업들의 고객관리 및 전화 응대 업무 대행 솔루션 '클라우드게이트'를 제공

더화이트커뮤니케이션㈜

2021·2022 2년 연속 선정

대표자
박민영

위치
서울특별시 성동구 성수이로24길 32 (성수동2가)

설립 연도
2016년 3월

홈페이지
airsmed.com

문의
help@thewc.co.kr / 02-468-1112

상장 여부
비상장

시장 진출한 해외 국가
계획 중

주요 사업
기타 정보기술 및 컴퓨터 운영 관련 서비스

●
창업자의 경력
박민영 대표는 2000년 다음커뮤니케이션에 입사해 16년 동안 e-마케팅 팀장, 부장, 본부장을 거쳤다. 최연소 다음 부사장 출신으로 포털에서 일하며 얻은 노하우를 활용해 2016년 더화이트커뮤니케이션을 창업했다.

●●
창업 배경
기업의 오퍼레이션 수요가 늘어날 것으로 예측하고 다음카카오 서비스에서 함께 일하던 동료들과 회사를 설립했다. 창업 당시엔 국내에 클라우드 소프트웨어에 대한 인식이 부족해 시장에서 크게 인정받지 못했지만, 기술력을 빠르게 입증해 지난 6월 270억원 규모 시리즈 B 투자를 유치하는 데 성공했다.
온라인에서 도움이 되는 청렴한 서비스를 추구하기 위해 회사명은 '세상을 깨끗하게 만들자'는 의미로 더화이트커뮤니케이션으로 정했다.

●●●
비전 및 목표
한국의 세일즈포스가 되는 것이 목표다. 한국 시장을 넘어 글로벌 오퍼레이션 시장에서 성장한다는 포부를 갖고 있다.

●●●●
주요 제품 또는 서비스
클라우드게이트(CLOUDGATE) 국내 최초로 음성(전화)·텍스트(채팅, 이메일) 상담을 통합해 창 하나에서 모든 고객 응대가 가능한 소프트웨어.

●●●●●
핵심기술
기업은 넷플릭스를 구독하듯 매월 계좌당 이용료를 내고 클라우드게이트를 구독할 수 있다. 박 대표는 "소프트웨어 구독뿐 아니라 기업이 원하면 콜센터나 게시판 관리 업무 등 모든 고객 응대 업무를 더화이트커뮤니케이션 인력이 대행하는 서비스도 함께 제공하고 있다"며 "고객사는 임블리

(BTG), SK엔카 등 170여 개로 절반은 소프트웨어(클라우드게이트)만 사용하고, 나머지는 CS 업무까지 함께 위탁하고 있다"고 설명했다.

최근 네이버스토어 등 오픈마켓에 입점한 소상공인을 위해 클라우드게이트의 라이트 버전인 '셀러게이트(SELLERGATE)'도 출시했다. 월 구독료가 수십만 원대인 클라우드게이트의 핵심 기능만 담아 월 구독료를 1만9000원대로 낮춘 버전이다.

향후 계획

AI 서비스 고도화 및 서비스형 클라우드(SaaS)를 도입해 고객사와 일반 소비자들에게 양질의 케어 서비스를 제공한다. 아울러 글로벌 비즈니스를 확장하는 등 기업 성장을 위한 다양한 시도를 이어나갈 계획이다.

투자 유치

시리즈 B 완료
185억원

특허, 논문, 보고서 등 지식재산권 보유 현황

● 2020년 한국표준협회(KSA) 주최로 열린 제66회 하계 CEO 포럼에서 'AI+(인공지능 플러스)' 인증 획득

수상 이력

● 2019년 중소벤처기업부 성과공유기업 선정
● 2019년 데이터바우처 벤처기업회장 표창
● 2017년 신용보증기금 Start-Up 통합 데모데이 3등 수상

모바일 투자 일임 서비스 업체

디셈버앤컴퍼니자산운용

2021·2022 2년 연속 선정

대표자
정인영

위치
서울특별시 강남구
테헤란로 231 센터필드 WEST 19층

설립 연도
2013년 8월

홈페이지
dco.com

문의
inquiry@dco.com / 02-6959-2820

상장 여부
비상장

시장 진출한 해외 국가
-

주요 사업
투자자문 및 투자일임업

● 창업자의 경력
정인영 대표는 서울과학고와 서울대 전기공학부를 졸업한 후 동 대학원 경영전문대학원에서 석사학위를 받았다. 2009년부터 엔씨소프트에서 투자경영실장으로 근무하던 중 2013년 디셈버앤컴퍼니를 설립하게 되었고, 현재까지 디셈버앤컴퍼니자산운용의 대표를 맡고 있다.

●● 창업 배경
정인영 대표는 기술을 통해 기존 금융회사의 프레임에서 탈피한 새로운 금융 서비스를 선보이고자 창업을 결심했다. 일부 자산가만이 누릴 수 있었던 개인 맞춤형 투자일임 서비스 기술을 기반으로 누구나 쉽고 편리하게 경험할 수 있도록 제공하는 서비스가 필요하다는 판단에서였다. 회사 설립 후 6년 동안 기술개발에 매진할 만큼 원천 기술력 확보에 집중했으며, 2019년 4월 국내 최초 비대면 투자일임 서비스 '핀트'를 론칭했다.

주력 서비스인 핀트는 비대면 투자일임 서비스를 제공한다. 정 대표는 핀트를 통해 단순한 투자상품을 판매하는 것이 아닌, 금융을 서비스 관점에서 바라보고 고객에게 새로운 투자 경험을 전달하는 것에 목표를 두고 있다.

●●● 비전 및 목표
❶ 뛰어난 기술을 연구한다.
❷ 정교한 데이터를 기반으로 보다 나은 삶을 설계한다.
❸ 기술을 토대로 새로운 금융 경험을 전달하고 금융시장의 혁신을 이끈다.

●●●● 주요 제품 또는 서비스
핀트 AI 기반 모바일 투자일임 서비스.

핵심기술

글로벌시장에 존재하는 수천 개의 자산 가격, 경제지표를 분석해 최적의 포트폴리오를 찾아내는 'ISAAC(Intelligent Strategic Asset Allocation Core)'

ISAAC는 디셈버앤컴퍼니 AI 기술의 집약체다. 글로벌 자산 배분을 통해 안정적 수익을 추구하고, 금융 도메인의 다양한 문제를 그 성격에 맞춘 적합한 데이터와 방법론을 활용해 솔루션을 낸다.

다양한 증권사·거래소를 추상화해 주식거래 전략을 실행하고 모니터링하는 고성능 주식거래 시스템 'PREFACE'

PREFACE는 다양한 증권사·거래소 추상화 및 자동주문시스템이다. 멀티코어와 큐를 사용한 주문 분산 처리와 증권사 원장 시스템과 연계한 실시간 조회 및 모니터링, 각종 거래 안전장치들을 포함하고 있다.

향후 계획

2021년 본인신용정보관리업(마이데이터) 본허가를 획득함에 따라 간편 투자 플랫폼인 핀트의 서비스를 더욱 확대하여 사용자의 금융 전체를 아우르는 생활 금융 플랫폼으로 거듭날 계획이다. 생활 속 경제활동을 한눈에 파악하고, 이를 통해 더욱 편리하게 투자할 수 있도록 구성할 예정이며, 선불 전자 지급 수단을 활용한 간편 결제 서비스 역시 지속적인 고도화가 계획되어 있다.

투자 유치

시리즈 B
699억원

특허, 논문, 보고서 등 지식재산권 보유 현황

- 복수계좌 자동거래 시스템 및 방법 (1023295360000)

수상 이력

- 2021년 IDC 퓨처 엔터프라이즈 어워드 2021 '미래의 인텔리전스 부문 베스트' 수상
- 2020년 iF 디자인 어워드 본상 (2020 Design Award) 수상
- 2019년 한경 핀테크 대상 2019, AI 부문 '최우수상' 수상
- 2019년 코리아 핀테크 위크 2019, 핀테크 어워즈 '성장상' 수상

AI로 디지털 휴먼 제작하는 회사

디오비스튜디오

2022 선정

대표자
오제욱

위치
서울특별시 마포구 잔다리로64, 3층

설립 연도
2020년 6월

홈페이지
dob.world

문의
admin@dob.world / 02-2088-5766

상장 여부
비상장

시장 진출한 해외 국가
태국 등

주요 사업
정보통신업

창업자의 경력

오제욱 대표는 연세대 중어중문학과와 국어국문학과를 졸업했다. 가톨릭대학교에서는 글로벌한류비즈니스 석사 학위를 받았다. LG상사에 입사해 신사업 추진 TFT에서 새로운 사업을 만드는 일을 주로 했다. SBS콘텐츠허브에서는 중국판 런닝맨, 웃찾사, 짝을 공동 제작하는 프로젝트에 참여했다. 그는 국내 방송·애니메이션·웹툰 등 콘텐츠를 중국에 수출하기 위해 티그라운드라는 회사를 설립했다. 하지만 국내 사드 배치로 인한 한한령으로 중국 사업을 접었다. 이후 동서울대학교에서 방송채널 분석에 관한 강의를 하고 미국계 OTT 회사에서 근무하기도 했다.

창업 배경

그는 연세대 공식 블로그에서 "알고 지내던 투자자가 AI 기술로 사업을 하고 싶어 하는 개발자를 소개해줬고 시장 조사를 해보니 세계적으로 유례없는 방식의 버추얼 휴먼 기술을 알게 됐다"고 창업 배경을 설명했다. 이어 "좀 더 발전시키면 가능성이 있겠다는 결론에 이르렀고 디오비스튜디오를 창업해 버추얼 휴먼 '루이'를 만들었다"고 덧붙였다. 그는 "가상 얼굴을 생성해 버추얼 휴먼을 만들고 관련 콘텐츠를 생산해 수익을 내는 사업은 우리가 세계 최초였다. 콘텐츠 분야에서의 다양한 경험과 가톨릭대학교에서 한류 MBA 과정을 밟으며 1인 미디어 유튜브의 수익모델에 대한 논문을 썼던 경험도 많은 도움이 됐다"고 밝혔다.

비전 및 목표

그는 국내 한 언론사와 인터뷰에서 "단기적 목표는 B2B 서비스인 가상얼굴 분양센터를 안정화시키는 것이다. 기업과 기관이 손쉽게 버추얼 휴먼을 만들고 운용하도록 서비스를 고도화하는 것이다. 장기 목표는 개인이 누구나 가상 얼굴을 만들고 부캐(부가 캐릭터) 생활을 즐기도록 돕고 싶다"고 밝혔다.

주요 제품 또는 서비스
디오비스튜디오는 AI 딥러닝 기술로 실제 사람과 구별되지 않는 가상 얼굴을 제작한다. 해당 기술을 기반으로 한 B2B 서비스로 기업의 니즈에 맞는 버추얼 휴먼을 제작하는 '통합 패키지 서비스'를 운영하고 있다. 버추얼 휴먼의 제작, 생성, 관리, 운영을 전담한다.

핵심기술
'디오비엔진'이라는 자체 AI 기술을 보유하고 있다. 디오비엔진은 일명 'Style GAN' 모델에 기반한 AI 알고리즘 설계 방식이다. 사진과 영상 속 얼굴 데이터를 이해하고 이를 호감형 얼굴 데이터로 치환하는 기술이다.

지난 6월에는 두 번째 가상인간 '아일라'를 선보였다. 오 대표는 국내 한 언론사 인터뷰에서 "아일라는 셀럽, 인플루언서, 모델과 같은 페르소나와는 기획의도 자체가 다르다. 기존의 많은 버추얼 휴먼은 기술 기업이 사람과 다를 바 없는 존재, 사람을 대체할 수 있는 존재로 만들려는 노력의 산물이었다. 그 기저에는 연예인이나 인플루언서처럼 인기를 높여서 광고 수익을 거둬들이려는 엔터테인먼트산업적인 의도가 있다"라고 지적했다. 이어 "우리는 기본적으로 버추얼 휴먼을 놀이로 보고 있다. 디지털 부캐 놀이, 모두가 천편일률적으로 상업적인 버추얼 휴먼을 찍어내는 시장에서 더 재미있고 상상력을 자극할 수 있도록 오랜 설화를 오마주한 스토리텔링을 기반으로 기획하고 제작했다"고 설명했다.

아일라는 기획부터 인스타그램에 출시까지 3개월 정도 걸렸다. 오 대표는 "설화를 바탕으로 하다 보니 역사 왜곡이나 역사에 대한 다양한 평가와 관점에 대한 검토를 먼저 해야 했다"고 밝혔다.

향후 계획
비전문가도 가상 얼굴을 생성하고 변환 및 커스터마이징이 가능한 구독형 클라우드 모델을 고도화할 계획이다. 4K, 8K, 12K 영상에도 자연스러운 영상을 재생하는 것도 목표다. 그는 국내 언론사와 인터뷰에서 "'멀티 페르소나'가 자연스럽게 스며드는 세상을 만들고 싶다. 외모를 숨기거나 익명을 바라는 이들이 많다. 가상인간 기술은 누군가에겐 구원이자 기회가 될 수 있다"라고 말했다.

투자 유치

프리 A 시리즈
50억원 이상

특허, 논문, 보고서 등 지식재산권 보유 현황

- 인공신경망을 활용하여 다양한 표정을 가지는 가상의 얼굴 생성 방법 및 장치특허 (2021.03.12)

딥러닝 기반 암 진단 솔루션을 개발하는 기업

㈜딥바이오

2021·2022 2년 연속 선정

대표자
김선우

위치
서울특별시 구로구 디지털로33길 27, 609-613호(구로동)

설립 연도
2015년 1월

홈페이지
deepbio.co.kr

문의
sales@deepbio.co.kr / 070-7703-4746

상장 여부
비상장

시장 진출한 해외 국가
진출했음

주요 사업
응용소프트웨어 개발 및 공급업

● 창업자의 경력

경영 관리 및 컴퓨터 공학에서 20년 이상의 경력을 가진 ㈜딥바이오 설립자 및 대표이사 김선우는 AI가 의료계의 다양한 영역에 긍정적인 영향과 가치를 줄 수 있다는 믿음을 바탕으로 딥바이오를 설립했다.
KAIST에서 전산학과 출신으로 UC어바인에서 컴퓨터과학 석사학위 취득을 거쳐 박사과정을 수료했다. 딥바이오를 설립하기 전 자동차 소프트웨어 및 보안 스타트업 Pinion Industries를 공동창업하고 최고기술경영자로 기술을 총괄했으며, KT 네이버 등 다수의 기업에서 투자 유치 및 플랫폼 개발 프로젝트를 이끌었다.

●● 창업 배경

AI는 제4차 산업혁명의 핵심 기술로 과거에는 연구 기관에서만 다루던 것으로 여겨졌지만, 이제는 생활 곳곳에 적용되며 삶을 편리하고 윤택하게 변화시키고 있다. 김 대표는 AI를 잘 활용한다면 인간의 건강에도 커다란 영향력과 가치를 가져다줄 것이라는 신념이 있었고, 이에 따라 헬스케어 관련 솔루션을 개발하는 회사를 설립했다. 실제로 AI를 활용한 디지털 의료의 도입은 개인 맞춤형 정밀의학의 실현과 의료환경의 효율성 증대에 이바지하고 있다.

●●● 비전 및 목표

단기적인 목표는 해외 시장에서 전립선암 병리 진단 보조 솔루션 DeepDx® Prostate를 성공적으로 상업화함으로써 의미 있는 매출을 만들어내는 것이다. 장기적인 목표는 병리 이미지 분석으로 질환 예후 및 치료에 대한 동반진단까지 제공하는 것이다. 고위험군 환자에게는 적극적인 치료를 통해 기회를 주고, 그렇지 않은 환자에게는 과잉 치료를 피해 부작용을 줄여 삶의 질을 높이는 데 도움이 될 수 있도록 노력할 것이다.

주요 제품 또는 서비스

딥디엑스(DeepDx®) AI 기술 기반 암 체외 진단 솔루션이다. 딥바이오는 먼저 전립선암 조직병리 진단 분야에서 인공지능 솔루션을 선보이며 진단의 정확성을 향상시키고 업무의 효율성을 높이고자 노력했다. 그 결과 2020년 4월 국내 최초로 식품의약품안전처로부터 인공지능 기반 암 체외진단 의료기기 3등급의 품목허가를 받은 후 이듬해 11월 세계 최초의 인공지능 기반 병리조직진단보조 소프트웨어 'DeepDx®-Prostate Pro'의 식약처 허가를 획득하는 쾌거를 이뤄냈다. 현재 딥바이오는 유방암과 방광암의 조직 이미지를 분석해 암 진단을 보조하는 알고리즘을 개발하고 있으며 향후 더욱 다양한 암종의 연구를 진행할 예정이다.

핵심기술

딥러닝 AI 암 진단 기술로 슬라이드 단위 병원 진단문을 활용해 AI가 암 조직 이미지를 학습한다. 암이 의심돼 조직생검을 실시한 환자의 검체를 판독해 조직학적 등급을 자동으로 분석한다. 암 유무를 비롯해 병기 예측, 중증도 등을 확인할 수 있다. 딥바이오의 전립선암 진단 솔루션은 5년 이상 경력의 병리과 전문의의 판독 결과와 비교했을 때 98.5%의 민감도를 기록했다. 민감도는 질병이 있는 환자군에서 양성으로 나오는 환자 비율을 뜻한다. 네덜란드 라드바우드대 병원이 주최한 유방암 림프절 전이 분석 대회에서 AI 프로그램은 0.65%의 오류를 기록했다. 병리학자에게 무제한 시간을 줬을 때의 오류율은 3.5%였으며, 진료 현장 수준에서는 13% 이상으로 올라갔다.

향후 계획

전립선암뿐만 아니라 향후 다양한 고형암으로 분석을 확대하고 AI 기술을 바탕으로 한 신약 개발에도 도전할 계획이다. 기업공개(IPO)도 계획하고 있으며, 프랑스·인도·스위스 등 현지 기업과 협업해 해외 진출에도 나선다. 스위스 의료기기 전문 유통 기업 헬스케어 커넥트와는 유럽·아프리카 진출을 위해 각지 AI 의료 시장 현황을 함께 분석한다. 인도 디지털 병리 슬라이드 스캐너 기업 모플랩스와는 소프트웨어 제공 계약을 체결했다.

투자 유치

시리즈 B
199억원

특허, 논문, 보고서 등 지식재산권 보유 현황

- 병리 검체에 대한 판단 결과를 제공하는 인공 뉴럴 네트워크의 학습 방법 및 이를 수행하는 컴퓨팅 시스템(1020210001912/2021.01.07)
- 병리 이미지 검색을 위한 시스템 및 방법 (1020180119348/2018.10.05)
- 준-지도 학습을 이용하여 질병의 발병 영역에 대한 어노테이션을 수행하기 위한 방법 및 이를 수행하는 진단 시스템 (1020190010182/2019.01.25)
- 커스터마이징 진단 시스템 제공 방법 및 그 시스템(1020190010184/2019.01.25)
- 다중 페이즈 생체 이미지를 이용하여 학습된 뉴럴 네트워크를 이용한 질병 진단 방법 및 이를 수행하는 질병 진단 시스템 (1020190010180/2019.01.25)
- 지도 학습 기반의 합의 진단 방법 및 그 시스템 (1020180142095/2018.11.16)
- 생체 이미지 진단 시스템, 생체 이미지 진단 방법 및 이를 수행하기 위한 단말 (1020180092648/2018.08.08)

수상 이력

- 2021년 제2회 소셜 D.N.A 혁신상에서 혁신상 수상
- 2021년 미국 에디슨 어워드 은상 수상
- 2020년 2020 대한민국 중소중견기업 혁신대상 수상

딥러닝 기반의 AI Human 솔루션 제공

딥브레인AI

2021·2022
2년 연속 선정

대표자
장세영

위치
서울특별시 강남구 역삼로7길 6 1~5층

설립 연도
2016년 6월

홈페이지
deepbrainai.io

문의
press@deepbrainai.io / 02-858-5683

상장 여부
비상장

시장 진출한 해외 국가
미국, 중국

주요 사업
AI 휴먼, AI 키오스크, AI STUDIOS

창업자의 경력
장세영 딥브레인AI 대표는 서울대 전기공학부를 졸업했다. 2005년 페이지온이라는 AI 기반 UCC(사용자 제작 콘텐츠)회사를 창업했다. AI 에이전트 '아이봇'을 내놓기도 했다. 회사 매각 후 정보기술(IT) 서비스 기업 SK C&C와 금융IT 전문 기업 핑거에서 개발자로 근무했다.

창업 배경
장세영 딥브레인AI 대표는 정해진 대답밖에 할 수 없는 자동응답 수준의 챗봇을 넘어서는 챗봇 알고리즘 개발에 나섰다. 예를 들어 "내일 날씨는 어때?"라고 물어보면 '오늘', '날씨', '어때'라는 단어를 각각 이해하고 질문의 의도를 파악해 답을 하는 식이다. 그래서 "내일은 오늘보다 쌀쌀합니다", "내일은 비가 옵니다" 등 상황에 맞는 다양한 대답이 가능하다. 장 대표는 이런 방식을 활용해 먼저 금융 챗봇을 내놓았고, 이후에는 적용 범위를 확대했다.

비전 및 목표
딥브레인AI는 세계에서 가장 앞선 AI 휴먼 기술을 보유하는 것이 목표다. 이를 위해 끊임없이 연구개발에 매진한다. 단지 기술개발에만 그치지 않고 실제 고객의 요구를 해결하고 실용적인 관점으로 AI 기술을 제공한다. 실생활 속에서 인류에게 도움이 될 수 있도록 미래 청사진을 앞서서 상상하고 제시한다.

주요 제품 또는 서비스
AI Human 실사 기반 인공인간 구현 솔루션.
AI Kiosk 실시간 대화형 AI 솔루션.
AI chat AI 챗봇 솔루션.
AI STUDIOS 영상합성 편집 서비스.

핵심기술

딥브레인AI는 독자 개발한 'AI 아나운서' 서비스로 유명하다. 2021년 하반기에 중국 대형 방송사인 베이징 방송과 칭하이 방송에 관련 서비스를 공급하는 계약을 체결했다. 텐센트 자회사 소고우와의 치열한 경쟁을 뚫었다. 소고우는 중국 IT 대기업 텐센트의 자회사이자 중국 3위 검색엔진업체다. 국내 기업이 디지털 휴먼 기술의 일종인 AI 휴먼을 수출한 건 이번이 처음이다. 딥브레인AI는 국내에서 AI 아나운서를 구현해 성공적으로 서비스한 점 등이 계약 심의에서 높은 평가를 받은 것으로 알려졌다. TV에서 뉴스 진행을 했던 이지애·김주하 AI 아나운서가 딥브레인AI 작품이다. AI 아나운서는 실제 인물의 영상을 AI로 학습한 뒤 방송 원고를 주면 그 사람과 똑같은 목소리, 말투, 몸짓을 재현한다. AI 아나운서뿐 아니라 영상합성으로 제작한 아바타가 사람과 대화할 수 있는 기술도 보유하고 있다. 영상합성에 음성인식, 자연어처리 등의 기술까지 결합했다. 이 기술로 만든 AI 은행원, AI 점원 등은 간단한 고객 응대·안내가 가능하다. 올해 6월에는 부모님의 건강한 모습을 AI 휴먼으로 구현해 평생 간직할 수 있는 '리메모리(Re;memory) 서비스를 세계 최초로 출시했다.

향후 계획

딥브레인AI는 다양한 AI 휴먼과 사람이 대화하고 놀 수 있는 메타버스 플랫폼을 구축할 계획이다. 타사의 '로지'와 같은 가상 인간이 메타버스 공간에 등장하지만, 고도의 지능까지 갖춰 사람과 소통할 수 있다는 게 차별점이다. 영화 <그녀(Her)>에 나온 음성 AI 사만다 같은 모델이다. 또한 2년 내에 기업가치 1조원의 유니콘기업으로 성장해 미국 증시에 상장, 글로벌기업으로 거듭날 것이다.

투자 유치

시리즈 B까지
500억원

특허, 논문, 보고서 등 지식재산권 보유 현황

- 발화 동영상 생성 방법 및 장치(1020210155694)
- 텍스트를 이용한 발화 동영상 생성 방법 및 장치(1020200073099/2020.06.16)
- 머신러닝 기반의 발화 동영상 생성 방법 및 장치(1020200070743/2020.06.11)
- 음성신호를 이용한 발화 동영상 생성 방법 및 장치(1020200070748/2020.06.11)
- 계층적으로 저장되어 있는 북마크에 대한 문맥 기반 검색서비스를 제공하는 방법 및 컴퓨터 판독 가능 기록매체(1020190129066/2019.10.17)
- 엔티티 정보의 분석에 기초한 인텐트 결정을 제공하는 방법 및 대화형 AI 에이전트 시스템 및 컴퓨터 판독 가능 기록매체(1020190129072/2019.10.17)
- 키워드 기반 북마크 검색서비스 제공을 위하여 북마크 정보를 저장하는 방법 및 컴퓨터 판독 가능 기록매체(1020190129069/2019.10.17)

수상 이력

- 2022년 독일 T-Challenge 솔루션 부문 3위
- 2022년 NAB '올해의 제품상' 수상
- 2022년 CES 2022 참가 및 혁신상 수상
- 2021년 제18회 대한민국 신성장 경영 대상 우수상 수상
- 2021년 '대한민국 ICT대상' ICT 우수 중소·중견·벤처기업 수상
- 2021년 정보통신기술부문 표창장

AI 최적화 시스템 반도체 개발

㈜딥엑스

2021·2022 2년 연속 선정

대표자
김녹원

위치
경기도 성남시 분당구 판교역로 231 H스퀘어 S동 701호

설립 연도
2018년 2월

홈페이지
deepx.ai

문의
info@deepx.co.kr / 031-789-3770

상장 여부
비상장

시장 진출한 해외 국가
계획 중

주요 사업
인공지능(AI)시스템 연구 및 개발

창업자의 경력

김녹원 대표는 미국 UCLA에서 박사학위를 취득, 심층신경망 연산 하드웨어 시스템, 안정성 및 신뢰성을 위한 컴퓨터 하드웨어 시스템, 뉴로모픽 컴퓨팅, 시스템온칩 등의 분야에서 IEEE(전기전자기술자협회) 및 국제 유수의 학회지에 다수의 논문을 게재하는 등 전문적인 연구 경험을 갖고 있다. 이후 글로벌 기업인 브로드컴, IBM을 거쳐 시스코시스템스에서 네트워크 라우터 칩셋 애플리케이션 프로세서 설계 업무를 담당했으며, 애플에서 애플리케이션 프로세서 설계 핵심 엔지니어로 일하며 AI 반도체의 양산화를 경험한 전문가로, 2018년 딥엑스를 설립했다.

창업 배경

급격하게 성장하는 IoT 산업과 인공지능 기술을 보면서 온-디바이스 AI는 인류에게 필수적 과업이라고 예견한다. 그렇다면 인간 개체수의 10배에 해당하는 전자기기에 인간 수준의 인지능력을 가진 개체들이 자지도 쉬지도 않고 공존하는 초지능 사회가 올 것이다. 그때가 되면 4차 산업혁명이 아니라 인류 문명이 다음 단계로 진화하는 계기를 맞게 될 것이다. 여기에 근본적 기여를 하는 것이 딥엑스 설립 이유다.

비전 및 목표

사물 인공지능을 위한 가장 효율적이고 진보된 인공신경망 연산처리 장치(NPU)와 딥러닝 알고리즘의 경량화, 최적화를 위한 원천기술을 개발한다. 또 프로세서 기술 독립이라는 목표가 있다. 앞으로 인공지능 연산 처리를 일상생활 반경으로 끌어와 '도처에 존재하는 AI'를 실현하는 데 기여할 것이다.

주요 제품 또는 서비스

2022년 말부터 출시될 '딥엑스 시리즈'는 딥엑스가 독자 개발한 NPU 기반 시스템온칩 형태의 제품으로, 낮은 전력 소모와 높은 AI 연산처리 성능을 제공하는 인공지능 연산처리에 최적화된 시스템 반도체다. 시리즈는 응용 분야가 요구하는 AI 연산 성능의 수준과 기능에 따라서 2.4, 6.4TOPS의 성능을 가진 DX-L1, L2 제품은 스마트 카메라 모듈, 이미지 센서, 스마트 CCTV 등 비교적 컴퓨팅 파워가 낮은 시장을 목표로 상용화될 계획이다. 이어 30TOPS의 성능을 가진 DX-M1 제품 경우 머신비전, 고사양 보안카메라, 서비스 로봇, AR/VR, 자율주행차 등에 적용될 전망이고, 28POPS(Peta Operation per Second)의 DX-H1 제품이 출시되면 AI 고성능 컴퓨팅, 추론형 AI 서버 등에 적용될 계획이다. 2022년 하반기부터 삼성 파운드리의 5나노, 14나노, 28나노 공정에서 제작돼 순차적으로 출시될 예정이다.

●●●●●
핵심기술
실효 AI 연산 성능비(FPS/TOPS) FPS/TOPS 기준 세계 최고 AI 연산 처리량 확증
이론의 한계를 넘어선 인공지능의 정확도 부동소수점 32비트를 사용하는 GPU와 비교해서 정수형 8비트를 사용하는 딥엑스 NPU가 DNN 알고리즘의 인식률이 거의 저하되지 않거나 오히려 향상되는 결과 입증
세계 최고 수준의 연산 처리 전성비(TOPS/W) 현재 글로벌 경쟁사들이 NPU 기준 최대 8 TOPS/W 이상의 전성비를 형성하고 있는데, 딥엑스는 현재 이 전성비를 상회하는 것에 도전하여 입증할 계획
DRAM Access 최소화 기술 GPU 대비 25배, 타사 대비 약 5배에 달하는 DRAM Access 최소화 기술 보유
자동화된 SW 프레임워크(DXNN™) 체계 개발 고객사가 개발한 상용화된 알고리즘을 자동으로 딥엑스 하드웨어에 최적화하여 구동할 수 있는 SDK

●●●●●●
향후 계획
현재 스마트 센서, AMR, ICT 인프라, 자동차 부품, 센서 모듈, 공장자동화, 완성차 분야, AI 서버 등 20여 개의 글로벌 기업과 PoC(개념 검증)를 진행 중이다. 최근 광주광역시가 추진하는 'AI 가전사업 육성을 위한 상용화 지원플랫폼 구축 사업'에 AI 반도체 및 보드 개발 지원업체로 최종 선정되어 400여 개 가전업체의 시제품을 제작 지원할 계획이다.

투자 유치

시리즈 B까지
266억원

특허, 논문, 보고서 등 지식재산권 보유 현황

121여 개의 특허출원 중(2022년 9월 19일 기준)
- 파이프라인 구조를 가지는 인공신경망용 연산 가속 장치(1023964470000/2022.05.04)
- 인공신경망의 데이터 로컬리티 기반의 데이터 캐싱을 이용하여 고속의 인공신경망 오퍼레이션을 지원하는 데이터 관리 장치(1023510870000/2022.01.10)
- 인공신경망의 비트 양자화 방법 및 시스템(1022617150000/2021.06.01)
- 전자기기를 위한 특정 기능 수행용 학습된 모델 작성 방법, 전자기기를 위한 특정 기능 수행용 학습된 모델, 전자기기를 위한 특정 기능 수행 전용 칩, 전자기기를 위한 특정 기능 수행 전용 칩 동작 방법, 특정 기능 수행을 위한 전자기기 및 전자기기 특정 기능 수행 시스템(1022275120000/2021.03.08)
- 실감형 콘텐츠 제공 장치 및 방법(1022275060000/2021.03.08)

개인정보 비식별화 솔루션 개발

㈜딥핑소스

2021·2022
2년 연속 선정

대표자
김태훈

위치
서울특별시 강남구 언주로 508
공무원연금공단 3층

설립 연도
2018년 6월

홈페이지
deepingsource.io

문의
contact@deepingsource.io / 02-6956-2255

상장 여부
비상장

시장 진출한 해외 국가
계획 중

주요 사업
시스템소프트웨어 개발 및 공급

● 창업자의 경력
김태훈 딥핑소스 대표는 이미 인공지능(AI) 스타트업 재직 경험이 있다. 이미지 인식 기술 스타트업 올라웍스 공동 창업자 겸 최고기술경영자(CTO)로 일했다. 2012년 올라웍스가 인텔에 인수된 이후에는 인텔로 건너가 AI 개발 경력을 이어갔다. 2018년 딥핑소스 창업 이후에는 개인정보 비식별화 기술에 주력하고 있다.

●● 창업 배경
인텔 재직 시절부터 창업을 고려했다. 당시 유럽연합(EU)이 '개인정보보호 일반 규칙(GDRP)'을 시행하면서 데이터 가격이 급등하는 상황을 지켜보면서다. AI 개발자였던 그는 AI 모델 학습에 필요한 이미지를 구하는 데 상당 금액을 들여야만 했다. 장당 100원도 하지 않던 얼굴 사진이 정보보호 의무가 강화되자 몇만 원으로 뛰었기 때문이다. 개발 상황이 어려워짐과 동시에 비식별화 기술에서 새로운 시장 가능성을 인식한 셈이다.

●●● 비전 및 목표
AI 산업이 지속 성장함에 따라 데이터에 대한 요구는 계속해서 커지고 있다. '배워야만 성장하는' AI 모델은 피해갈 수 없는 사안이다. 딥핑소스는 '개인정보 익명화 기술 선두 주자'를 표방한다. 대량의 데이터를 주고받더라도 안전한 데이터 공유 환경을 가능하도록 하는 것이 근간을 이루는 목표다.

●●●● 주요 제품 또는 서비스
딥핑소스 머신러닝 데이터에 포함된 개인정보 데이터 비식별화 솔루션.

핵심기술

딥핑소스는 보유한 원천기술을 '세계 유일'이라 표현한다. 이들이 보유한 데이터 익명화 기술은 '식별될 수 있는 개인정보를 가리거나 삭제하자'는 개념과 결이 다르다. 데이터를 받아들면 이를 최소 단위로 잘게 파쇄한 후 필요 정보만 취합하는 것이 기본 골조다.

예를 들어 얼굴 사진을 받아들면 딥핑소스 솔루션이 데이터를 잘게 쪼갠다. 이후 성별 정보가 필요하다면, 얼굴에서 성별적 특징이 나타나는 부분만 따로 취합한다. 이런 방식으로 표정, 성별, 나이대를 추적할 수 있다. 모든 형태는 사진에 등장하는 인물을 특정하지 않는 선에서 이뤄진다.

향후 계획

딥핑소스는 분석 데이터를 직접 판매하는 사업에 집중할 예정으로, 비식별화 기술을 이용한다. 자사 데이터 판매 플랫폼 '나초스'가 전략 확대의 핵심축이다. 해당 플랫폼에선 누구나 딥핑소스 기술로 비식별화 데이터를 생성하고, 인공지능 학습용 데이터로 판매할 수 있다. 판매가 발생하면 일부 수익은 딥핑소스가 가져가는 형태로 비즈니스모델을 구성했다. 김태훈 딥핑소스 대표는 이를 "AI 시대 데이터 오픈마켓"이라 표현하기도 한다.

투자 유치

시리즈 A

70억원

특허, 논문, 보고서 등 지식재산권 보유 현황

- 원본 데이터와 마크 데이터를 합성하여 마킹된 데이터를 생성하는 데이터 임베딩 네트워크를 학습하는 방법 및 테스트하는 방법, 그리고 이를 이용한 학습 장치 및 테스트 장치 (1020190101414/2019.08.19)
- 데이터를 컨실링 처리하는 방법 및 이를 이용한 데이터 변조장치(1020190099177/2019.08.13)
- 개인정보를 보호하기 위하여 원본 데이터를 컨실링 처리하여 생성된 변조 데이터를 인식하기 위해 사용되는 사용자 러닝 네트워크를 학습하는 방법 및 테스트하는 방법, 그리고 이를 이용한 학습 장치 및 테스트 장치 (1020200051862/2020.04.28)
- 프라이버시를 위하여 데이터를 컨실링 처리할 수 있는 변조 네트워크에 대응되는 적응 네트워크를 학습하는 방법 및 테스트하는 방법, 그리고 이를 이용한 학습 장치 및 테스트 장치 (1020200051861/2020.04.28)

수상 이력

- 2021년 NIA AI 학습용 데이터 구축사업 수행기업 선정
- 2021년 글로벌 스마트시티 기술 액셀러레이터 SmartCityX 프로그램 선정
- 2020년 NIA AI 학습용 데이터 구축사업 수행기업 선정
- 2020년 과학기술정보통신부 선정, 2020년도 정보보호 우수 기술 선정

자율주행 소프트웨어 연구개발

㈜라이드플럭스

2021·2022 2년 연속 선정

대표자
박중희

위치
제주특별자치도 제주시 노형11길25, 4층(노형동)

설립 연도
2018년 5월

홈페이지
rideflux.com

문의
contact@rideflux.com

상장 여부
비상장

시장 진출한 해외 국가
향후 추진 예정

주요 사업
자율주행

● 창업자의 경력

창업자 박중희는 서울대 전기공학 학사, 서울대 전기컴퓨터공학 석사를 거쳐 MIT 기계공학 박사 학위를 취득했다. 육군사관학교 교수사관 등을 역임하고, LG전자 ADAS사업부와 자율주행자동차 개발업체인 nuTonomy 등을 거쳤다.

●● 창업 배경

라이드플럭스(RideFlux)는 자율주행 분야 전문가인 박중희 박사(MIT 기계공학)와 윤호 박사(서울대 기계항공공학)가 공동 창업한 연구 전문 스타트업이다. 전문성이 강하다는 게 강점이다.

자율주행 상용화에 가장 빨리 근접할 수 있다는 기술력에 대한 자신감으로 글로벌 스케일의 전문가들이 의기투합했다. 실제로 라이드플럭스는 제주국제공항과 쏘카스테이션을 잇는 구간을 단 6개월 만에 완성해 업계를 놀라게 했다. 서비스 완성을 위한 해당 구간 주행 데이터 1만1000여 분을 직접 확보했다.

기술 완성도와 안전성을 검증하기 위해 반경 50m 이내 차량이 10대 이상 존재하는 도로에서 확보한 데이터가 절반에 달한다. 교차로를 포함해 정지선 및 횡단보도 통과 횟수는 46만 회를 넘겼다.

●●● 비전 및 목표

자율주행차를 이용해 고객과의 접점에서 대규모 서비스를 제공한다. 한 사람이 평생 동안 운전하는 데 2년 9개월을 쓰는데, 인공지능 자율주행으로 이 시간을 아낄 수 있게 돕는 것이 궁극적 목표다.

●●●● 주요 제품 또는 서비스

풀 스택 소프트웨어 제공 라이드플럭스는 라이다(LiDAR) 등 특정 모듈 개발에 주력하는 경쟁사와 달리 풀스택(Full-

Stack) 소프트웨어를 연구한다. 인지 및 측위, 예측 및 판단, 제어, 지도 데이터 분석 등 각종 기능을 통합한다. 보행자와 교통신호 등 도로 상황을 인식하는 센서와 원활한 운행을 보조하는 고정밀 지도 등의 기술 개선에 주력한다.

승객 수요응답형 자율주행 셔틀 서비스 국내 최초로 누구나 호출할 수 있는 '승객 수요응답형' 자율주행 셔틀 서비스를 선보였다. 제주공항과 쏘카스테이션 제주 구간(왕복 5km)을 이동 수요가 있는 실제 승객들을 대상으로 운행하며, 기술과 노하우를 쌓고 안전성을 검증한 것이 특징이다. 지난 9월부터는 서귀포 제주혁신도시에서 국내 최초로 승객이 자유롭게 출발지와 도착지를 선택하는 구역형 자율주행 서비스를 시작했다.

●●●●●
핵심기술
완전 자율주행을 위한 소프트웨어 인지, 측위, 예측, 판단, 제어, 고정밀 지도, AI 데이터, 시뮬레이터 등 풀스택 기술력 보유

●●●●●●
향후 계획
국내 도로 환경에 최적화된 안전 자율주행 서비스를 출시해 2027년까지 전국 대부분 지역에서 자율주행 서비스 상용화를 이루는 것이 목표다. 이를 위해 지속적인 실증을 통한 데이터 수집, 기술 고도화, 확장성 강화 등 연구개발에 박차를 가할 것이다. 2021년 12월부터 이미 유상서비스를 제공하고 있으며, 현재까지 상시 운영 중이다.

투자 유치

시리즈 A
292억원

특허, 논문, 보고서 등 지식재산권 보유 현황

- 차량 주행 경로 지도 생성 방법, 장치 및 컴퓨터 프로그램(2019.10.23)
- 사전 정보를 이용하여 차량의 주행을 제어하는 방법 및 장치(2019.05.15)
- 기 설정된 주행 규칙에 기반하여 차량의 주행을 제어하는 방법, 장치 및 프로그램(2019.05.15)
- 서포티드 자율주행 차량(2019.06.05)

수상 이력

- 2022년 우수기업부설연구소 인증
- 2021년 국토교통부 장관 표창
- 2020년 중소벤처기업부 장관상
- 2020년 프런티어벤처기업 선정
- 2019년 국토교통부 자율주행 차량 운행 허가 획득

핵심 바이오마커 '피부데이터' 기반 뷰티/헬스케어 기업

룰루랩

2022 선정

대표자
최용준

위치
서울특별시 강남구 도산대로 318 13층

설립 연도
2017년 5월

홈페이지
lulu-lab.com

문의
lululab@lulu-lab.com

상장 여부
비상장

시장 진출한 해외 국가
미국, 브라질, 이탈리아, 오스트레일리아, 인도네시아 등 13개국

주요 사업
AI기반 피부 분석 솔루션, 디지털의료기기 외

● 창업자의 경력

최용준 대표는 미국 코넬대에서 생명공학을 전공하고 하버드 메디컬 스쿨(Harvard Medical Hospital)에서 DNA 게놈 시퀀싱(DNA Genome Sequencing)에 대한 연구를 수행했다. 그 과정에서 피부데이터가 질병의 조기진단과 예측에 유효한 바이오마커(Biomarker)로써 가치가 높다고 판단, 2016년 삼성전자 사내벤처 C-lab으로 사업을 시작해 2017년 분사했다.

●● 창업 배경

최 대표는 질환 예측에 유효한 바이오마커를 탐색하는 과정에서 특정 질병에 노출되면 피부에 먼저 변화가 나타난다는 연구 결과에 집중했다. 변화되는 피부데이터와 얼굴 영상이 바이오마커로써 높은 가능성과 가치를 지녔으며 이를 축적하기 위해서는 플랫폼 사업을 전개해야 한다고 보았다. 당시 뷰티 분야는 굵직한 기업들이 초개인화 맞춤형 서비스 전개를 위한 피부데이터 확보를 위해 수천 억을 투자하고 있었다. 이에 룰루랩은 뷰티 분야를 시작으로 점차 헬스케어 분야까지 사업 영역을 확대해 나갈 목적으로 2017년 룰루랩을 창업했다.

●●● 비전 및 목표

룰루랩은 '피부데이터 기반의 헬스케어 플랫폼으로 매일 건강한 삶을 추구한다'는 비전을 품고 있다. 이를 위해 룰루랩은 '피부 데이터'라는 핵심 바이오마커와 다양한 만성 질환의 주요 지표 데이터 간 상관관계를 분석해 만성질환의 조기진단 솔루션을 개발하는 것을 목표로 한다.

●●●● 주요 제품 또는 서비스

사용자의 피부를 스캔한 뒤 인공지능(AI)으로 분석해 맞춤형 화장품 등을 추천하는 분석 솔루션 '루미니'(LUMINI), 최

근엔 모바일 버전 솔루션인 루미니 SDK도 선보였다.

핵심기술

룰루랩의 피부측정 및 제품추천 기술은 자체 AI 알고리즘 기술을 토대로 한다. 피부측정이 첫 단계다. 실시간 얼굴 검출 및 조명 보정 기술을 활용해 단 한 번의 촬영으로 얼굴 전면뿐 아니라 피부 속까지 측정한다. 자체 개발한 딥러닝 기술을 통해 측정 시 움직임이나, 수염 부위, 마스크 착용 여부를 인식해 피부 분석에 적합한 영상인지를 자동으로 판단할 수 있는 기술도 적용되어 있어 고품질 영상 획득이 가능하다.

두 번째로 스캔한 얼굴 데이터를 분석한다. 자체 개발한 딥러닝 알고리즘을 통해 7가지 항목에 대해 평가 결과 92% 이상의 정확한 분석이 이루어진다. 누적된 AI 피부 데이터를 기반으로 모공, 주름, 피지, 색소침착, 홍조, 여드름, 유수분 7가지 항목에 대해 피부과 전문의 수준으로 분석한다. 개인별로 누적된 데이터를 활용해 시간에 따른 피부 변화 데이터도 그래프로 확인이 가능하다.

회사에 따르면 룰루랩의 AI 알고리즘은 글로벌 경쟁업체 대비 15% 향상된 피부 영역 분할 기술을 적용하고 있으며, 분석 속도 측면에서도 175% 수준의 성능을 나타내고 있다. 기존 기술에 비해 우수성을 확보한 룰루랩의 자체 피부 진단 알고리즘 개발 내용은 2019년 ICCV에서 학회 논문으로 발표됐다.

마지막 단계로 피부 데이터 기반 개인 맞춤형 추천 솔루션을 제공한다. 분석 결과를 바탕으로 사용자의 피부 타입을 분류하고, 각 피부 타입에 적합한 제품을 추천해준다. 이 때 화장품의 성분을 기반으로 각국 보건당국에서 제공하는 유해 성분을 포함한 경우 추천에서 제외되고, 논문 데이터 등을 기반으로 개인별 문제가 있는 피부 항목에 대해 효능이 있다고 증명된 제품들이 추천되게끔 알고리즘이 개발되어 있다.

향후 계획

내년 200억원 규모의 매출액 달성 이후, 2024년 상반기 기술특례로 상장에 나설 예정이당. 룰루랩은 현재 10여 가지 피부 질환을 한 번에 진단할 수 있는 의료용 AI 솔루션을 개발 중이다. 아울러 2024년 허가 획득을 목표로 디지털의료기기를 개발하고 있으며 적응증은 저혈압 분야다. 적응증은 지속적으로 확대해 나갈 계획이다.

투자 유치

시리즈 C 단계 투자유치 중

300억원 이상

(누적투자 금액)

특허, 논문, 보고서 등 지식재산권 보유 현황

- AI 기반 피부 상태 분석 및 맞춤 화장품 추천 시스템, 및 이를 이용한 피부 상태 분석 및 맞춤 화장품 추천방법 (1020200189202/2020.12.31)
- 피부 상태 측정용 다중 이미지 획득 모듈 (1020180143354/2018.11.20)
- 피부 상태 분석 및 피부 질환 진단 디바이스 (1020210003667/2021.01.12)
- 화장품 관련 리뷰 데이터 기반 화장품 추천 시스템 및 화장품 추천 방법 (1020180002886/2018.01.09)
- 포터블 피부 상태 측정 장치, 및 피부 상태 진단 및 관리 시스템(1020170162375/2017.11.30)
- 편광 필름을 포함하는 포터블 피부 상태 측정 장치, 및 피부 상태 진단 및 관리 시스템 (1020170162373/2017.11.30)

수상 이력

- 세계 최대 규모 국제 전자제품 박람회 CES 4년 연속 '혁신상' 수상(2019~2022년)
- 2020년 중소벤처기업부 벤처창업진흥 유공 포상 '대통령 표창'
- 2020년 제8회 대한민국마케팅대상 단체 부문 대상 수상
- 2019년 제7회 소프트웨어 산업보호대상 장관상 수상

인공지능(AI) 모델 학습과 추론에 최적화된 시스템반도체 개발

리벨리온(주)

2021·2022 2년 연속 선정

대표자
박성현

위치
경기도 성남시 분당구 정자일로239, 102동 908호(정자동, 아이파크분당1)

설립 연도
2020년 9월

홈페이지
rebellions.ai

문의
contact@rebellions.ai

상장 여부
비상장

시장 진출한 해외 국가
계획 중

주요 사업
응용소프트웨어 개발 및 공급업

● 창업자의 경력

박성현 리벨리온 대표는 KAIST 전산학과를 수석으로 졸업했다. 이후 미국 매사추세츠 공과대(MIT)에서 전기컴퓨터공학으로 석·박사학위를 취득했다. 학교를 떠나 인텔과 일론 머스크의 스페이스X를 거쳤다. 글로벌 투자은행(IB) 모건스탠리에서 퀀트 트레이딩 관련 임원을 지내기도 했다.

●● 창업 배경

박성현 리벨리온 대표는 시스템반도체의 중심이 한국으로 이동할 것으로 예측하고 있다. 아직은 선두 국가로 꼽히지 못하지만, 잠재력이 있는 곳으로 보고 있다. "국내에서 제대로 된 시스템반도체를 만들어보고 싶다"고 생각한 이유다. 주요 개발 인력을 모을 수 있었던 점도 창업을 성공적으로 이룬 계기다. 뉴욕 IBM TJ왓슨연구소 출신인 오진욱 CTO를 비롯해 ARM, 인텔 등 외국계 반도체 회사 출신들이 상당수 재직하고 있다. 서울대, 포항공대, 미국 매사추세츠 공과대 출신 공학박사들도 약 20명 일한다. 그가 미국 시스템반도체 산업 성장세가 막바지에 접어들었다고 평가하는 이유도 이 때문이다. 미국은 전자공학 엔지니어가 줄어들고 있는 반면, 한국에는 오히려 우수 인재가 많다는 것이 박 대표의 분석이다.

●●● 비전 및 목표

'제2의 삼성전자'를 꿈꾼다. 메모리 반도체가 아닌 비메모리 반도체 분야에서다. 현재 글로벌 반도체산업은 하드웨어 영역에서 '혁명'을 앞두고 있다는 것이 박성현 리벨리온 대표의 진단이다. 사명의 뜻인 리벨리온(혁명군)처럼, 격변의 시기에 선두 자리를 점하겠다는 것이 목표다.

●●●● 주요 제품 또는 서비스

아이온(ION) 주문형반도체(ASIC).

●●●●●
핵심기술

리벨리온은 인공지능 반도체 기반 '풀스택(Full-stack)' 솔루션을 개발한다. 2021년 11월 출시된 주문형 특화 반도체(ASIC) '아이온(ION)'은 보유한 원천기술의 정수다. 아이온은 금융 분야를 타깃으로 한다. 기존 거래 속도가 가장 빠른 칩이 100만분의 3초로 주식을 주고받을 수 있었다면, 아이온은 여기서 다시 속도를 3분의 1로 줄였다. 대량 상장지수펀드(ETF) 거래 등 파이낸스 분야에서 주요하게 활용할 수 있다. '딥러닝 코어 아키텍처'는 자원을 효율적으로 쓰게 해주는 설계 방식으로, 리벨리온이 출시를 준비 중인 대부분 솔루션에 포함된다. 학습과 추론 작업을 동시에 지원하는 데도 막힘없는 반도체 시스템을 구현한다. 마치 퇴근 시간의 정체된 도로에서, 교통경찰이 재빠르게 차량을 배분시키는 것과 같은 원리의 기술력이다.

●●●●●●
향후 계획

2022년도 클라우드 서버용 인공지능 칩 '아톰'은 내년에 내놓을 예정이며, 2023년에는 대량생산이 가능한 '리벨(REBEL)'을 출시할 계획이다. 시스템반도체의 설계만을 수행하는 '팹리스' 기업 중에선 최초로 삼성전자 5나노 미세공정을 활용한다. 이후 자율주행, 바이오 등 각 산업군에서 사용할 수 있는 시스템반도체 분야를 연쇄적으로 개발해나갈 예정이다. 시리즈 A 투자 유치도 계획 중이다.

투자 유치

프리 A 시리즈
200억원

머신러닝 기반, 구어체를 가장 잘 이해하는 음성인식 모델을 개발하는 AI 스타트업

㈜리턴제로

2021-2022 2년 연속 선정

대표자
이참솔

위치
서울특별시 서초구 강남대로 343, 8층
(서초동, 신덕빌딩)

설립 연도
2018년 3월

홈페이지
vito.ai

문의
contact@rtzr.ai / 02-555-1271

상장 여부
비상장

시장 진출한 해외 국가
계획 중

주요 사업
응용소프트웨어 개발 및 공급

창업자의 경력
이참솔 대표는 2008년 KAIST 전산학과를 졸업한 뒤 2011년 로티플을 창업했다. 같은 해 로티플을 카카오에 매각한 이 대표는 카카오에 입사했다. 카카오에 근무하면서 카카오톡, 카카오재팬, 카카오택시 등 주요 서비스를 개발했고, 2015년 카카오를 퇴사한 뒤 2018년 리턴제로를 창업했다.

창업 배경
이참솔 대표는 2011년 KAIST 동기들과 함께 모바일 커머스 앱 로티플을 창업했다. 로티플은 창업 이후 6개월 만에 소프트뱅크벤처스로부터 20억원의 투자를 유치할 정도로 가능성을 인정받았다.
이후 카카오에 로티플을 매각한 뒤 카카오에 합류했지만, 이 대표의 창업에 대한 열의는 줄어들지 않았다. 이 대표는 4년 만에 카카오를 박차고 나와 다시 창업의 길에 뛰어들었고, 리턴제로를 설립했다. 모바일 다음으로 세상을 혁신할 기술은 AI이지만, 일상생활에서 체감할 수 있는 AI는 많지 않다는 게 그의 판단이었다.

비전 및 목표
휴대폰의 핵심 기능인 통화 영역에 AI를 접목해 새로운 혁신을 일으키겠다는 목표다. 카카오톡이 문자메시지를 '재발명'해 가치를 높였지만, 통화의 영역은 지난 10년 동안 그대로라는 점에 착안했다. 녹음을 해도 수많은 통화 내역 중 특정 통화가 어디에 있는지, 하나의 통화 안에서도 원하는 내용이 어디에 있는지 일일이 들으며 찾아야 하니 대부분 쌓아만 놓고 활용하지 못하고 있다는 게 이 대표의 설명이다.
'비토'는 다시 듣기를 편하게 해주는 것에서 시작했다. 그러나 이 대표의 목표는 AI 기술을 고도화해 통화를 다양한 형태로 재발명하는 것이다. 궁극적으론 '사람과 구분이 가지 않을 정도로 정교한 음성 기반 챗봇'을 만드는 것이 목표다.
이참솔 대표는 "모바일 다음으로 세상을 혁신할 기술은 AI

이지만 아직까지 카메라에 예쁜 필터를 달거나 AI 스피커 정도 수준으로, 일상생활에서 체감할 수 있는 사례가 많지 않다"며 "통화 영역을 혁신해 누구나 AI의 편리함을 느낄 수 있는 서비스를 개발하고 있다"고 말했다.

●●●● 주요 제품 또는 서비스
비토 음성으로 나눈 통화 내용을 메신저처럼 문자로 보여주는 서비스.
'Voice In Text Out'의 약자로, 인공지능 음성인식 기술을 활용해 통화 내용을 문자로 바꿔준다. 현재 한국에서 가장 많이 쓰이는 음성인식 엔진이다. 2021년 11월 말 기준 누적 약 760만 시간, 393년에 달하는 한국어 오디오 처리기록을 가지고 있다.

●●●●● 핵심기술
소머즈 엔진 한국어 STT(Speech to Text) 기술 기반의 음성인식 엔진.
모세 엔진 사용자의 목소리 특성을 인지해 구분하는 화자 분리 엔진.
한국어 음성인식 모델 자유 발화 대화체 데이터 수집 및 전사과정을 통해 향상된 성능의 한국어 음성인식 기술개발.
모바일 서비스 음성인식 기술을 모바일 서비스에 도입해 실생활에서 편리하게 사용.

●●●●●● 향후 계획
네이버와 카카오 등과 어깨를 나란히 하는 AI업체가 되는 게 목표다. 축적한 AI 기술력으로 이들과 정면 승부를 펼칠 수 있도록 내실을 쌓고 있다. 리턴제로는 최근 기업용 서비스를 출시했다. 이번 B2B 시장 진출을 기점으로 낮은 음성인식 정확도에 부딪혔던 음성 AI 서비스 시장 개선에 본격적으로 나선 것이다. 회사는 지난 8월 비토의 중국 버전 '수지바오(Sujibao)'를 출시하고 중국 시장에 진출했다. 이를 통해 해외시장 진출도 모색 중이다.

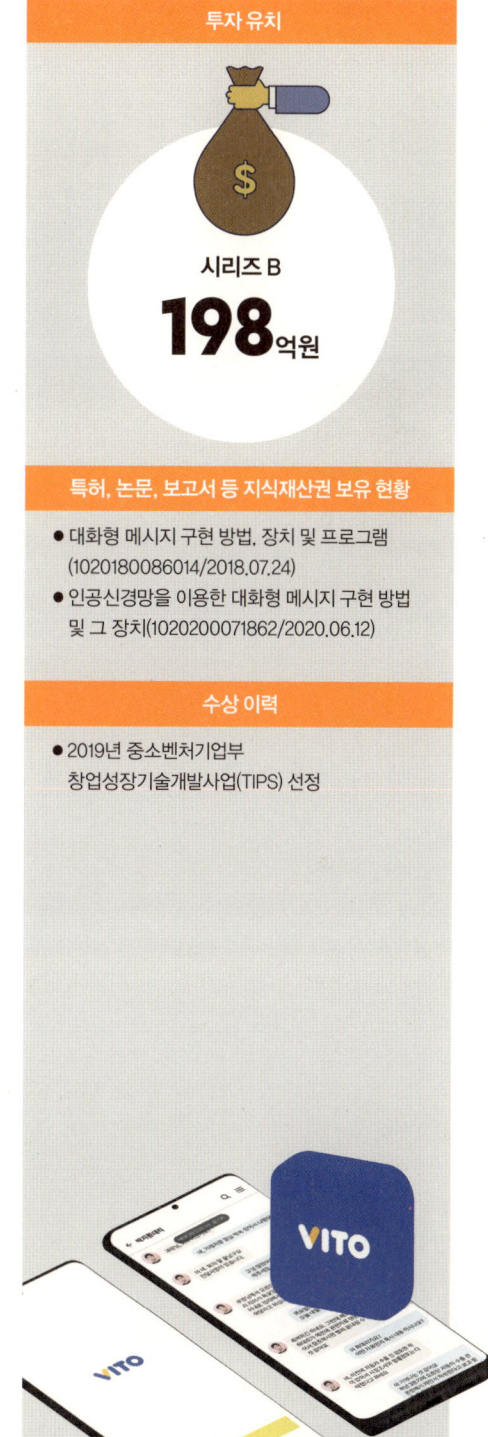

투자 유치
시리즈 B
198억원

특허, 논문, 보고서 등 지식재산권 보유 현황
- 대화형 메시지 구현 방법, 장치 및 프로그램 (1020180086014/2018.07.24)
- 인공신경망을 이용한 대화형 메시지 구현 방법 및 그 장치(1020200071862/2020.06.12)

수상 이력
- 2019년 중소벤처기업부 창업성장기술개발사업(TIPS) 선정

AI 영상 분석 솔루션 기반 서비스 제공

리플에이아이

2022 선정

대표자
김건희

위치
서울특별시 관악구 관악로1, 35동 214-5호

설립 연도
2018년 1월

홈페이지
rippleai.co

문의
contact@rippleai.co / 02-882-2145

상장 여부
비상장

시장 진출한 해외 국가
-

주요 사업
영상 분석 솔루션

창업자의 경력
김건희 리플에이아이 대표는 서울대 컴퓨터공학부와 AI대학원 교수다. 카네기멜론대 컴퓨터과학 박사 학위를 받았다. 이후 디즈니연구소에서 박사후 과정을 지냈다. 서울대-네이버 초대규모 AI 연구센터와 삼성전자 뉴럴프로세싱연구센터(NPRC) 등과 함께 연구 과제를 수행한 바 있다. 이후 서울대 시각 및 학습연구실(SNUVL) 연구원들과 함께 창업한 회사가 리플에이아이다.

창업 배경
동영상 수요가 폭증하면서 대중들은 이제 온라인 공간에서 단순히 텍스트뿐만 아니라 음성, 영상, 이모티콘 등 다양한 채널을 통해 소통하고 있다. 이 때문에 AI가 이미지나 언어 등 다양한 채널을 모두 이해하는 '멀티모달' 기술이 갈수록 중요해지고 있다.
김건희 리플에이아이 대표는 이런 흐름을 파악했다. 동영상 가공 및 사용자 시청 편의를 위한 다양한 서비스를 제공하고자 창업을 결심했다.

비전 및 목표
동영상 숏폼 서비스와 관련된 AI기술에서 세계 1위 회사가 되겠다는 목표다. 또 숏폼 서비스와 다양한 멀티모달 AI기술을 바탕으로 자체 플랫폼 TagBook을 개발·론칭하여 글로벌 유니콘 기업이 되겠다는 포부다. 궁극적으론 이미지·텍스트·비디오 이해에 특화된 AI 기술을 활용해 국내 미디어 산업에 기여하고, K-콘텐츠 생태계 선순환을 이끄는 아이콘이 되겠다는 게 회사의 비전이다.

주요 제품 또는 서비스
Clipper 동영상으로부터 다양한 클립과 텍스트 요약본을 생성해주는 도구

PADO Speech 긴 영상이나 음성 파일 내 음성 발화를 인식해 텍스트로 변환시켜주는 도구. 딥러닝 기술이 적용된 노이즈 제거, 음성구간 추출, 커스텀 학습 지원에 따라 정확한 인식 성능을 보여준다는 설명이다.

PADO Highlight 콘텐츠와 매체의 특성에 따라 영상을 다각도로 분석하고 특정 하이라이트를 추출해주는 도구

자기소개서 자동 요약 평가 자기소개서의 핵심을 요약하고 평가 점수를 예측하는 솔루션

●●●●●
핵심기술

회사의 핵심 기술 중 하나는 STT(Speech To Text)다. 음성을 텍스트로 정확하게 변환하는 기술이다. 라이브 방송의 다양한 발음과 발화 환경, 인터넷 방송 용어 등 1인 미디어에 최적화됐다는 설명이다.

또 타임 스탬프를 통해 문장의 시작과 끝을 표시해줘 손쉽게 자막 생성이 가능하다. VAD(Voice Activity Detection)도 회사가 내세운 주요 핵심 기술이다. 발화를 감지하는 것으로, 긴 영상이나 오디오에서 음성 구간인지 비음성 구간인지 탐지하는 기술이다. 비음성 구간의 경우 무음뿐만 아니라 책 넘기는 소리, 바람 소리, 노크 소리 등 환경 소음이나 숨소리, 기침 소리, 하품 같은 비어휘 소음까지도 포함한다. 그 밖에 여러 화자가 있는 상황에서 화자를 분리해 인식하는 기술이나 이미지에서 글자를 인식하는 기술, 여러 문장으로 구성된 텍스트를 의미적으로 유사한 단위로 분할하는 기술 등을 갖췄다.

●●●●●●
향후 계획

회사는 영화, 드라마 등 K-콘텐츠와 관련한 AI 영상 분석 솔루션을 개발하고 해당 AI 기술을 활용해 K-콘텐츠 숏폼 플랫폼 서비스를 제공할 계획이다. 자체 개발한 서비스인 Clipper를 활용해 K-콘텐츠를 숏폼으로 대량 제작하여 플랫폼에 업로드하고, 유저들의 관심 키워드와 이용 데이터를 바탕으로 개인별 맞춤 추천 시스템을 통해 숏폼을 감상하는 데 있어 도움을 줄 수 있다.

또한 해당 숏폼의 이용 권한을 개인·기업·기관에게 사용할 수 있도록 부여하면서, 콘텐츠의 권리자와 콘텐츠의 이용자에게 새로운 부가가치를 창출할 수 있는 기회가 될 것이라는 설명이다.

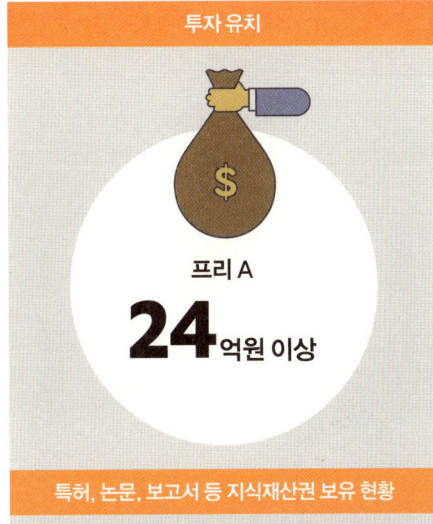

투자 유치

프리 A

24억원 이상

특허, 논문, 보고서 등 지식재산권 보유 현황
- Timecode inference: 비전&오디오&자연어처리 기반 영상 반응 매칭(팁스 창업 사업화 지원사업)

수상 이력
- 2021년 한국정보과학회 KSC2020 우수발표논문상 수상
- 2020년 CVPR2020 FashionIQ 챌린지 우승
- 2020년 ACL2020 Sarcasm Detection 챌린지 우승
- 2019년 ICCV2019 LSMDC 3부문 우승 ICCV2019 FashionIQ 챌린지 준우승

AI 취향 검색 및 추천 애플리케이션 개발

㈜마이셀럽스

2021·2022 2년 연속 선정

대표자
도준웅

위치
서울특별시 강남구 테헤란로 302
위워크타워 17층

설립 연도
2014년 11월

홈페이지
mycelebs.com/company

문의
help@mycelebs.com / 02-6245-7403

상장 여부
비상장

시장 진출한 해외 국가
세계 205개국

주요 사업
응용 소프트웨어 개발 및 공급

● 창업자의 경력
맥킨지&컴퍼니 디지털전략 부문, CJ그룹에서 최고디지털책임자(부사장)를 지낸 도준웅 씨가 2014년 설립했다. 설립 당시 디타이드에서 2016년 지금의 사명으로 변경했다.

●● 창업 배경
모든 데이터는 이용자들이 남긴 단서이자 정황인만큼 이를 잘 활용하면 취향을 파악하는 쓸모있는 데이터로 만들 수 있다. 마이셀럽스는 AI 기반으로 취향을 검색하고 추천해주는 서비스를 개발했다.

●●● 비전 및 목표
AI시대의 '시장 파괴자'가 되는 것이 목표다. 궁극적으로 AI가 서비스를 운영해 운영 비용을 0에 가깝게 절감하고 기존 산업의 룰을 재정의할 것이다. 이를 통해 사업자들은 단순 업무를 최소화하고 전략적 중요도가 높은 업무에 집중해 회사 운영 효율을 극적으로 향상하는 데 기여하고 싶다. 나아가 기존 사업자가 제공할 수 없는 수준의 압도적인 정보량과 파격적인 가격 할인, 혁신적인 추천, 검색 등의 혜택을 소비자에게 제공할 예정이다.

●●●● 주요 제품 또는 서비스
마이셀럽스 서비스 자동화를 통해 다양한 산업에서 AI 서비스를 제공하고 있다. 카카오페이지에 취향 기반의 AI 검색 및 추천 엔진 솔루션을 제공 중이다. 자체 서비스도 있다.
마이무비(Maimovie) 2만6000개 이상의 취향 키토크(Keytalk)를 통해 전 세계 80만 개 이상의 영화와 방송 콘텐츠를 탐색할 수 있는 AI 취향 추천·검색 서비스다.
글램아이(Glamai) AI가 유저의 뷰티 취향에 맞는 제품을 추천해준다. 세포라, 아마존 등 글로벌 쇼핑몰로 연결돼 구매도 할 수 있다.

스테이피아(Staypia) 전 세계 316만 개 호텔의 가격비교 서비스를 169개국에 출시했다. AI 기반 서비스 자동화로 획득한 압도적인 원가 경쟁력으로 기존에 존재하지 않던 수준의 파격적 호텔 가격을 제공하고 있으며, 전 세계 여행 취향 기반 검색과 추천을 제공하고 있다.

마이셀럽스 스타(Mycelebs Star) 3만여 명의 스타에 대한 취향 순위와 트렌드 분석을 통해 팬과 스타가 소통하는 커뮤니티. 광고주와 캐스팅 디렉터가 가장 많이 탐색하는 LIVE AI 스타 포털 서비스이기도 하다.

AI 키토크 솔루션 다양한 산업에 적용 가능한 자동화 AI 솔루션을 제공한다. 머신러닝, 자연어 처리(NLP) 등 다양한 기술을 접목해서 정황 기반의 풍부한 데이터 라벨링, 그리고 취향 기반의 개인화 검색 및 추천이 가능한 것이 강점이다. 이를 기반으로 자체 서비스도 운영한다.

핵심기술

MATS(Mycelebs AI Transformation Suite)는 데이터 수집 및 관리, 모델 구현, 시각화 및 실시간 업데이트를 통해 서비스 자동화 기능을 제공하는 통합 솔루션 플랫폼이다. 온라인 서비스는 검색, 추천, 상거래 및 다양한 콘텐츠로 이루어져 수많은 인적, 물적 자원이 투입된다. 마이셀럽스의 MATS 솔루션은 관련 데이터를 수집하고 학습해 콘텐츠를 만들고 지속적으로 업데이트 하는 등 서비스 운영 자동화를 가능하게 했다는 평가다. MATS는 다양한 업종의 여러 기능들을 통합해 고객사 맞춤형 AI 플랫폼을 제공한다.

향후 계획

앞으로 각종 데이터의 활용 수준을 높이고 첨단 AI 기술로 글로벌시장에서 토종 스타트업으로서의 행보를 이어갈 계획이다. 아마존과 협업도 강화한다. 2019년 아마존은 한국 기업으로는 최초로 마이셀럽스를 '아마존웹서비스(AWS) 글로벌 베스트 케이스', 2020년에는 아마존 기술 파트너 네트워크(APN)의 세계 최고 등급인 '어드밴스트 기술 파트너(Advanced Technology Partner)'로도 선정했다.

투자 유치

비공개

특허, 논문, 보고서 등 지식재산권 보유 현황

- 의류 색상 정보를 이용한 조합 의류 색상 정보 제공 방법 및 장치(제10-2242242호)
- 예약어를 이용한 정보 제공 방법 및 장치 (제10-2226742호)
- 색상정보에 기반한 검색 정보 제공 단말, 장치 및 제공 방법(제10-2195642호)
- 지역 기반 아이템 추천 장치 및 방법 (제10-2195686호)
- 주종 및 주량에 따른 음식점 추천 장치 및 방법(제10-2195691호)
- 음성 입력 처리 시스템 및 그 방법 (제10-2184962호)
- 이모티콘을 이용한 검색서비스를 제공하는 사용자 단말, 검색서버 및 이의 동작방법 (제10-2118614호)

수상 이력

- 2021년 아마존 AWS ISV Accelerate 프로그램 선정
- 2020년 아마존 AWS 파트너 네트워크 기술 최고등급 어드밴스트 기술 파트너로 선정
- 2019년 아마존 AWS 글로벌 베스트 케이스 선정

딥러닝 이미지 인식 기술 기반 이커머스 위조 상품 모니터링 솔루션 제공 기업

㈜마크비전

2021·2022 2년 연속 선정

대표자
이인섭

위치
서울특별시 강남구 테헤란로 427
(삼성동, 위워크타워)

설립 연도
2019년 12월

홈페이지
marqvision.com

문의
contact@marqvision.com / 02-6205-0504

상장 여부
비상장

시장 진출한 해외 국가
글로벌시장 진출했음

주요 사업
응용소프트웨어 개발 및 공급

● 창업자의 경력
하버드대 경제학과를 졸업한 뒤 글로벌 컨설팅 기업 맥킨지에서 근무한 이 대표는 하버드 로스쿨 재학 중 만난 비니 메이 최고기술책임자(CTO), 글로벌 컨설팅 기업 EY에서 디지털 부문 컨설턴트로 일한 이도경 부대표 등과 함께 마크비전을 공동 창업했다. 기업의 지식재산권을 보호하는 자동화 플랫폼을 개발해 작년 3월 미국에서 첫 시범 서비스를 선보였다. 국내엔 작년 7월부터 서비스를 시작했다.

●● 창업 배경
이인섭 대표는 컨설턴트로 일하던 중 커머스 분야 '짝퉁(모조품)' 시장이 브랜드 담당자들의 골칫거리라는 점을 알게 됐다. 수많은 이커머스 플랫폼엔 수백만 원대 명품부터 불과 몇만 원짜리 화장품까지 가짜가 넘쳐난다. 기업마다 모니터링 담당자가 있지만, 이들이 가품 유통을 막기엔 역부족이다. 일일이 판매 상품을 클릭해 위조 상품을 찾고, 플랫폼마다 따로 신고를 해야하기 때문이다. 이렇게 일부를 색출해도 시장엔 날마다 새로운 짝퉁 판매자가 들어온다. 그간 가품 때문에 기업과 소비자가 피해를 입어도 실질적인 대응이 힘들었던 이유다. 이를 해결하기 위해 AI를 활용해 자동으로 모조품을 찾아내고 신고해주는 솔루션 개발에 나섰다.

●●● 비전 및 목표
마크비전을 온라인 공간의 기업 상품 지킴이 서비스로 키우는 게 목표다. 사업 영역을 일반 상품에서 불법복제 콘텐츠 영역까지 확대할 계획이다. 이를 위해 최근 글로벌 본사를 미국 캘리포니아주 로스앤젤레스(LA)로 이전했다. 세계 콘텐츠 산업 중심지 격이라 수요가 크다는 판단에서다.

●●●● 주요 제품 또는 서비스
마크비전 딥러닝 이미지 인식 기술 기반 이커머스 위조 상품

모니터링 솔루션.

셀러맵핑 AI를 기반으로 여러 이커머스 플랫폼 데이터를 취합·분석해 위조 상품 판매자 간 연관 고리를 찾아내는 기능. 이를 통하면 가품 유통경로를 파악할 수 있어 모조품 판매 '본체'를 단속할 수도 있다.

●●●●●
핵심기술
이미지 인식 알고리즘, 머신러닝 데이터분석 알고리즘

마크비전의 AI 솔루션은 이미지와 텍스트를 기반으로 정품과 가품을 구별한다. 패션·식품·뷰티 등 산업마다 각각 10만 개가 넘는 정품 이미지데이터를 딥러닝 기반 이미지 인식 모델에 적용했다.

이를 통해 AI가 24시간 이커머스 플랫폼을 모니터링하면서 외관상 유사한 위조 상품과 모조품을 찾아낸다. 상품 설명, 구매 리뷰, 가격 등 데이터도 분석한다. 가격이 정가에 비해 지나치게 저렴하거나, 구매 리뷰 중 "가짜인 것 같다"는 글이 수차례 나온 경우 가품 의심 사례에 넣는 식이다.

이 같은 기준 30여 가지를 아울러 적용해 가품 판별 정확도가 90%에 가깝다. 사진 기반 소셜미디어 인스타그램 채널에 대해선 정확도가 95%에 달한다. AI가 머신러닝을 통해 위조 상품 사례를 패턴화하고, 알고리즘 정확도를 올리기 때문에 모니터링 기간이 길어질수록 정확도가 올라가는 구조다.

●●●●●●
향후 계획

사업 영역 확대에 주력할 계획이다. 캐릭터나 콘텐츠 등 저작물에 대한 지식재산권(IP) 무단 도용 제품, 불법복제 콘텐츠 등에도 모니터링 서비스를 확장한다. 고객사의 위조 상품 관련 서비스 수요에 맞게 AI 서비스를 고도화할 예정이다. 이를 기반으로 글로벌 규모로 브랜드·IP 보호 전략을 설계한다는 계획이다.

투자 유치

시드
60억원

수상 이력

● 2021년 중소벤처기업부가 주관하는 비대면 서비스 바우처 지원사업 재택근무 분야 'K-비대면 바우처' 공급기업 선정
● 2021년 실리콘밸리 액셀러레이터 와이컴비네이터의 스타트업 투자 육성 프로그램 선발
● 2020년 인공지능대상 한국정보화진흥원 원장상 수상

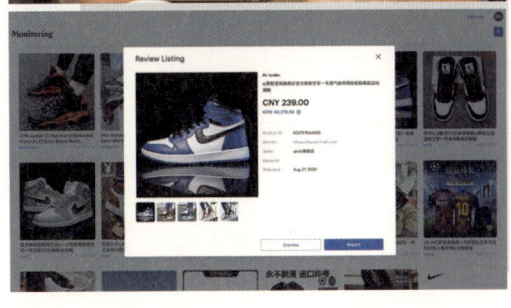

머신러닝 기반의 AI 기술과 제품으로 산업현장의 문제를 해결하는 기업

마키나락스

2021·2022 2년 연속 선정

대표자
이재혁(좌), 윤성호(우)

위치
서울특별시 서초구 강남대로 343, 12층

설립 연도
2017년 12월

홈페이지
makinarocks.ai

문의
mrx.marketing@makinarocks.ai /
02-6245-1224

상장 여부
비상장

시장 진출한 해외 국가
미국 등 다수

주요 사업
응용소프트웨어 개발 및 공급

창업자의 경력

이재혁 대표(사업총괄)는 액센츄어(Accenture), 삼성SDS에서 컨설턴트로 일했고, 시카고 MBA 수료 후 SK그룹에서 전략 기획, 기술 투자, 글로벌 신규 사업 개발 분야에서 일했다. 에너지, ICT 분야에서 기술 투자와 오픈 이노베이션 업무를 수행하면서 글로벌 스타트업, 테크 기업 등과의 협업을 통해 신기술 개발 업무를 수행했다. 윤성호 대표(경영총괄)는 미국 MIT에서 입자물리학으로 박사학위를 받았다. 스위스 CERN(유럽입자물리연구소)에서 연구 조교로 일했고, 삼성전자에서 플래시 메모리 제품 개발에 참여하였다. 이후 SK텔레콤에서 데이터 사이언티스트 겸 매니저로 SK 그룹의 반도체·에너지 계열사의 생산 장비, 공정 데이터분석 업무를 수행했다.

와 같은 팀에서 일한 임용섭 박사(데이터분석총괄), 오픈 이노베이션을 주도했던 이재혁 대표는 글로벌기업들의 데이터 분석 프로젝트를 계기로 산업 AI 데이터분석의 중요성과 시장 가능성을 느끼고 창업을 준비했다.
이후 미국 월가, 삼성전자에서 데이터분석을 했던 심상우 박사(기술총괄)까지 합류하여 마키나락스를 창업했다. 창업과 동시에 SK텔레콤, 네이버, 현대자동차에서 투자를 유치했다.

비전 및 목표

제조 등 산업 분야에서 AI를 표준으로 만드는 것이 마키나락스의 목표다. AI 기술로 산업의 반복적이고 복잡한 공정 등을 효율적으로 운영해, 사람은 인간 본연의 능력을 활용할 수 있는 분야에 더 집중하도록 하는 것이 궁극적으로 추구하는 가치이다.

창업 배경

SK텔레콤에서 데이터 사이언티스트로 일하던 윤성호 대표

주요 제품 또는 서비스

MLOps 플랫폼
- **MakinaRocks Link(모델 개발)** 데이터 사이언티스트를 위한 분석·실험 및 모델 개발 기능을 제공하며, 특히 협업 강화 및 모델 배포·운영까지 고려하여 파이프라인 형태의 모델로 개발·관리하는 기능 제공.
- **MakinaRocks Runway(배포, 운영, 관리)** 설비 및 생산라인 등 실제 현장에 AI 모델을 배포-운영-관리하기 위한 기능을 제공하며, 모델 성능 모니터링 및 재학습·재배포까지 포함하여 모델의 전체 라이프사이클 관리에 필요한 기능 제공.

ML(Machine Learning) 서비스
산업현장의 문제를 AI 기술로 해결하기 위해 문제 정의부터 AI 모델 개발-배포-적용 전 과정을 프로젝트 기반의 컨설팅 서비스로 제공.

핵심기술

마키나락스는 머신러닝 기반 AI 기술을 활용해 제조기업에서 발생하는 다양한 문제를 해결하고 있다. 자체 개발한 이상 탐지 모델과 지능 제어 알고리즘을 활용해 제조 장비 및 공정의 센서 데이터를 분석하고, 실제 산업현장에 솔루션을 적용해 장비 고장, 품질 이상, 제조 불량 등을 예측해 공장의 가동률을 높이고 생산 효율화에 기여한다. 또한 ML모델 개발부터 솔루션의 현장 배포와 적용까지의 심리스(Seamless) 연결을 가능케 하는 MLOps 제품과 서비스를 고객에게 제공한다. 제조·에너지 산업의 특성에 맞게 온프레미스 및 클라우드 환경 모두에 유연하게 대응할 수 있다.

향후 계획

AI 기술을 기반으로 한 컨설팅 서비스에서 AI 제품(MLOps 플랫폼)으로 비즈니스모델을 확장하여 더 다양한 기업들이 AI 기술 적용을 가속화하고, 산업현장의 문제에 유연하게 대처할 수 있도록 지원할 예정이다.

투자 유치

시리즈 A

120억원

(누적투자 금액 138억원)

특허, 논문, 보고서 등 지식재산권 보유 현황

- 강화학습 기반 에너지관리시스템 제어 방법 및 장치(1020200142112/2020.10.29)
- 어노말리 디텍션(1020190050477/2019.04.30)
- 학습 데이터관리 방법 (1020190067175/2019.06.07)
- 입력데이터의 처리를 위한 최적의 어노말리 감지 모델 결정 방법(1020210057256/2021.05.03)
- 어노말리 데이터 생성 방법 (1020200022587/2020.02.24)
- 모델의 성능 테스트를 위한 컴퓨터 프로그램 (1020200022501/2020.02.24)

수상 이력

- 2021년 세계경제포럼(WEF) 기술선도기업(Technology Pioneer) 선정
- 2020년 대한민국 4차산업혁명 대상 '창업진흥원장상' 수상, 과학기술정보통신부
- 2020 2021 Emerging AIX Top 100 선정 지능정보산업협회, PWC
- 2020년 혁신 아이콘 4기 선정, 신용보증기금
- 2019년 한국동서발전 주최 '발전산업 빅데이터 분석 AI 활용 공모전' 우승

심혈관질환 진단·치료 혁신 위한 AI 기술 기반 소프트웨어 의료기기 제조 회사

㈜메디픽셀

2021·2022 2년 연속 선정

대표자
송교석

위치
서울특별시 강남구 테헤란로 108길 22, 서경빌딩 4층

설립 연도
2017년 4월

홈페이지
medipixel.io

문의
contact@medipixel.io

상장 여부
비상장

시장 진출한 해외 국가
준비 중(미국 FDA, 유럽 CE 인증 절차 진행)

주요 사업
심혈관질환 진단 제품 및 시술 도구 제어 제품 개발 제조

창업자의 경력

송교석 메디픽셀 대표는 LG전자, 안랩 등에서 일한 개발자 출신이다. 고려대 지구환경과학 학사를 졸업하고 미국 카네기멜런대에서 컴퓨터공학 석사를 취득했다. 1995년 LG전자에 입사한 뒤 안랩으로 자리를 옮겼다. 2006년엔 안랩 내 첫 사내벤처를 창업해 SNS 서비스를 만들기도 했다. 2010년부터 2014년까지는 노리타운스튜디오 대표이사를 지냈다.

창업 배경

송교석 대표는 2016년 알파고를 보며 AI와 머신러닝에 집중하게 됐다. AI 기반 창업 아이템을 찾다가 2017년 1월 서울아산병원이 주최한 의료 빅데이터 분석 경진대회에서 입상한 것이 의료 AI 분야에서 창업을 하게 된 계기다. 당시 송 대표는 AI가 폐암 데이터를 분석해 양성·악성을 분류하도록 하는 솔루션을 내놨다. 입상작을 본 의사들이 송 대표에게 소프트웨어 관련 각종 질문을 했고, 이를 토대로 의료 현장에서 필요한 수요를 포착했다.

처음엔 폐암 분야를 겨냥했으나 이미 진출 기업이 많아 상대적으로 미개척 분야인 심혈관질환 분야에서 사업을 벌이게 됐다.

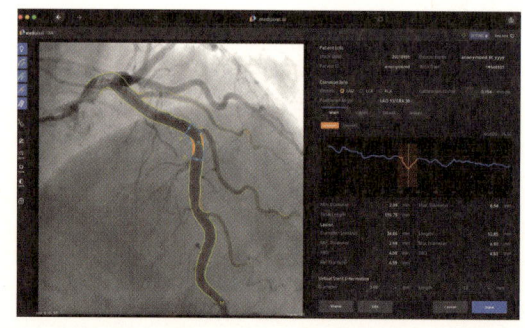

비전 및 목표

혁신적인 진단과 치료 기술로 인류 삶의 질을 높이고, 더 나은 미래를 만드는 것이 목표다. 이를 위해 AI 기술을 이용해 심혈관질환 관련 소프트웨어와 의료기기를 개발하고 있다. 심장질환은 전 세계 사망 원인의 30%를 차지하기 때문에 고도화된 진단 서비스가 필요한 수요도 클 것이라고 봤다.

주요 제품 또는 서비스

메디픽셀XA 실시간으로 빠르고 정확하게 심혈관질환 환자의 혈관 협착 상태를 분석해주는 AI 기반 자동분석 소프트웨어다.

핵심기술
심혈관 시술 과정을 돕는 AI

딥러닝 기술인 합성곱신경망(CNN)을 기반으로 심혈관 내부에 조영제를 투여해 찍은 X레이 영상을 분석한다. 정확도가 높으며, 자동으로 주혈관과 분지혈관을 분할하고, 혈관이 막히거나 좁아진 부위를 찾아낸다. 중심선, 혈관의 길이, 직경 등을 계산해 병변 영역에 대한 참조선과 협착률을 따져 병변 분석 결과를 제공한다.

이를 통해 스텐트 위치, 길이, 직경 정보 등을 추천한다. 추천 스텐트를 가상으로 이동해볼 수 있는 시뮬레이션 기능도 제공한다. 의료 현장의 기존 작업 흐름에 맞춰 혈관 분할, 병변 정량화, 스텐트 추천 등 서비스를 통합 제공한다. 메디픽셀은 국내 의료 AI 소프트웨어 중 심혈관 대상 제품으로는 처음으로 식품의약품안전처 의료기기 인증을 획득했다.

향후 계획

서비스 본격 상용화에 나선다. 국내를 비롯해 미국, 유럽 등 해외 각지도 공략한다. 성장 동력을 확보하기 위해 진단을 넘어 치료 영역에도 도전하고자 한다. 이를 위해 시술 도구 내비게이션 자동화 서비스를 준비하고 있다. AI가 자동으로 시술 도구를 작동하게 해주는 기술이다. 이를 기반으로 수술 자동화 수요와 로봇수술 수요를 잡는다는 계획이다.

투자 유치

시리즈 A
122억원

특허, 논문, 보고서 등 지식재산권 보유 현황

- 머신러닝 기반 결절 이미지 자동 연속 표시 장치 및 방법(1020190020067/2019.02.20)

수상 이력

- 2021년 'MPXA-2000' 식품의약품안전처 국내 판매 위한 의료기기 인증 취득
- 2021년 디딤돌 과제 선정
- 2021년 중소벤처기업부 주관 '혁신기업 국가대표 1000' 선정
- 2021년 메디픽셀XA, 식약처 의료기기 인증 취득
- 2020년 중소벤처기업부 '대-스타 해결사 플랫폼' 우승
- 2020년 산업은행 'KDB NextONE' 1기 선정
- 2020년 범부처 전주기의료기기 연구개발사업 수행기관 선정
- 2019년 TIPS(Tech Incubator Program for Startup) 창업사업화 과제 선정
- 2018년 Johnson & Johnson QuickFire Challenges 대회 우승
- 2018년 Microsoft for Startups 선정
- 2017년 중소벤처기업부 K-스타트업 창업선도대학 과제 선정

인공지능(AI) 반도체와 소프트웨어 통합 솔루션 개발

㈜모빌린트

2021-2022 2년 연속 선정

대표자
신동주

위치
서울특별시 강남구 테헤란로19길 5, 삼보빌딩 7층 모빌린트 본사

설립 연도
2019년 4월

홈페이지
mobilint.co

문의
contact@mobilint.co / 02-552-9660

상장 여부
비상장

시장 진출한 해외 국가
계획 중

주요 사업
전기전자공학 연구개발

창업자의 경력

신동주 모빌린트 대표는 KAIST 전기전자공학부에서 학사와 석사, 박사학위를 모두 취득했다. 2018년 박사학위를 취득한 뒤 취업 대신 창업을 선택했다.
KAIST 재학 당시부터 딥러닝 가속을 위한 지능형 프로세서 아키텍처를 개발하고, 주문형반도체(ASIC)를 설계했다. 특히 Edge Device를 위한 저전력 고성능 AI 반도체 연구에서 뛰어난 성과를 거둬 국내외 학계와 대기업에서 많은 관심을 받으며 주목받기 시작했다. 대기업에 소속되어 프로젝트의 일부분을 담당하기보다 손수 개발 전 과정을 총괄하며 AI 반도체를 개발해 앞서나가고자 하는 열망도 컸다. AI 반도체가 화두에 오르기 이전부터 7년가량을 관련 연구에 집중했다. 이러한 노력은 2019년 모빌린트를 창업하며 결실을 맺었다.

창업 배경

신동주 모빌린트 대표는 '재능 환원'을 강조한다. 경기과학고와 KAIST를 거치며 국가로부터 많은 지원을 받았다고 말한다. 학위 취득 후 해외 기업과 대학에서 러브콜이 이어졌지만, 한국에 남아 인공지능 생태계 발전에 기여하겠다고 결심한 것도 이 때문이다.

비전 및 목표

국내 시스템반도체 경쟁력 향상의 주요 축이 되려 한다. 이를 위해 '착하고 똑똑하게' 일한다는 가치를 추구한다. NPU 시장은 하드웨어, 소프트웨어, 인공지능 알고리즘 모두 융합되는 분야라 유기적 협업이 필수다.

각자의 의견이 다르더라도 공동 목표를 이루기 위해 상호 존중과 이해를 바탕으로 원활히 의사소통하는 조직을 지향한다. 건강한 조직문화를 형성하여 구성원 모두가 행복해지고, 더욱 헌신하는 선순환 고리가 형성되길 꿈꾼다.

주요 제품 또는 서비스

FPGA 또는 ASIC 기반 AI 반도체(NPU) 및 지원 소프트웨어(SDK).
인공지능-하드웨어 풀스택 종합 솔루션.
MOBILINT ARIES 22년 하반기 출시 예정.

핵심기술

신동주 모빌린트 대표는 2016년 이미지와 문자 처리 등 딥러닝에 최적화된 단말기용 인공신경망 처리장치(NPU)를 개발했다. 이는 세계 최초로, 해당 기술은 모빌린트 창업 이후 각 프로젝트에 녹아들었다.

자율주행차, 로봇, 폐쇄회로TV(CCTV)에 쓰이는 AI 반도체에 적용할 예정이다. 하드웨어 구조 최적화와 AI 경량화 기술은 회사가 보유한 핵심기술이다. 데이터 이동을 최적화하고 재사용률을 높여 저전력 고성능 처리장치를 구현했다. 더불어 센서데이터 전처리·후처리기술과 소프트웨어개발 키트(SDK)가 지원되어 사용 편의성도 뛰어나다.

향후 계획

현재 인공지능(AI) 알고리즘 가속용 필드프로그래머블게이트(FPGA) 제품을 출시한 상태다. 주문형반도체(ASIC) 제품은 양산 준비 단계에 있으며, 2023년 본격적인 제품 판매를 예정하고 있다.

글로벌 벤치마크 테스트 'MLPerf'에서 지속적으로 좋은 성과를 내고 있는 점이 사업화 기반이 되고 있다. 2025년까지 매출액 1500억원을 달성한다는 계획이다.

투자 유치

시리즈 A
102억원

특허, 논문, 보고서 등 지식재산권 보유 현황

- 하드웨어 가속기 제어 방법 및 장치 (102271324/2021.06.24)
- 인공신경망에서 점 구름 데이터를 처리하기 위한 방법 및 그 장치(102323234/2021.11.02)
- 복수 개의 코어를 갖는 연산 장치 (1020190112053/2019.09.10)
- 인공신경망 연산을 수행하는 방법, 시스템 및 비일시성의 컴퓨터 판독 가능 기록 매체 (1020190112054/2019.09.10)

수상 이력

- 2020년 3대 신산업 9대 우수기업 선정 (중소벤처기업부 장관 표창)
- 2020년 과학정보통신부 주관 인공지능 경진대회 코로나 판별 부문 1위 및 AI 그랜드 챌린지 경량화 부문 수상

AI 기반 실내 주차 솔루션으로 운전자의 주차를 도와주는 스타트업

베스텔라랩

2022 선정

대표자
정상수

위치
서울특별시 마포구 백범로31길 21, 5층 530호 (공덕동, 서울창업허브)

설립 연도
2018년 8월

홈페이지
vestellalab.com

문의
contact@vestellalab.com / 02-6949-6898

상장 여부
비상장

시장 진출한 해외 국가
-

주요 사업
데이터베이스 및 온라인 정보 제공업

창업자의 경력
정상수 대표는 KAIST에서 무선 네트워크 전공으로 박사학위를 받았다. 이후 국가수리과학연구소와 KT에서 무선네트워크를 연구하고 이를 사업화하는 일을 했다. 국가수리과학연구소에서는 인간의 뇌 기억 메커니즘을 이용해 셋톱박스에 활용할 수 있는 기술을 최초로 개발하기도 했다. 2013년 렌터카 및 법인 차량을 관리하고 데이터를 분석하는 차량 관제 솔루션 기업을 창업해 엑시트 했으며 2018년 스마트 주차 솔루션 스타트업 베스텔라랩을 창업했다.

창업 배경
정 대표가 창업을 시작할 무렵, 자율주행 기술이 큰 화두였지만 주행의 시작과 끝인 실내 주차장에서부터 건물 입구까지의 분야를 연구하는 기업은 거의 찾아볼 수가 없었다. 그는 진정한 자율주행이 완성되려면 라스트마일 분야 기술이 완성돼야 한다는 생각에 베스텔라랩을 창업하고 워치마일 서비스를 개발하게 됐다.

비전 및 목표
GPS 신호가 닿지 않는 실내 모든 공간 정보를 제공해 모빌리티 산업의 미래가 되는 것이 목표다. 기존 대기업들은 대가 없이 이용자의 위치 정보를 자신들의 사업을 위해 이용하지만, 베스텔라랩은 이를 활용해 다시 소비자에게 보상하겠다는 철학을 가지고 있다. 정 대표는 "사용자들이 빠르고 효율적인 주차로 시간을 아끼는 것이 고객들에게 받은 정보를 고객들에게 되갚는 방법"이라고 말했다.

주요 제품 또는 서비스
워치마일 스마트 주차 솔루션
제로크루징 자율주행 차량용 동적 안전 지도 및 V2I 통신 프로토콜

핵심기술

'워치마일' GPS 음영 지역인 실내 주차장에서 AI 기술을 활용해 최적의 주차면으로 안내하는 서비스. AI 기반 사물 인식 기술, Non-GPS 정밀 측위 기술, 동적 지도 자동 생성 기술, 정밀 디지털 맵 제작 기술 등 다양한 기술들이 적용됐다. 영상 및 AIoT 정보를 기반으로 실시간 주차현황 및 빈 주차 공간의 위치를 파악하고 이용자의 성향에 맞춘 최적 주차면으로 경로를 안내해 주차 시간을 평균 70% 이상 단축할 수 있다.

회사가 보유한 비전 AI 기술은 출·주차 차량에 대한 구분을 가능하게 하며 차량에 대한 최적의 동선을 분배할 수 있다. 이외에도 차량번호판 인식 및 매칭, 전기차 충전면 불법 점유 판단 등도 가능하다. 스마트시티 및 자율주행차용 주차 내비게이션인 'V2I 시스템'은 주차장 내 주차현황 데이터, 주차면 주변 영상데이터를 AI 기술로 가공해 스마트 디바이스나 자율주행차에 동적 지도를 생성하고 전달한다. 주차 관제 인프라 연동, CCTV 영상 데이터 처리, 빅데이터 가공 노하우를 포함한다. 벡터 기반 동적 지도 경량화 기술로 기존 방식에 비해 지연을 최소화하고 실시간으로 자율주행차가 대응할 수 있도록 하는 게 특징이다.

향후 계획

베스텔라랩의 자율주행차 플랫폼 사업은 서울 주요 랜드마크에 확대 적용할 계획이다. 향후 주차장을 넘어 물류센터 창고, 선박이나 항만으로 서비스를 확대해 나갈 예정이며 GPS가 닿지 않는 실내 공간 어디에서든 이용자들에게 길을 제시할 예정이다. 또한 글로벌 주차 시장 공략에 속도를 낸다는 계획이다. 현재 미국과 싱가포르 법인 설립을 진행하고 있다.

베스텔라랩은 더 나아가 실내 주차 기술을 넘어 스마트시티·자율주행용 V2I(Vehicle to Infrastructure) 솔루션 상용화를 선도한다는 계획이다.

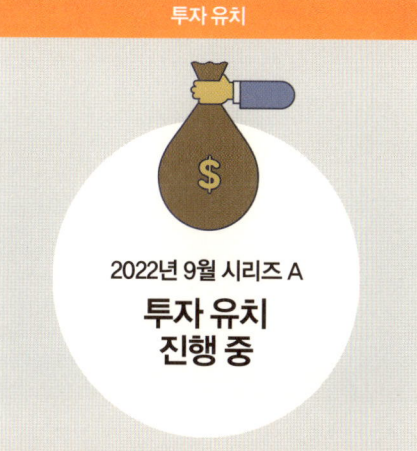

투자 유치

2022년 9월 시리즈 A
투자 유치 진행 중

특허, 논문, 보고서 등 지식재산권 보유 현황

- 실내 측위에 따른 화면 표시 방법 및 장치 (1020200155904/2020.11.19)
- 주차장 내 전기차 충전 공간을 안내하는 방법, 서버 및 프로그램(1020180046065/2018.04.20)
- 주차장 애플리케이션을 이용한 주차 공간 안내 방법 및 장치(1020170182715/2017.12.28)
- 실내 측위 방법 및 장치 (1020220068737/2022.05.26)

수상 이력

- 2022년 4차 산업혁명 Power Korea 대전 행정안전부 장관상 수상
- 2022년 Try Everything 코리아 챌린지 최우수상 수상
- 2022년 Tech.AD Award Europe 2022 Software & Compute platform 부문 수상
- 2021년 중소벤처기업부 주관 한-인도 SDGs 해커톤 대상 중소벤처기업부장관상
- 2021년 조달청 주관 혁신제품 지정 인증 취득
- 2021년 서울시 주관 실증확인서(Vision-IoT 융복합 라스트마일 내비게이션) 취득
- 2021년 이크레더블 주관 우량기술기업 인증

자율주행 기반 AI 로봇 개발

베어로보틱스

2021-2022 2년 연속 선정

대표자
하정우

위치
서울특별시 성동구 연무장7길 11 우란문화재단

설립 연도
2017년 5월

홈페이지
ko.bearrobotics.ai

문의
hi@bearrobotics.ai / 070-7576-1714

상장 여부
비상장

시장 진출한 해외 국가
미국, 일본

주요 사업
자율주행 서빙 로봇

● 창업자의 경력

서울대 컴퓨터공학과를 졸업하고 미국 텍사스대에서 석박사 학위를 딴 하정우 대표는 인텔과 구글의 엔지니어 출신이다. 이후 식당을 창업했다. 식당 일을 하며 느낀 로봇의 필요성 때문에 서빙용 로봇 스타트업 베어로보틱스를 창업하게 됐다. 하 대표는 한국경제신문과의 인터뷰에서 "일손 부족으로 주방에서 일을 해보면서 '로봇이 도와주면 좋겠다'는 생각을 하게 됐다"며 "로봇이 음식 서빙만 거들어줘도 직원들의 생산성이 향상될 수 있다는 걸 알았기 때문"이라고 설명했다.

●● 창업 배경

구글 엔지니어 출신인 하정우 베어로보틱스 대표는 부업으로 시작했던 식당 사업 경험에서 서빙 로봇을 착안했다. 장사가 잘될수록 고강도의 노동이 뒤따랐고, 반복적인 업무로 매장을 돌아다니는 탓에 하루 11~15km씩 걸어야 했다. 하 대표는 이 문제를 해결하려고 자신의 식당에서 베어로보틱스 최초의 서빙 로봇 '페니'의 프로토타입을 개발했고, 1년 뒤 구글을 떠나 3명의 공동 창업자와 함께 베어로보틱스를 설립했다. 그는 인터뷰에서 창업 배경에 대해 이렇게 설명했다. "구글에 있을 때 다른 회사의 창고용 로봇 같은 것에 관심이 있었어요. 식당 개업 전에도 식당분들이 힘들게 일하는 것을 보면서 '로봇을 쓰면 안 되나' 이런 생각을 하고 있었죠. 순두부 식당을 직접 하면서(업무 강도와 임금 문제 때문에) 사람 채용하는 게 너무 힘들었고, 그때 '식당에 로봇이 있어야겠다'고 생각했습니다. 일반인에게 식당은 먹고 즐기는 즐거운 곳인데 그 뒤에서 식당 사람들은 전쟁을 벌이고 있거든요. 외식업의 희로애락을 이해하게 된 엔지니어로서 '바꿔봐야겠다'는 사명감 같은 게 생겼어요."

●●● 비전 및 목표

'Smart Hospitality'. 베어로보틱스는 로봇과 인공지능 기술

을 통해 외식산업의 큰 변화를 추구한다

주요 제품 또는 서비스
베어로보틱스 서빙 로봇으로는 음식 서빙에 최적화된 모델인 '서비'와 음료 서빙과 버싱에 최적화된 모델인 '서비 미니'가 있다. 베어로보틱스 서비는 식당에서 탄생한 서빙 로봇인 만큼 서빙에 꼭 필요한 장점만 갖춘 것으로 인정받아왔다. 100% 자율주행로봇으로 식당에서 발견할 수 있는 바닥의 작은 장애물들도 감지하고 멈출 수 있으며, 사각지대 없이 좁은 공간도 사람의 움직임과 가장 유사한 모션으로 움직일 수 있다고 한다.

핵심기술
베어로보틱스의 로봇은 자율주행이 강점으로 꼽힌다. 하 대표는 한국경제신문과의 인터뷰에서 "장애물 같은 인식이 경쟁 업체들과 차원이 다르다"며 "음식을 나르다 보니 청결문제 때문에 소재에도 신경을 썼고 좁은 통로를 잘 다닐 수 있다"고 설명했다. 이어 "식당엔 어린아이들이 뛰거나 하는 등 여러 물체의 움직임이 많은 상황에서 로봇이 장애물을 비집고 다녀야 하는데 '안전'과 '효율'을 같이 하는 게 쉽지 않다"고 덧붙였다.
AI도 활용한다. 로봇이 센서 데이터로 매장에서 길을 찾을 때 장애물을 만나면 피해야 할지 기다려야 할지 판단해야 한다. AI가 학습된 데이터를 활용해 결정을 내리는 역할을 담당한다.

향후 계획
베어로보틱스는 본격 제품 양산에 들어갔다. 올해 7월 기준 3000대를 한국, 미국 등 5개국의 유명 프랜차이즈 식당 등에 판매했다. 올해 목표는 1만 대로 대부분 선주문을 받은 상태다.
한국·미국·일본 등 3개국을 중심으로 서빙 로봇 시장 공략도 강화할 예정이다. 판매 국가도 확대할 계획이다. 향후 로봇뿐만 아니라 사물인터넷(IoT) 제품 등을 활용해 외식업체의 효율성을 높이는 제품도 만들 방침이다.

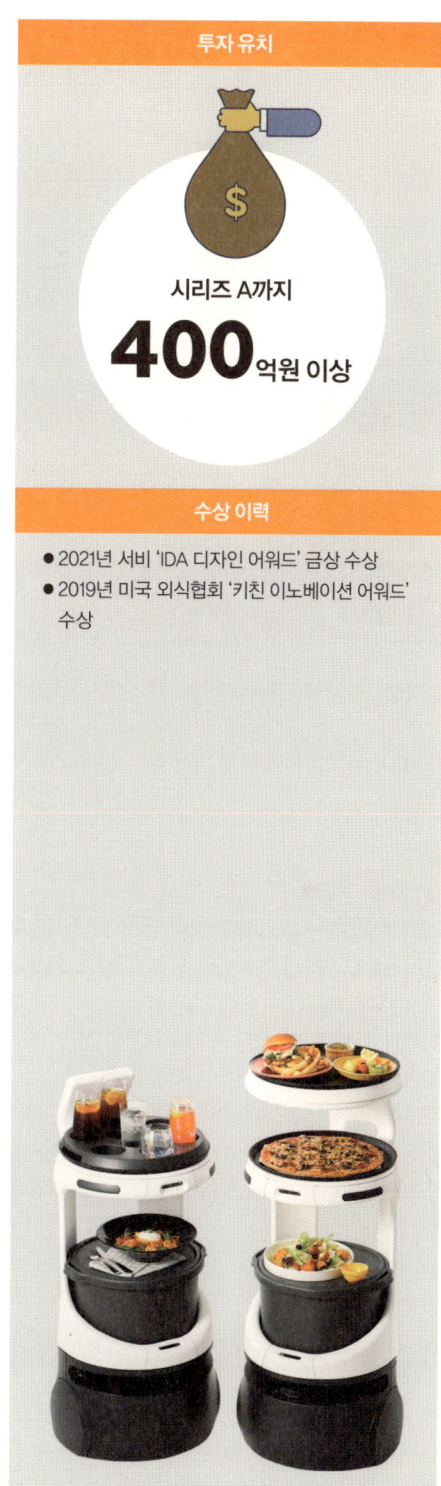

투자 유치

시리즈 A까지
400억원 이상

수상 이력

- 2021년 서비 'IDA 디자인 어워드' 금상 수상
- 2019년 미국 외식협회 '키친 이노베이션 어워드' 수상

영상편집 프로그램 등 AI 활용 서비스 개발

㈜보이저엑스

2021·2022
2년 연속 선정

대표자
남세동

위치
서울특별시 서초구 서초대로38길 12
마제스타시티타워 1 10층

설립 연도
2017년 3월

홈페이지
voyagerx.com

문의
contact@voyagerx.com

상장 여부
비상장

시장 진출한 해외 국가
글로벌시장에 진출

주요 사업
AI 기반 영상편집, 스캔, 손글씨 폰트 제작

창업자의 경력

2017년 설립된 AI 스타트업 보이저엑스는 초창기부터 국내 정보기술(IT)업계의 주목을 받았다. 창업자인 남세동 대표의 이력 때문이다. 그는 일명 '첫눈 패밀리' 출신이다. 첫눈은 2005년 장병규 크래프톤 이사회 의장이 설립한 인터넷 검색 전문업체다. 설립된 지 1년도 지나지 않아 네이버가 인수했다. 네이버의 모바일 메신저 라인을 만든 신중호 Z홀딩스 GCPO(그룹최고제품책임자), 이상호 11번가 대표, 김병학 전 카카오 AI랩 총괄부사장, 이은정 라인플러스 대표 등이 첫눈 출신이다. 남 대표는 네오위즈의 '세이클럽', 네이버의 카메라 앱 '라인카메라', 'B612' 등 크게 성공한 IT 서비스를 개발했다.

아이템은 AI였다. AI의 가능성을 보고 AI를 활용한 서비스 개발과 관련 인재 육성을 목표로 회사를 설립했다. 남 대표는 한 인터뷰에서 "기술과 서비스에는 별 관심이 없다"며 "좋은 인재와 좋은 조직을 키우는 데 더 집중하고 있다"고 말했다. 이어 "보이저엑스의 가장 중요한 가치는 인재 육성이고 기술이나 공부가 아니라 좋은 사람, 좋은 조직이 많다면 그만큼 좋은 서비스도 많이 나올 것"이라고 덧붙였다.

비전 및 목표

보이저엑스의 회사 목표(미션)는 'AI로 널리 사람을 이롭게 한다'다.

창업 배경

남세동 대표는 기존에 근무했던 회사보다 더 좋은 기업을 만들 수 있겠다는 생각으로 창업에 나섰다. 그가 주목한 사업

주요 제품 또는 서비스

브루 AI를 활용한 영상편집 프로그램.
브이플랫 문서, 책, 메모 등 핸드폰으로 촬영한 이미지를

PDF 또는 JPG 이미지로 변환.
온글잎 저렴한 가격에 손글씨를 폰트 형태로 제작.

●●●●● 핵심기술

영상편집 서비스인 '브루'는 '음성문자 자동변환(STT)' 기술을 이용해 영상을 입력하면 음성을 인식해 자막으로 바꿔준다. 많은 시간이 걸리는 '컷 편집(영상 중 필요한 부분만 자르는 작업)'을 AI로 자동화해 편집 시간을 줄여준다는 것이 회사 측의 설명이다.

'브이플랫'은 AI 모바일 스캐너 앱이다. AI로 문서나 책의 곡면을 분석해 문서 내용을 평평하게 스캔하는 서비스다. 문서 촬영 중 생긴 그림자와 각종 노이즈도 제거해 깨끗한 디지털 문서로 만들어준다. 글로벌 이용자가 100만 명이 넘는다. 작년에 출시한 '온글잎'은 AI 기반 손글씨 글씨체 생성 서비스다. 사람이 직접 쓴 몇 개 글자를 AI가 분석해 1만1172자 전체의 비슷한 글씨체를 제공한다.

●●●●●●● 향후 계획

보이저엑스는 게임사 크래프톤과 '초거대 AI'라고 불리는 GPT-3의 한국어 모델을 개발하고 있다. AI로 사용자를 더욱 행복하게 해준 회사, AI 인재를 가장 많이 키워낸 회사로 성장하는 것이 목표다.

투자 유치

시리즈 A까지
300억원 이상

AI 기술과 자율주행 드론을 활용해 건설 현장의 품질과 안전을 지키는 스타트업

뷰메진

2022 선정

대표자
김도엽

위치
서울특별시 강남구 테헤란로86길 10, 4층

설립 연도
2020년 4월

홈페이지
viewmagine.com

문의
sales@viewmagine.com / 02-6956-2823

상장 여부
비상장

시장 진출한 해외 국가
United Nations Global Market Place Level 2
두바이 eGovernment 조달청 등록

주요 사업
응용 소프트웨어 개발 및 공급업

창업자의 경력

창업자 김도엽 대표는 청와대 경호실에서 커리어를 시작했다. 이후 UN에 입사해 유럽과 중동 등에서 10여 년간 근무하며 국제 분야 전문가로 성장했다. 당시 전시 작전부대를 거쳐 UN 안보국 안보 담당관, 안보 자문관을 역임했으며 이라크와 리비아, 시리아 등 5번의 현대전에 참전했다. 그는 이러한 경험을 토대로 국가 발전에 기여하고 싶다는 생각에 창업에 도전했다고 한다.

창업 배경

김도엽 대표는 국제연합(UN)에서 근무한 국제 분야 전문가로, 중동 지역에서도 경험을 쌓았다.
이 과정에서 컴퓨터 비전 기술이 여러 분야에 적용되고 있지만, 산업 기반 시설을 위한 기술 도입은 정확성과 신뢰성에 대한 요구 수준이 높아 상대적으로 더디다는 것을 확인했다. 이때 시장 가능성을 보고 산업 기반 시설의 검사 및 관리 솔루션에 도전장을 내밀게 됐다.

비전 및 목표

뷰메진은 국내 주요 건설 시공사들에 솔루션을 소개하고, 현장에서 시험 적용하는 것이 우선적인 목표다. 연내에는 약 2경4800조원에 달하는 글로벌 건설시장을 타깃으로 해외에서 한 건 이상의 사업성과를 달성하겠다는 포부도 밝혔다. 특히 연간 10% 이상의 성장률을 보이는 미국 시장을 주 타깃으로 사업을 확장하는 것이 주요 목표 중 하나다.

주요 제품 또는 서비스

보다(VODA) AI 기술과 자율비행 드론을 활용한 건설 시공 품질 관리 솔루션.

핵심기술

뷰메진은 코어 기술인 AI 비전과 자율주행 드론을 융합한 안전진단 서비스를 제공한다. 드론을 통한 촬영부터 데이터 분석, 활용을 아우르는 통합 관리 안전 솔루션 '보다(VODA)'가 대표 서비스다.

보다는 AI 비전 기술 기반의 결함 자동 분석 모델로 드론으로 촬영한 이미지를 입력하면 이미지 내 결함의 여부, 유형, 최소·최대 폭, 위치 정보를 출력한다. 이 정보를 토대로 결함 정보 데이터베이스(DB)를 구축해 품질 관리 영역을 디지털화한다. 솔루션이 적용된 드론은 사람의 조종 없이 자율주행으로 비행해 주변 장애물 등을 피해서 빠르고 정확하게 검사한다. 자율 비행 드론으로 데이터를 취득한 뒤 분석·결괏값 확인·리포팅 기능을 제공하며 3D 모델 위에 결함 위치가 표기되는 것이 특징이다.

보다의 가장 큰 장점은 맨눈으로 검사가 어려운 고층 건축물과 위험 지역을 드론을 이용해 직접 촬영하고 분석해 0.3mm의 미세한 균열까지 탐지할 수 있다는 점이다. 이러한 기술을 순찰 로봇이나 로봇 개 등에 적용하면 건물 내부도 무인으로 검사할 수 있다.

향후 계획

올해 초 광주 화정아이파크 외벽 붕괴 사고가 일어나면서 현장 안전과 건축물 품질관리 중요성이 커지고 있다. 이 가운데 정밀한 안전진단 솔루션을 제공하는 뷰메진의 기술이 주목받았다. 김 대표는 한 언론 인터뷰에서 "국내 10대 시공사 대다수가 뷰메진 솔루션을 사용 중이거나 도입을 검토 중"이라고 밝히기도 했다.

향후 뷰메진은 국방 분야와 관련된 솔루션을 선보일 계획이다. 김 대표는 대테러 업무를 수행했던 경험을 살려 우리나라 국방에 최적화된 솔루션을 만들 계획이다. 김 대표는 한 언론 인터뷰에서 뷰메진에 특화된 AI 비전 기술에 집중해 국방분야 경쟁력을 높이겠다는 포부를 밝혔다. 그는 "인구감소로 국방 인력과 자원 역시 어려움을 겪게 될 것"이라며 "경계·감시 업무를 수행하는 초병 자원을 드론이 대체할 수 있다"고 말했다.

투자 유치

프리 A단계 투자 유치 마무리

21억원
(팁스 포함 28억)

특허, 논문, 보고서 등 지식재산권 보유 현황

- 영상 장치를 이용한 고령자 판별 시스템 및 방법 (1020160042813/2016.04.07)
- 도로용 교통 측정장치 및 이의 시공방법 (1020140098545/2014.07.31)
- 지중관로 위치정보 획득 장치 (1020090003129/2009.01.14)
- 차종정보 인식장치 및 방법 (1020080041330/2008.05.02)
- ROS(알오에스)기반 드론과 드론 스테이션간 와이파이 및 웹기반 통신(TCP/IP)을 이용한 자동 이착륙 및 제어 프로그램
- 뷰메진 이미지데이터 분석 툴
- 뷰메진 창고물류 관리 시스템
- Pose Estimation Using Dynamic Extended Kalman Filter Based on a Fuzzy System
- Autonomous Navigation Algorithm of Drone Based on GNSS/INS/Lidar sensor and SMC for Bridge Inspection

수상 이력

- 2020년 4차 산업혁명 파워코리아 대전 '4차 산업혁명 스마트 산업용 드론상' 수상
- 국토교통부 장관상 스마트 건설
- 하나벤처스 초기스타트업 대회 우수상
- 호반혁신이노베이션 최우수상
- 신용보증기금 NEST 11회 우수기업상
- 서울국제발명대회 은상
- 한국가스공사 특별상
- 경동오픈이노베이션 경동인베스트상

비접촉식 터치 기술을 개발하는 회사

브이터치

2022 선정

대표자
김석중(좌), 김도현(우)

위치
서울 서초구 강남대로 95길 16, 1층

설립 연도
2012년 4월

홈페이지
vtouch.io

문의
contact@vtouch.io

상장 여부
비상장

시장 진출한 해외 국가
-

주요 사업
비접촉식 가상 터치 솔루션 제공

창업자의 경력
홍익대에서 기계공학과 경영학을 배운 김석중 대표는 2000년대 초 온라인 주얼리 쇼핑몰을 창업한 경험이 있다. 2004년엔 온라인 남성 패션 쇼핑몰인 제이브로스를 창업하기도 했다. 이때 남성 스트리트 패션 매거진인 JBOOK도 발행했다. 연세대 경영학과를 졸업한 김도현 대표는 삼성증권에서 애널리스트로 일했다. 브이터치를 창업하기 직전엔 독일 벤처캐피털(VC)인 로켓인터넷에서 일한 경험이 있다.

창업 배경
TV는 계속해 발전하는데 TV와 사람을 연결해 주는 리모컨은 왜 그대로일까? 브이터치는 김석중 대표의 이런 의문에서부터 시작됐다. 한 언론 인터뷰에 따르면 김 대표는 어릴 때부터 창업에 대해 관심이 많았다. 군 전역 후 복학한 시기가 네이버, 다음, 아이러브스쿨, 프리챌 등 인터넷 기업들이 급성장하던 시기였다. 그런 '벤처 붐'을 보면서 '자본이 없어도 사업을 일굴수 있는 시대가 왔구나'라고 생각해서 창업을 결심했다.

비전 및 목표
회사는 공간터치 기술이 공간 컴퓨팅 환경에서 터치와 마우스를 대체할 것으로 내다보고 있다. 코로나19로 비대면 문화가 빠르게 확산하면서 원거리 터치가 더욱 각광받는다는 설명이다. 화면을 넘어 현실에서 보이는 모든 것들과 자연스럽게 상호 작용하는 세상을 만드는 게 비전이다.

주요 제품 또는 서비스
브이터치의 공간터치 솔루션이 적용된 패널이 대표적이다. 가상터치 인터페이스가 적용된 패널은 키오스크에 적용된다. 비접촉식 터치 제어가 가능하며 최대 65인치의 디스플레이까지 1.2m 거리 내에서 자유롭게 제어할 수 있다. 또 차량용 장치에도 적용된다. 버튼이나 터치스크린 없이도 다양한 차량 시스템을 직접 제어할 수 있다. 송풍구를 가리켜 풍량을 제어하거나, 스피커를 가리켜 음량을 제어하고, 선루프를 가리켜 여닫을 수 있다. 가정에도 적용 가능하다. 실제 TV, 냉장고, 에어컨과 같은 가전 제품에 접촉하지 않고도 제스처만으로 제어할 수 있게 된다. 공간 컴퓨팅이 대세가 된 미래의 일상에 어울린다.

핵심기술

브이터치의 공간터치 기술은 3차원(3D) 카메라를 통해 사용자의 동작을 딥러닝으로 분석해 사람이 가리키는 곳을 정확히 파악하고 선택할 수 있는 기술이다. 이를 통해 사용자는 터치와 완전히 동일한 방식으로 화면이나 사물을 직접 만지지 않고도 터치하듯 조작할 수 있다.

기존 기술로 구현된 비접촉식 터치는 사용자의 손만 감지하기 때문에 인지 지점과 터치 지점이 일치하지 않는다는 문제가 있었다. 이 때문에 3cm 이상 떨어져 있는 경우 터치를 구현하기 어려웠다.

브이터치의 공간터치 기술은 사용자의 눈과 손을 동시에 추적해 사용자의 포인팅 지점을 실시간으로 정확히 계산한다. 초근거리 영역부터 최대 1.2m의 거리에서 비접촉식으로 터치를 구현할 수 있다.

공간터치 기술은 화면뿐만 아니라 사물 터치도 지원한다. 자판기나 엘리베이터와 같이 디스플레이가 없는 환경도 별도의 장비 교체 없이 가상터치 카메라만 설치하는 방식으로 기존 버튼을 비접촉식으로 제어할 수 있다. 또 경량화 기술을 통해 가벼운 임베디드 프로세서에서도 빠르게 동작하고, 별도의 PC를 필요로 하지 않는 것도 장점이다.

향후 계획

병원, 호텔 등 B2B(기업 간 거래)에 적용할 수 있는 공간터치 홈 제품을 출시할 계획이다. 또 TV를 리모컨 대신 손가락 동작으로 조작하는 제품도 개발하는 중이다.

투자 유치

프리 A

28억원 이상

특허, 논문, 보고서 등 지식재산권 보유 현황

특허 115건 출원(국내 47건, 해외 68건)
특허 54건 등록(국내 30건, 해외 24건)

- 객체 제어를 지원하기 위한 방법, 시스템 및 비일시성의 컴퓨터 판독 가능 기록매체 (1020200017256/2020.02.12)
- 동작-음성의 다중 모드 명령에 기반한 최적 제어 방법 및 이를 적용한 전자 장치(1020190157002/2019.11.29)
- 자율주행 차량용 디스플레이 장치 (1020180101614/2018.08.28)
- 우세안을 결정하는 방법, 시스템 및 비일시성의 컴퓨터 판독 가능 기록 매체 (1020190124862/2019.10.08)
- 객체 제어를 지원하기 위한 방법, 시스템 및 비일시성의 컴퓨터 판독 가능 기록 매체 (1020180112447/2018.09.19)

수상 이력

- 2022년 CES 2022 가상 및 증강현실, 스마트홈, 가전제품 등 3개 부문에서 'CES혁신상' 수상
- 2021년 CES 2021 스마트시티, 컴퓨터 주변기기 및 액세서리 2개 부문 'CES혁신상' 수상
- 2021년 특허청 선정 '올해의 발명왕' 수상
- 2017년 구글코리아 '머신러닝 챌린지 코리아 2017' 우승
- 2013년 삼성SDS 주최 Sgen Global 2013 최우수상 수상
- 2013년 중소기업청 슈퍼스타V 왕중왕전 최우수상 수상
- 2012년 한국기업가정신재단 제2회 청년기업가대회 우수상 수상

축구 경기 비디오 AI 분석 솔루션 '비프로11' 개발

㈜비프로컴퍼니

2021·2022
2년 연속 선정

대표자
강현욱

위치
서울특별시 종로구 종로51, 위워크 24층 103

설립 연도
2015년 2월

홈페이지
bepro11.com

문의
contact@bepro11.com

상장 여부
비상장

시장 진출한 해외 국가
유럽(영국, 스페인, 이탈리아, 독일, 프랑스) 등

주요 사업
AI 기반 축구 경기 분석

창업자의 경력

AI 기반 축구 영상·데이터 분석 플랫폼인 비프로일레븐은 강현욱 대표가 서울대 축구동아리에서 선수로 뛰며 느낀 작은 불편에서 시작했다. 대학 축구팀들은 리그에서 주는 엑셀 파일 위에 데이터를 기록했다. 수작업을 통한 데이터 입력은 불편했을 뿐만 아니라 활용성도 떨어졌다.
강 대표는 한국경제신문과의 인터뷰에서 "스포츠 데이터가 엑셀 파일에만 남아서는 유용한 콘텐츠가 되기 어렵다고 생각했다"며 "데이터에 동영상을 붙여 축구팀에 주는 사업 모델을 구상했다"고 말했다.

창업 배경

강현욱 대표가 2015년 아마추어 축구팀들의 경기 기록을 애플리케이션(앱)으로 만든 것이 창업의 시작이었다. 2016년 K리그 주니어 대회의 전 경기 영상을 분석하는 기회를 얻으면서 본격적으로 이 사업에 뛰어들었다. 강 대표는 설립 초기 아마추어 팀과 K리그 유소년 팀들을 대상으로 서비스를 시작했다. 창업한 지 2년째 되는 해에 사무실을 독일 함부르크로 옮겼다.
그는 인터뷰에서 "축구산업이 가장 발달한 유럽에서 성공하지 못한다면 결국 실패하게 될 사업 모델이라고 판단했다"며 "근근이 버티면서 '좀비기업'이 될 바에는 일찍 망하더라도 유럽에서 사업 가능성을 검증받고 싶었다"고 했다.
유럽 진출 초기에는 지역 하부리그 팀들이 주요 고객사였다. 2019년 강등권에 놓여 있었던 세리에A의 '볼로냐FC'가 서비스 도입 후 성적이 가파르게 상승하면서 명문 구단들 사이에서 입소문이 났다.

비전 및 목표

비프로컴퍼니는 '스포츠계의 구글'이 되는 것이 목표다. 전 세계 스포츠 데이터를 플랫폼 안에 모으는 것이다. 강 대표는 "축구 플랫폼을 서비스하며 쌓은 노하우는 모든 구기종

목에 적용할 수 있다"고 말했다. 세계 곳곳에 설치한 카메라를 활용한 중계 서비스, 선수들 데이터를 바탕으로 한 스카우팅 플랫폼 등의 신규 사업도 모색하고 있다.

주요 제품 또는 서비스
AI 영상분석(컴퓨터비전), 자동촬영 서비스.

핵심기술
비프로일레븐은 영상 촬영부터 분석까지 모두 맡는다. 우선 고객 구단의 훈련장과 경기장에 카메라 2~4대를 설치한다. '비디오 스티칭'(영상 꿰매기) 기술로 각 카메라가 촬영한 화면을 하나의 파노라마 장면으로 합친다.

촬영 영상을 하나로 합치는 '스티칭' 기술 덕분이다. 선수 개개인의 슈팅·패스·드리블 돌파 등을 자세히 볼 수 있다. 선수별 '줌인'과 '줌아웃'도 가능하다. 각 선수의 움직임(속도, 뛴 거리, 스프린트 거리 등)을 별도의 장비 착용 없이 데이터로 기록한다. 비프로일레븐이 고용한 데이터 분석가들은 AI 기술을 바탕으로 다양한 경기 데이터를 분석, 검수한다.

향후 계획
B2C(기업과 소비자 간 거래) 서비스로의 확장도 꿈꾸고 있다. 강현욱 대표는 "아마추어 선수들도 데이터를 분석해 실력을 높이려는 욕구가 있다"며 "AI 기술을 고도화해 서비스 원가를 낮춰 일반인도 편하게 쓰는 서비스를 내놓고 싶다"고 말했다. 비프로컴퍼니는 이적이나 선수 발굴 시장 진출도 검토 중이다.

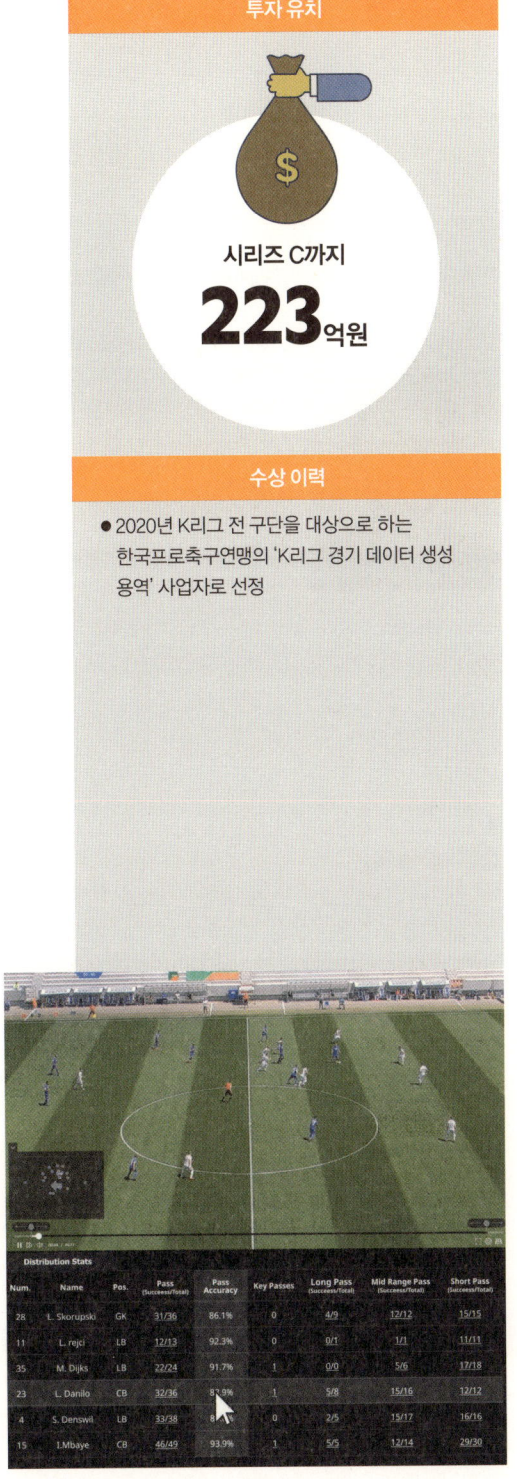

투자 유치
시리즈 C까지
223억원

수상 이력
- 2020년 K리그 전 구단을 대상으로 하는 한국프로축구연맹의 'K리그 경기 데이터 생성 용역' 사업자로 선정

마케팅 솔루션을 제공하는 소프트웨어서비스(SaaS) 기업

빅인사이트

2022 선정

대표자
홍승표

위치
서울특별시 강남구 테헤란로4길 5, 9층

설립 연도
2015년 5월

홈페이지
bigin.io

문의
chris@bigin.io / 070-4739-7602

상장 여부
비상장

시장 진출한 해외 국가
싱가포르 등 동남아시아

주요 사업
CRM 마케팅 솔루션 및 디지털 광고 자동화 솔루션 소프트웨어를 서비스 형태로 제공

창업자의 경력

홍승표 대표는 뉴질랜드 오클랜드공과대학(AUT)에서 그래픽 디자인을 전공했다. 유학 시절 현지 통신사에서 UX(고객경험) 디자이너로 일하며 현장을 바닥부터 훑었다. 그는 2015년 귀국 후 앱디자인과 컨설팅 업무에서 승부를 보기 위해 2015년 5월 어플리캣을 창업하고 애플리케이션 개발 시장에 뛰어들었다. 하지만 2017년 즈음부터 경쟁 개발사들이 우후죽순 생기면서 시장은 단가 경쟁이 치열한 레드오션 상태로 급변했다. 2018년 10월 Biginsight로 회사명을 바꾸고 마케팅과 기술을 합친 '마테크(Matech)' 업체로 사업영역을 바꾼 이유다.

창업 배경

홍승표 대표는 애플리캣으로 창업 초기엔 KB증권·삼성물산 등 대기업과 스타트업들의 외주를 맡아 애플리케이션을 개발했지만 앱 개발 시장이 레드오션으로 치달으면서 자체 마케팅 솔루션을 개발해야겠다는 결심을 했다. 회사를 공동 창업한 신윤용 CTO(최고기술책임자)가 뉴질랜드에서 탈세 확률이 높은 기업을 찾았던 국세청의 AI 전문가 출신이다. 국내에 AI 시장이 태동하는 시기였기 때문에 AI 기술 기반 사업을 진행하기로 했다. 특히 데이터 산업 중에서도 다양하게 확장되고 있는 e커머스 분야에 특화된 마케팅 솔루션에 집중했다.

비전 및 목표

마케팅 솔루션 기업을 넘어 데이터 기업으로 도약

주요 제품 또는 서비스

Bigin CRM (고객관계관리 마케팅 솔루션) 2018년 딥러닝 기반 웹 분석툴 빅인(Bigin)을 출시한 이후 인공지능 마케팅 자동화 솔루션, 빅데이터 기반 AI 분석 솔루션 기능을 추가

했으며 2021년 12월엔 빅인 3.0 글로벌 프로덕트를 출시해 동남아시아 시장에 진출했다. 자사몰 유입부터 구매까지 개인화 마케팅을 돕는 빅인 CRM 솔루션을 제공하고 있다.

Bigin Ads(디지털 광고 자동화 솔루션) 2022년 1월 애드옵스 기업 '태거스', 퍼포먼스 마케팅 전문기업 '오피노마케팅'을 인수하고 4월 디지털 광고 생성 운영 분석을 돕는 빅인 애즈(Bigin Ads) 서비스를 출시했다.

Bigin CDP(이커머스 고객데이터 플랫폼) CRM 솔루션을 통해 축적한 데이터를 기반으로 이커머스에 특화된 고객데이터 플랫폼(CDP) 서비스를 2022년 11월 출시할 예정이다. CDP는 온오프라인 매장, 오프마켓 등 여러 소스에서 수집된 자사 고객 데이터를 통합해 보여주는 소프트웨어. 회사는 CDP를 SaaS(서비스형 소프트웨어) 형태로 제공하고 ERP(전사적 자원 관리) 기업, 호스팅 회사와 연동할 계획이다.

핵심기술

빅인사이트는 e커머스 마케팅 자동화 및 초개인화 솔루션 핵심 기술을 확보하고 있다. 사이트 내 사용자 행동을 AI에 학습시키면 AI는 최근에 얼마나 자주, 단가가 높은 제품을, 많이 구입했나를 가지고 고객을 분류하고, 사이트에서 행동하는 것에 따라 상품 추천을 한다. 상품 추천, 고객 행동에 따라 그룹화하는 기능들이 AWS와 엔비디아 서버에서 머신러닝으로 구현되고 있다.

e커머스 마케터가 단계별로 구매전환율을 극대화할 수 있는 CRO(Conversion Ratio Optimization) 솔루션을 제공하는 데 기능적인 초점을 맞추고 있다. 아이겐코리아, 네이버클라우드, 포비즈코리아, 제일기획 등 고객사와 이커머스 마케팅 서비스 사업 강화를 위한 사업협력(MOU)을 맺었다.

향후 계획

빅인사이트는 가장 많은 데이터를 가진 마케팅 회사가 되는 게 목표다. 개인 정보 보호 강화 흐름 속에서 제3자 정보 제공이 축소되는 등 마케팅 환경이 급변하는 상황에서 데이터 기업이 되려는 것이다. '퍼스트파티 데이터'를 중심으로 시장이 재편되고 있는 만큼 데이터 확보에 초점을 맞추고 인수합병 등을 진행할 계획이다.

투자 유치

시리즈 A 단계
미국 사모펀드 크레센도로부터 투자 유치

특허, 논문, 보고서 등 지식재산권 보유 현황

- 브라우저 핑거프린팅을 통한 사용자 식별 방법, 장치 및 프로그램
  (제10-2372996호/10-2021-0109034)
- 웹사이트별 파라미터 종류 및 기준값 도출 방법, 장치 및 프로그램
  (제10-2372997호/10-2021-0109035)
- 사용자의 시계열적 행동 데이터를 이용하여 인공지능 모델을 학습시키는 방법 및 장치(10-2091529/10-2019-0108717)
- 인공지능 학습 모델을 이용하여 사용자의 행동 데이터를 분석한 결과에 기초하여 사용자의 행동을 유도하는 방법 및 장치
  (제10-2065399호/10-2019-0108718)

수상 이력

- 2021년 KOREA AI STARTUP 100 선정
- 2021년 제 16회 대한민국 인터넷 대상 과학기술정보통신부 장관상
- 2021년 글로벌 전문지 MarTech Outlook APAC MarTech Startup TOP 10 선정
- 2021년 Global SaaS 프로젝트 GSIP 2021 사업 선정
- 2020년 Biginsight 벤처기업 인증
- 2020년 (주)태거스, 중소벤처기업부 팁스(TIPS) 프로그램 선정
- 2020년 데이터스타즈(Data-Stars) 최우수상 수상
- 2019년 Amazon AWS Champion 챔피언상 수상 Amazon AWS APN Select 기술 승급
- 2019년 MIIEX 국제 전시회 기업부문 금상 수상

3D 라이다 전문 자율주행 소프트웨어 개발업체

서울로보틱스

2021-2022 2년 연속 선정

대표자
이한빈

위치
서울특별시 서초구 서초대로46길92

설립 연도
2017년 8월

홈페이지
seoulrobotics.org

문의
hello@seoulrobotics.org

상장 여부
비상장

시장 진출한 해외 국가
미국, 독일, 일본 등

주요 사업
자율주행 소프트웨어

창업자의 경력

이한빈 서울로보틱스 대표는 2017년 유다시티-DiDi 자율주행차 도전(The Udacity-DiDi Self-Driving Car Challenge)에 출전하여 전 세계 2000팀 중에서 10위를 차지하고, 대회 종료 후 Team Korea(서울로보틱스의 전신) 팀원들과 함께 서울로보틱스를 설립했다. 대회에서의 공로를 인정받아 유다시티 자율주행 프로그램 멘토로 활동한 바 있고, 최근에는 스마트 미래교통 자문단으로 위촉되어 신기술과 경영 자문을 통한 교통사고 예방을 위한 활동을 이어가고 있다. 현재 이한빈 대표는 서울로보틱스가 모빌리티 분야 유니콘 기업으로 성장할 수 있도록 사업 개발 및 마케팅 업무를 총괄하고 있다.

창업 배경

미국 펜실베이니아주립대에서 기계공학을 전공하던 이 대표가 자율주행 기술 코딩 경진대회에 참가해 2000개 팀 중 10위를 차지한 것이 창업 계기가 됐다. 이 대표는 카메라 기반 이미징 프로세싱 시장이 커진 것처럼 3D 기반 이미지 프로세싱 시장도 확장하고, 그중 가장 많은 수요가 자율주행차에서 나올 것이라고 판단했다.

이 대표는 펜실베이니아주립대 재학 중 AI와 자율주행을 스터디하는 모임을 운영했다. 2016~2017년 AI 관련 오픈소스 SW가 세계적으로 많이 출시되면서 모임도 글로벌 수준으로 커졌다. 당시 모임 멤버였던 이 대표 등 4명이 회사를 공동 창업했다.

비전 및 목표

'로봇이 인간처럼 세상을 이해할 수 있도록 도와주는 것', '모든 라이다와 호환되는 소프트웨어를 개발하는 것'.
이 짧고 분명한 메시지가 미국 실리콘밸리 여러 기업과 독일 BMW, 볼보 등에 깊은 인상을 줬다고 이 대표는 설명했다. 세계 어디서든 통할 수 있는 기술을 개발해 대기업에 종속되지 않는 경쟁력을 확보하는 것이 목표다.

이 대표는 창업 후 미국 100개 도시를 일일이 방문하며 투자자를 유치했다. 이 대표는 "기술 스타트업은 무조건 해외로 나가야 한다"고 강조했다. 해외 대기업들은 미보유 기술 기업을 보면 최대한 빨리 라이선스를 받아서 직접 개발시간을 아끼고 시장에 치고 나갈 생각을 하지만, 한국에선 그렇지 않다는 설명이다. 그는 한국과 마찬가지로 수출 지향 국가인 이스라엘에서 많은 아이디어를 얻었다.

주요 제품 또는 서비스

SENSR 3차원 인지 소프트웨어로, 주변 환경을 3차원으로 실시간 스캔한 뒤, 인공지능으로 분석해 사람과 차량 등의 위치를 파악하고 추적한다.

United Seoul Solution(USS) 3차원 인지 엔진을 에지 컴퓨터에 탑재한 IoT 패키지, 다양한 산업현장에 빠르게 적용할 수 있는 Plug & Play 솔루션이다.

핵심기술

서울로보틱스의 '센서' 제품은 3D 이미지 데이터를 AI 기술을 활용해 초당 20번 인지할 수 있다. 차량 전방 150m 앞 축구공 크기 장애물을 판별할 수 있는 수준이다. 자율주행 차량이 사람만큼, 나아가 사람 이상으로 주변 환경을 정밀하게 인식할 수 있게 한다.

향후 계획

각국에 글로벌 유통망을 구축해 영업을 확대하고 2025년 미국 나스닥 상장에 도전할 계획이다.

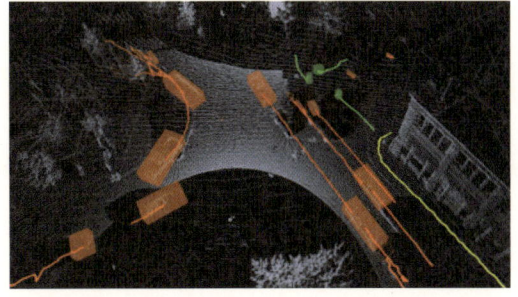

투자 유치

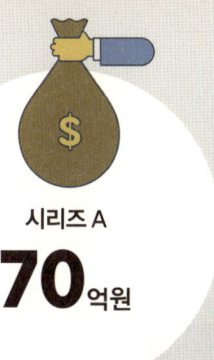

시리즈 A

70억원

특허, 논문, 보고서 등 지식재산권 보유 현황

- 한국산업기술시험원(KTL)이 진행한 라이다 정밀도 테스트에서 오차범위 4cm 기록

수상 이력

- 2021년 독일 기술 컨설팅 업체 h&z '라이다 SW 기술력 1위' 선정
- 2020년 3대 신산업 분야 중소벤처기업부 장관상
- 2020년 메르세데스 벤츠 코리아 '스타트업 아우토반' 선정
- 2019년 테크크런치 TOP3 스타트업 선정
- 2019년 데이터산업진흥원 K-Global DB Stars 2019 과학기술정보통신부 장관상 대상
- 2019년 NASA iTECH(NASA에서 사용 가능한 CES 스타트업 기술로 선정)
- 2018년 MassChallenge Boston 2019 액셀러레이터 선정(한국 유일)
- 2017년 Nvidia Inception Program 선정

크라우드소싱·수학적 알고리즘 기반 AI 학습데이터 플랫폼

셀렉트스타㈜

2021·2022 2년 연속 선정

대표자
김세엽(사진), 신호욱

위치
서울특별시 강남구 테헤란로 20길 20, 11층

설립 연도
2018년 11월

홈페이지
selectstar.ai

문의
contact@selectstar.ai / 1666-3282

상장 여부
비상장

시장 진출한 해외 국가
계획 중

주요 사업
AI 데이터 수집 및 가공

창업자의 경력
한성과학고를 졸업한 김세엽 셀렉트스타 대표는 2013년 KAIST에 KPF 장학생 자격으로 입학했다. KPF 장학생은 매년 KAIST에 입학하는 학생 중 탁월한 역량을 갖췄다고 판단되는 소수의 학생들에게 장학금과 해외 연수 등 각종 혜택을 제공하는 프로그램이다. 2018년 신호욱 대표는 사내 창업 경진대회 'E*5 KAIST'에서 셀렉트스타 팀으로 참여해 우승한 뒤 같은 해 회사를 창업했다.

창업 배경
김세엽, 신호욱 공동대표가 각각 KAIST 전기 및 전자공학부, 전산학부에서 공부한 딥러닝이 시작이었다. 직접 딥러닝 모델을 만들면서 AI 연구개발에 소요되는 시간의 80% 이상을 데이터 수집과 가공에 쏟아야 한다는 것을 몸소 느꼈다. 모두 일일이 사람 손을 거쳐야 하는 수작업이라서다. 김, 신 공동대표는 AI 기업과 연구자들이 가장 잘하는 AI 개발에 집중할 수 있도록 이러한 '귀찮은 수작업'을 대신해줄 수 있는 방법을 고민했다. 그러던 중 시중 리워드(보상) 앱을 통해 틈틈이 돈을 벌고자 하는 사람들의 수요가 상당한 것을 파악했다. 이를 데이터 가공 작업과 연결하자는 아이디어가 셀렉트스타의 창업 배경이 됐다.

비전 및 목표
셀렉트스타는 '데이터를 통해 IT 산업을 발전시켜 세상을 더 편하게 만든다'는 모토로 출범했다. 고품질의 AI 학습 데이터를 가장 쉽게 구축할 수 있도록 돕는 '종합 데이터 플랫폼'으로 성장하겠다는 게 궁극적인 목표다. 고객사가 필요로 하는 데이터를 만들어 제공해주는 현재 데이터 구축 서비스를 넘어서, AI 기업이 직접 데이터를 구축하고 AI 성능과 학습데이터 간 연관 관계를 분석할 수 있는 종합 데이터 플랫폼으로 거듭나겠다는 포부다.

주요 제품 또는 서비스

캐시미션 빅데이터 분석에 필요한 데이터 전 처리 서비스를 제공하고, 고객사가 의뢰한 데이터를 가공하는 미션 기반 크라우드소싱 리워드앱.

데이터가 필요한 AI 기업들이 셀렉트스타에 데이터 생산 프로젝트를 맡기면, 캐시미션에 프로젝트가 업로드된다. 이후 캐시미션의 사용자들이 해당 프로젝트를 수행하면 셀렉트스타는 자체 개발한 수학적 알고리즘과 선별된 검수자들을 통해 전수 검수를 수행한다. 이를 통해 최종적으로 완성된 고품질 데이터를 고객사에게 전달한다.

핵심기술

딥러닝 기반 유사 데이터 수집 필터링 기술
셀렉트스타는 데이터 다양성 담보를 위해 딥러닝 기술을 통해 크라우드소싱으로 수집한 이미지 중 유사한 데이터를 AI 모델을 통해 필터링한다. 예컨대 동일한 이미지지만 다른 조명, 각도 등으로 촬영해 다른 이미지로 제출하더라도 해당 이미지가 동일한 이미지임을 AI가 감지하는 것이다.

딥러닝 기반 반자동 세그멘테이션 기술
딥러닝이 대략적인 작업을 먼저 해주고, 작업자는 일부 수정만해 작업을 완료할 수 있도록 작업자의 레이블링 시간을 줄여주는 핵심 기술이다. 셀렉트스타는 자체 데이터 증강 기술을 통해 3%의 수작업 데이터만으로 높은 성능의 반자동 레이블링이 가능한 것이 강점이다.

향후 계획

누구나 필요한 데이터를 손쉽게 수집하고 가공할 수 있는 플랫폼으로 도약하는 게 최종 목표다. 고품질의 데이터를 빠르게 수집 및 가공해 기업과 연구자가 잘하는 일에 보다 집중할 수 있도록 돕는 캐시미션을 개발한 것도 이런 이유에서다. 서비스 고도화를 통해 AI 및 IT 서비스 개발의 가장 큰 병목인 데이터 문제를 완전히 해결하겠다는 목표도 갖고 있다.

투자 유치

시리즈 A 브릿지
134억원

특허, 논문, 보고서 등 지식재산권 보유 현황

- 데이터 라벨링을 위한 방법 및 장치 (1020190147554/2019.11.18)
- 데이터 라벨링을 위한 바운딩 박스 그리기 방법 및 장치(1020190147563/2019.11.18)
- 딥러닝 모델을 이용하여 텍스트 개체에 대한 레이블링을 검수하는 방법 및 그를 이용한 장치 (1020190173406/2019.12.23)
- 작업 난이도에 따라 레이블링 작업을 분배하는 방법 및 그를 이용한 장치 (1020190166420/2019.12.13)
- 딥러닝 기반 유사 이미지를 필터링하는 방법 및 그를 이용한 장치(1020190164003/2019.12.10)
- 딥러닝 기반 유사 텍스트를 필터링하는 방법 및 그를 이용한 장치(1020190164009/2019.12.10)
- 딥러닝 모델을 이용하여 음성 전사 레이블링을 검수하는 방법 및 그를 이용한 장치 (1020190173651/2019.12.24)

수상 이력

- 2021년 과학기술정보통신부 주최, 한국방송통신 전파진흥원 주관 디지털 뉴딜 우수성과 창출기업 선정
- 2021년 포브스 선정 '2021년 아시아 30세 이하 리더'
- 2020년 과학기술정보통신부, 한국데이터산업진흥원 주최 데이터스타즈 대상 과기부 장관상 수상
- 2018년 KAIST, 창업 대회(E5) 최우수상

AI가 지원하는 대화형 서비스 자동화를 통해 고객 서비스 경험을 혁신하는 기업

솔루게이트

2022 선정

대표자
민성태

위치
서울특별시 금천구 가산디지털1로 145, 11층 1104호

설립 연도
2014년 7월

홈페이지
solugate.com

문의
070-8882-5252

상장 여부
비상장

시장 진출한 해외 국가
미국 이커머스 플랫폼 쇼피파이 공식 파트너

주요 사업
AI 기반 챗봇 솔루션 소프트웨어 및 역직구몰 통합관리 플랫폼 제공

창업자의 경력
대학에서 컴퓨터공학을 전공한 민성태 대표는 LG전자에 입사해 10년 동안 고객서비스 정보화추진팀에서 IT 기획을 담당했다. 국내 최초로 무선 데이터통신을 이용해 고객 서비스를 처리하고 콜센터 운영을 혁신했다. 그는 LG전자의 업무 절차를 획기적으로 개선하고 고객만족도 제고에 기여한 공로로 LG그룹 기술경진대회에서 '슈퍼A' 대상을 수상하기도 했다. 2001년 캐나다로 이민을 떠난 그는 2006년 현지에 IT 유통회사를 설립했다. 이후 캐나다 사업을 정리하고 귀국해 IT 솔루션 전문기업 솔루게이트를 창업했다.

창업 배경
LG전자에서 정보전략 업무를 담당하던 민성태 대표는 2014년 솔루게이트라는 회사를 설립했다. 그 당시엔 생소한 인공지능(AI) 기술 활용 서비스센터 구축이 목표였다. 설립 초기에는 음성인식을 활용한 콜택시 서비스 등을 주로 진행했지만 이후 챗봇 사업 영역으로 확장했다. 2020년 6월 글로벌 이커머스 플랫폼 쇼피파이 셀러를 위한 물류 서비스 앱 '케이쉬핑' 서비스를 시작한 것을 계기로 크로스모더 이커머스 솔루션 사업을 강화하고 있다.

비전 및 목표
'말 한마디로 원하는 것을 다 누릴 수 있는 세상'. 음성 인식 기술업체 솔루게이트가 만들려는 세상이다. AI가 지원하는 대화형 서비스 자동화를 통해 고객 서비스 경험을 혁신하는 게 목표다. 모든 시장에서 음성 인식 기술을 활용해 통신 장벽을 극복하고 세상과 쉽게 연결되도록 하는 게 사명이다.

주요 제품 또는 서비스
챗봇 솔루션 '나비' AI 기반 대화형 서비스로 음성처리, 자연어처리, 지식처리 등 핵심 기술을 접목한 지능형 컨택센터를

통해 콜상담 서비스를 혁신하고 있다.

지식기반 성문인증 솔루션 본인의 목소리 등록과 나만의 목소리 비밀번호 등록을 통한 개인화 서비스로 인공지능 스피커 명령어를 제어할 수 있으며, 공공기관의 개인 인증도 성문인증으로 대체가 가능하다.

텍스트 분석 솔루션 자사의 음성인식, 챗봇, 고객사 DB 등 다양한 시스템에 적재된 텍스트 데이터를 수집하여 이를 분석하는 솔루션이다. 전체 데이터를 분석하여 키워드 분석, 연관어 분석, 요약 등의 기능을 제공한다.

역직구몰 통합 운영관리 서비스 '쉽게이트' 쉽게이트는 국내 중소 셀러들의 해외 진출 시 필요한 스토어 구축, 할인된 해외 특송 단가 제공, 글로벌 커머스 마켓플레이스 연동을 통한 통합 서비스를 제공하고 있다.

핵심기술

딥러닝을 이용한 한국어 개체명 인식 기술, 버추얼 상담 시스템 및 이를 이용한 상담 기술, 온톨로지를 이용한 문서의 주제어 및 관련어 측정 기술, 음성인식 신뢰도 판단 기술, 인공지능 기반의 가상상담 서비스 기술을 확보하고 있다.

한국어 개체명 인식 방법은, 입력된 문장에 대한 한글의 자소를 기반으로 각각의 형태소에 대응하는 품사 태그를 매칭해 단어 벡터 및 품사 태그 벡터를 생성하고, 벡터를 양방향 LSTM에 입력하여 생성된 단어 문맥 벡터 및 태그 문맥 벡터를 결합하여 훈련용 문맥 벡터를 생성하는 것이다.

버추얼 상담 시스템은, 이용자의 음성정보를 획득해 음성데이터의 타입을 판단하고 객체데이터를 생성해, 음성데이터 내용과 객체데이터를 결합해 텍스트데이터를 생성하는 기술에 기반한다.

향후 계획

챗봇, 음성인식, 텍스트 분석 등의 기술을 활용해 사용자의 발화에 담긴 의미와 감정까지 분석할 수 있는 대화 지원 솔루션을 개발할 계획이다. 또 해외 진출을 원하는 국내 중소기업을 위한 한국형 드랍쉬핑플랫폼을 곧 시작한다. 기존 해외 배송 플랫폼 쉽게이트와 물류 풀필먼트 플랫폼 스퀘어허브를 활용한 시스템 통합으로 전 세계 위탁판매 셀러들에게 양질의 한국 제품을 공급하고 판매 건에 대해 배송해 주는 서비스다.

투자 유치

시리즈 B 단계 투자 완료

60억원

(누적투자 금액 73억원 이상)

특허, 논문, 보고서 등 지식재산권 보유 현황

- 성문인식을 통한 인공지능 스피커 맞춤형 개인화 서비스 시스템(1020190039909/2019.4.5)
- 딥러닝을 이용한 한국어 개체명 인식 장치 및 방법(1020170165072/2017.12.4)
- 버추얼 상담 시스템 및 이를 이용한 상담방법 (1020210021108/2021.2.17)
- 음성인식 신뢰도 판단 시스템 (1020160057906/2016.5.12)
- 인공지능 기반의 가상상담 서비스 장치 및 방법(1020210019994/2021.2.15) 등 다수

수상 이력

- 2018년 신용보증기금 퍼스트펭귄형 창업기업 선정
- 2017년 기술혁신형중소기업 인증

인공지능 기반 재활용품 수거 기기 '순환자원 회수로봇'을 제공하는 기업

수퍼빈(주)

2021·2022 2년 연속 선정

대표자
김정빈

위치
대전 본사 : 대전광역시 유성구 문지로 193, 진리관 티329호(문지동, KAIST 문지캠퍼스)

수내 사무소 : 경기도 성남시 분당구 황새울로 216, 502-2호(수내동, 휴맥스빌리지)

설립 연도
2015년 6월

홈페이지
superbin.co.kr

문의
1600-6217

상장 여부
비상장

시장 진출한 해외 국가
해외 진출 준비 중

주요 사업 인공지능 기반 재활용품 수거 기기 제작

창업자의 경력

김정빈 수퍼빈 대표는 한림대 경제학과, 미국 오리건대에서 수학과를 졸업했다. 코넬대에서 경제학 박사과정을 수료했고, 하버드대 케네디스쿨에서 정치행정을 전공했다. 삼성화재에서 전략기획팀장으로 일하다가 삼정KPMG 전략컨설팅그룹 팀장으로 옮겼다.

이후 한국섬유기술연구소 전략기획본부장을 거쳐 철강업체 코스틸 부사장으로 영입됐다. 2013년엔 코스틸 대표이사 자리까지 올랐다. 2015년 코스틸 대표를 사임하고 수퍼빈을 창업했다.

창업 배경

김 대표는 굵직한 기업을 거쳐 안정적인 삶을 살았지만 자신의 딸을 포함한 청년 세대는 도전하는 자세로 살기를 바랐다. 청년들이 창업에 도전할 수 있는 환경을 만들고 싶어 처음엔 액셀러레이터를 하려고 했다. 하지만 주변에서 "김 대표는 창업해본 적이 없지 않으냐"고 했다. 그래서 직접 회사를 차리기로 결심했다. 사업을 한다면 사회문제를 해결하는 데 기여할 수 있는 분야에 도전하고 싶었다. 특히 환경 분야에 눈이 갔다.

생활폐기물 문제가 날로 심각해지고 있지만 국내의 경우 각 가정에서 나오는 분리수거 폐기물의 대부분은 재활용되지 못하고 있다. 이런 문제를 인공지능(AI) 등 기술로 해결하기 위해 수퍼빈을 설립했다.

비전 및 목표

수퍼빈의 목표는 순환 경제를 설계하는 회사다. 지금은 제품 생산 이후 소비를 거쳐 페트병 등이 재활용 회사로 가는 일직선 구조의 선형 경제구조다. 수퍼빈은 소비자와 기업이 생활폐기물을 직접 거래하는 플랫폼을 구축하고 있다. 생활폐기물이 물류 창고를 거쳐 재가공되는 순환구조의 경제를 실현하는 세계 최초의 기업이 되고자 한다.

주요 제품 또는 서비스
순환자원 회수로봇 인공지능 기반 재활용품 수거 기기.
수퍼모아 대면 순환자원 회수 서비스.
수퍼큐브 쓰레기 배출 현장에 출동해 순환자원 처리 서비스 제공.
수퍼루키 학생에게 올바른 재활용 인식을 심어주는 체험형 환경 교육.

핵심기술
수퍼빈은 비전 인식 AI 기반 이미지 센싱으로 폐기물의 재활용 가능 여부를 판별하는 기술을 보유했다. 순환자원 회수로봇 '네프론'이 캔과 페트병을 분류하고, 페트병의 라벨과 뚜껑 유무를 판별한다. 재활용이 불가능한 생활폐기물은 수거를 거부한다. 네프론에서 순환자원 이미지 데이터가 쌓여 AI가 더 정교화되는 구조다. 네프론의 AI는 쓰레기와 소재의 성분과 원료까지 분석한다. 네프론은 원격제어가 가능한데, 여기에 회사의 사물인터넷(IoT) 기술이 적용된다.

향후 계획
내년에 경기도 화성시에 완공하는 플레이크(Flake) 소재화 공장 '아이엠팩토리'를 시작으로 전국 대상 권역별 고품질 r-PET Flake 소재화 공장 구축 계획을 짜고 있다. 네프론과 순환자원 회수 차량을 활용한 IoT 기반 물류 거점 확보 및 시민참여 문화 플랫폼을 확장할 계획이다.

투자 유치

시리즈 B
누적 **232**억원

특허, 논문, 보고서 등 지식재산권 보유 현황
- 재활용 용기 분류 및 압축 장치 (1020190134698/2019.10.28)
- 재활용에 대한 보상을 제공하기 위한 방법, 시스템 및 비일시성의 컴퓨터 판독 가능한 기록매체 (1020190126750/2019.10.14)
- 폐기물 이송 장치(1020180078904/2018.07.06)
- 재활용품 수거 장치(1020180006097/2018.01.17)
- 인공신경망 분석에 근거한 복합적 물체 인식 시스템 및 방법(1020170065493/2017.05.26)

수상 이력
- 2021년 과학기술정보통신부 장관상 수상
- 2021년 대한민국 사회적경제 박람회 대통령 표창
- 2019년 SK텔레콤 사회 가치 추구 프로그램 '임팩트업스' 1기 선정
- 2017년 미래창조과학부(현 과학기술정보통신부) '미래성장동력 챌린지 데모데이' 최우수상 수상

빅데이터 분석에 필요한 데이터 전처리 서비스 제공

㈜슈퍼브에이아이

2021·2022 2년 연속 선정

대표자
김현수

위치
서울특별시 강남구 테헤란로4길 14 미림타워 13층

설립 연도
2018년 4월

홈페이지
superb-ai.com

문의
contact@superb-ai.com

상장 여부
비상장

시장 진출한 해외 국가
미국 본사, 일본 진출

주요 사업
응용소프트웨어 개발 및 공급

● 창업자의 경력

미국 듀크대에서 전자공학과 생명공학을 전공했다. 동 대학원에서 컴퓨터공학 박사과정을 밟다가 2016년부터 SK텔레콤에서 리서치 엔지니어로 일했다. 당시 일하던 조직은 SK텔레콤 인공지능(AI) 연구 조직 'T브레인'으로, 그때 함께 근무하던 임직원 4명과 2018년 슈퍼브에이아이를 창업했다. 김현수 대표는 1990년생으로, 회사를 세울 당시 나이는 29세였다. 2021년 5월 대통령 직속 4차산업혁명위원회 4기 민간위원에 최연소로 위촉됐다.

하는 데이터 처리 기법을 고민하고, 이를 논문으로 발표하기도 했다. 해당 문제를 지속적으로 고민하다가 회사를 설립하기에 이르렀다. 함께하는 동료 역시 창업의 계기가 됐다. 같은 조직에서 근무하던 연구원들은 AI 논문과 특허에 두각을 나타내는 인물들이었다.
아프리카에서 사업을 운영하고 매각한 인물도 있었다. 이들과 함께 AI 개발에서 연구에만 집중하는 것이 아닌, 데이터를 구축하고 가공하는 데 훨씬 더 많은 시간을 쓰는 불편한 구조를 타파하고자 의기투합했다.

●● 창업 배경

대학원 1년 과정이 지났을 무렵, 한국에서 '알파고 대전'이 벌어졌다. 그해 SK텔레콤의 선행 연구 조직으로 스카우트됐다. 인공지능(AI) 선행 연구를 하며 자율주행차, AI 스피커 등 다양한 연구를 진행했다. 분야별 기술을 개발하며 난관은 데이터에서 발생한다는 점을 주목했다. 사람의 노력을 최소화

●●● 비전 및 목표

AI 개발에서 데이터 준비 작업을 자동화하고, 구축 단계에서 발생하는 반복 작업의 속도를 줄여나가는 것을 목표로 내세운다. 지능형 기술 자동화를 통해 기업들이 응용 프로그램을 신속하게 구축하고 배포할 수 있도록 돕는 것이다. 장기적으론 머신러닝 개발 시 반드시 필요한 플랫폼, 머신러닝계

의 깃허브(GitHub)가 되겠다는 포부를 갖고 있다.

●●●●● 주요 제품 또는 서비스
인공지능 모델 고도화를 위한 엔드투엔드 DataOps 플랫폼 '스위트(Suite)' 데이터 중심의 머신러닝 개발 및 고도화에 필요한 데이터 준비·구축·운영·분석 과정을 한 번에 관리하고 생산성 및 효율성을 높여주는 솔루션.

●●●●● 핵심기술
스위트 플랫폼에는 데이터 준비·가공·구축에 필요한 자동화 기능이 구현돼 있다. 라벨링 작업을 자동화한 '오토라벨링', 개발자 없이도 맞춤형 라벨링 자동 인공지능을 생성해주는 '커스텀 오토라벨링' 기능이 대표적이다.
스위트의 오토라벨링 기능에는 AI 기반 데이터 검수 시스템, AI 및 매뉴얼 라벨링 기술도 녹아 있다. AI가 1차로 데이터 라벨링을 진행하고, 2차로 AI가 검수를 요청한 부분만 수정해 전체를 수동으로 작업할 때에 비해 10배 빠른 속도로 데이터를 처리할 수 있다. 라벨링 자동화는 90% 정도를 실현할 수 있다는 설명이다. 데이터 관리를 위한 DataOps로는 데이터 검색, 라벨링 작업 오류 탐지를 위한 mislabel detection과 동시에 데이터 유관성·일치성 분석을 위한 embedding store 등 신기술이 적용되었다. 그 외에 개인정보보호를 위한 데이터 관리, 작업 흐름 관리 등의 기술을 활용 중이다.

●●●●●● 향후 계획
슈퍼브에이아이는 향후 10년간 모든 산업 분야에서 머신러닝 도입이 필수적일 것으로 전망하고 있다. 미래 사업전략 역시 전 세계 누구나 쉽게 데이터를 구축하고, 인공지능(AI)을 개발할 수 있도록 진입장벽을 낮추는 데 초점을 맞추고 있다. 이를 위해 국내 사업을 지속 확장하고, 2020년 미국 실리콘밸리에 현지법인을 설립해 글로벌 고객사 확대도 도모하고 있다. 분야별 우수 인재를 채용하고, 기술 및 플랫폼 고도화도 이어간다는 계획이다.

투자 유치

시리즈 B

220억원

(누적투자 금액 360억원)

특허, 논문, 보고서 등 지식재산권 보유 현황

- METHODS FOR TRAINING AUTO-LABELING DEVICE AND PERFORMING AUTO-LABELING BY USING HYBRID CLASSIFICATION AND DEVICES USING THE SAME(US 16/984,783) 외 9건의 미국 특허 등록(2021)

수상 이력

- 2022년 과학기술정보통신부 주관 '과학·정보통신의 날 기념식' 정보 통신 발전 부문 대통령 표창
- 2021년 한국 35세 미만 최고 혁신가 (MIT Technology Review)
- 2021년 'Korea AI Startup 100' 최종 선정
- 2021년 대통령 직속 4차 산업혁명위원회 최연소 위원 선정(4차 산업혁명위원회)
- 2020년 한국지능정보사회진흥원 주관 '인공지능 학습용 데이터 구축 사업' 자유 공모 과제에 선정되어 지난해 말까지 '위성 영상 객체 판독 AI 데이터 구축 사업'을 수행
- 2020년 과학기술정보통신부 장관상 올해의 디지털 뉴딜 우수 기업
- 2020년 NIA 공로상 고품질 데이터 부문 수상

대화형 AI 기술 및 서비스 개발

㈜스켈터랩스

2021-2022 2년 연속 선정

대표자
조원규

위치
서울특별시 성동구 성수이로22길 60, 6·7층

설립 연도
2015년 11월

홈페이지
skelterlabs.com

문의
contact@skelterlabs.com / 02-2038-0112

상장 여부
비상장

시장 진출한 해외 국가
계획 중

주요 사업
응용소프트웨어 개발 및 공급업

창업자의 경력

조원규 스켈터랩스 대표는 한국 벤처 1세대로, 지난 20여 년간 다양한 기술 스타트업 창업을 성공시키며 국내 여러 인재들의 글로벌시장 진출 발판을 마련한 주역 중 한 명이다. 스켈터랩스 창업 이전에는 구글코리아의 R&D 총괄사장으로 구글의 다양한 기술 혁신 과제를 7년여간 리드한 바 있다. 조원규 대표는 서울대학교에서 컴퓨터공학을 전공(학사)하고, KAIST에서 인공지능 석사와 박사학위를 취득한 인공지능 분야 전문가다. 2015년 스켈터랩스를 창업해 인공지능 관련 연구와 솔루션 개발을 진두지휘하고 있다.

창업 배경

조 대표와 AI는 떼려야 뗄 수 없는 관계다. 서울대학교 컴퓨터공학과를 졸업하고, KAIST 석·박사과정에서 AI를 전공한 1세대 대표 개발자다. KAIST 졸업 이후 조 대표는 새롬기술을 창업했으며, 당시 최초로 인터넷 무료 전화 서비스이자 야후가 인수한 다이얼패드를 개발했다. 이후 실리콘밸리로 새로운 도전을 떠났던 그는 2007년 한국으로 돌아와 구글코리아에서 R&D 총괄사장으로 재직했다.

조 대표는 구글코리아에서 검색 연구개발(R&D)을 주도했다. 구글이 독자적 검색 연구개발을 허용한 곳은 미국 본사 외에 유럽 총괄 사무소 그리고 한국이 유일했다. 그는 이미 너무 거대한 규모의 프로젝트를 중심으로 사업화가 진행되던 구글에서 새로운 아이디어로 프로젝트를 제시하는 것이 쉽지 않음을 깨달았다. 조 대표는 이러한 상황에서 조직보다는 세상을 바꿀 수 있는 혁신적인 아이디어를 토대로 제대로 프로젝트를 실행할 수 있는 회사를 만들어보고자 구글코리아에서 나왔다.

비전 및 목표

'Next Generation Conversational AI'라는 비전을 갖고 있다.

스켈터랩스는 대화형 AI의 현재 기술력에 머물지 않고, 스스로 Next Generation Conversational AI를 정의하며 대화형 AI의 적용 분야를 지속적으로 확장하고, 실생활에 유용한 대화형 AI 서비스를 제공하는 것을 목표하고 있다.

주요 제품 또는 서비스
AIQ.TALK 자체 언어 모델을 기반으로 한 대화형 AI 솔루션(챗봇, 보이스봇, 음성인식, 음성 합성, 기계 독해).

핵심기술
스켈터랩스는 AIQ 시리즈로 대표되는 혁신적인 '대화형 AI' 솔루션을 제공하고 있다. 머신러닝을 사용해 텍스트 구조와 의미를 파악하는 자연어 이해 기술로, 정형화되지 않은 복잡한 문장에 대해서도 높은 정확도를 보장하는 음성인식 기술이다.

스켈터랩스가 개발한 대화 엔진도 눈에 띈다. 규칙 기반 의도 분류와 머신러닝 기반 의도 분류를 활용해 정밀도와 재현율을 구현하는 기술이다. 규칙 기반 의도 분류는 적은 샘플 문장만으로도 의도 규칙을 자동 생성하며, 머신러닝 기반 의도 분류는 규칙만으로 처리하기 어려운 문장 변이 패턴 모델링을 가능케 한다는 설명이다. 이를 활용해 대화형 에이전트(비서나 챗봇 등 자율적으로 정보를 처리하는 시스템) 설계자가 예측한 샘플 문장 수준을 넘어 사람들의 자연스럽고 변칙적인 대화 의도를 파악할 수 있다.

향후 계획
자사의 고도화된 대화형 AI 기술을 접목한 자체 서비스를 선보일 계획이다. 현재 AI 기술을 더욱 고도화하는 한편, 자사의 대화형 AI 기술을 집약한 자체 서비스 개발에 집중하고 있다. 국내와 글로벌 시장을 타깃으로 제품 출시를 목표하고 있다.

투자 유치

시리즈 B 브리지 완료
397억원

특허, 논문, 보고서 등 지식재산권 보유 현황

- 블랙보드 기반의 사용자 모델링을 위한 방법, 장치 및 컴퓨터 판독 가능 저장 매체 (1020190115227/2019.09.19)
- 결함 검사 장치, 시스템, 방법 및 컴퓨터 판독 가능 저장 매체(1020180051972 /2018.05.04)
- 리시버 스테이트를 이용한 챗봇 대화 관리 장치, 방법 및 컴퓨터 판독 가능 저장 매체 (1020180003274/2018.01.10)
- 인공지능을 활용한 여행지 및 항공권 추천 시스템(1020170013643 /2017.01.31)
- 차량을 통한 상품 결제 시스템 (1020170106677/2017.08.23)
- 독립체 중심의 기록 애플리케이션을 이용한 추천 방법(1020170013646/2017.01.31)

AI 기술을 적용한 모바일 패션 플랫폼

스타일봇

2022 선정

대표자
김소현

위치
서울특별시 성동구 성수일로 99, 902호

설립 연도
2019년 1월

홈페이지
stylebot.co.kr

문의
contact@stylebot.co.kr / 02-467-3515

상장 여부
비상장

시장 진출한 해외 국가
-

주요 사업
전자상거래 소매업

창업자의 경력
20여 년의 패션 디자이너 경력을 보유한 인물이다. 언론 보도에 따르면 '시슬리', '96뉴욕', '라인', '잇미샤', '주크' 등 잘 나가는 영캐릭터 브랜드 실장을 역임했다. 2019년 대학원에서 디자인 경영을 공부한 후 패션 테크 사업에 도전했다.

창업 배경
사람들이 TPO에 맞춰 어떤 옷을 입어야 할지, 옷장의 옷은 넘쳐나지만 어떤 옷을 입을지 늘 고민이라는 점에 착안했다. 나의 취향을 잘 아는 스타일리스트가 있었으면 하는 바람은 누구나 한 번쯤 생각해봤을 문제였다. AI 스타일리스트 '스타일봇'은 그렇게 시작됐다. 패션 산업도 제조 중심에서 IT 서비스 중심으로 산업이 발달할 것이라고 생각했고, 자연스럽게 패션 테크 부문으로 창업을 결심했다. IT 기술에 대한 전문 지식이 없었기 때문에 해외 서비스에 대한 수집과 연구를 반복했다.

비전 및 목표
패션에 대한 고민이 있을 때 가장 먼저 떠올리는 서비스로 스타일봇이 자리잡는 게 목표다.

주요 제품 또는 서비스
스타일봇 AI 스타일리스트 패션 앱. 본인의 옷장 속에 채워진 수많은 의류를 표준화된 방식으로 촬영해 이미지 인식 기술로 자동 분류해서 아이템, 컬라별로 저장한 후, 인공지능 딥러닝 프로세스를 활용해 자신의 의류를 활용한 최적의 코디 세트를 구성해 제안, 쇼핑과 연계하는 모바일 앱 기반 서비스를 제공한다.
사용자가 본인의 옷을 촬영하기만 하면 AI 프로세스를 통해 자동으로 아이템별로 분류해 디지털 옷장에 저장하고 사용자의 패션 선호 취향을 세분화된 기준으로 분류해 취향에 맞는 패션 코디를 자신만의 아바타에 가상착용 형태로 추천해준다. 저장된 내 옷뿐만 아니라 판매 중인 상품도 함께 추천받거나 코디해볼 수 있어서 온라인 가상 공간에서 무한한 편집매장 피팅룸을 경험할 수 있다.

이런 기술력과 서비스 차별성을 바탕으로 스타일봇은 지난 5월, 국내 최고 패션기업인 한섬의 더한섬닷컴 서비스에 개인별 가상착용 서비스 공급계약을 체결했고, 7월에는 국내 쇼핑 플랫폼 사업자인 카페24와 제휴해 패션 온라인 쇼핑 사업자를 위한 가상 착용 서비스를 개시하기로 협약하는 등 B2B 사업분야에서도 성과를 내고 있다.

핵심기술

취향 중심, 사용자 선택 의류 기반 의류 추천 사용자 단말로부터 수신된 사용자의 보유 의류 기반의 의류 추천 요청의 속성을 분석한다. 의류 추천 정보 제공 알고리즘은 사용자의 상황도 고려한다. 이용자의 보유 의류 중에서 적어도 어느 하나의 의류를 포함하는 의류 추천 정보도 생성한다.

사용자별 취향 분석 사용자 가입 후 최초 로그인하면 사용자별 패션 취향을 직관적이며 간편하게 분석하여 취향 그룹으로 분류한다.

내 옷 등록 스마트폰으로 자신의 옷을 촬영하면 인공지능(AI) 이미지처리 기술을 활용해 의류 이미지 영역만을 인식하여 자동으로 아이템을 분류하여 가상 옷장에 자동 저장한다.

최적 코디 추천 패션 전문가들이 구축·자동수집 검수한 추천코디 데이터셋과 사용자가 저장한 내옷과 취향정보를 바탕으로 사용자별 최적의 코디를 자동으로 구성해 추천.

가상 착용 제공 사용자가 지정한 아바타에 추천된 의류 이미지들을 자동으로 자연스럽게 입힌 이미지를 생성한다. 사용자가 직접 입지 않아도 코디를 확인할 수 있다.

쇼핑 기능 연계 다양한 추천 코디의 구성 아이템을 하나하나 확인할 수 있으며, 아이템 상세정보 선택 시 해당 상품을 구매할 수 있는 쇼핑 페이지로 이동해 온라인 구매도 가능하다.

향후 계획

온라인 쇼핑몰 사업자들을 위한 맞춤형 가상 피팅 서비스의 B2B 구축형 비즈니스를 조기에 정착시키고, 메타버스 구현 기술까지 확장해 나갈 계획이다. B2C 서비스 고도화를 위해서는 입점 브랜드 제휴사 수를 확대할 예정이다.

투자 유치

프리 A
10억원 이상

특허, 논문, 보고서 등 지식재산권 보유 현황

- 취향중심 또는 상황중심으로 의류 추천 정보를 제공하는 방법, 이를 이용하는 서버 및 프로그램 (1020200028821/2020.03.09)
- 사용자 선택 의류를 기반으로 의류 추천 정보를 제공하는 방법, 이를 이용하는 서버 및 프로그램 (1020210113417/ 2021.08.26)
- 보유 의류와 미 보유 의류를 구분하여 의류 관리 정보를 제공하는 방법, 이를 이용하는 서버 및 프로그램(1020200153051/2020.11.16)
- 아바타 기반의 의류 매칭 정보를 제공하는 방법, 이를 이용하는 서버 및 프로그램 (1020200150305/2020.11.11)

수상 이력

- 2020년 창업진흥원장상 수상

인공지능 기반 약물 개발 소프트웨어 '스탠다임'을 제공하는 바이오기업

㈜스탠다임

2021·2022
2년 연속 선정

대표자
김진한

위치
서울특별시 강남구 논현로85길 70, 3층(역삼동, 역삼823빌딩)

설립 연도
2015년 5월

홈페이지
standigm.com/main

문의
contact@standigm.com / 02-501-8118

상장 여부
비상장

시장 진출한 해외 국가
-

주요 사업
인공지능 기반 약물 개발 소프트웨어 개발

● 창업자의 경력

김진한 스탠다임 대표는 2001년 서울대 응용생물화학부를 졸업했다. 2008년 서울대에서 전기컴퓨터공학 석사학위를, 2012년 영국 에든버러대에서 인공지능 박사학위를 취득했다. 2012~2015년 근무한 삼성전자 종합기술원에서 DNA 손상을 컴퓨터 알고리즘적으로 접근해 복구하는 연구를 하다 회사 사정으로 연구가 중단됐는데, 이를 계속 발전시켜보고 싶다는 생각에 당시 함께 일하던 송상옥·윤소정 스탠다임 이사와 함께 2015년 창업했다.

●● 창업 배경

하나의 신약이 탄생하기 위해서는 오랜 기간(약 15년)과 많은 비용(약 3조원)이 소요되지만, 신약 개발 시도 중 90% 이상이 개발 과정에서 실패하는 낮은 생산성 문제에 직면해 있다는 점에 주목했다. 신약 후보 물질 발굴 단계에 AI를 활용했을 때 가장 높은 투자 대비 효과를 이끌어낼 수 있다고 판단해 이를 중점으로 하는 스타트업을 설립했다.

●●● 비전 및 목표

AI를 통한 신약 개발을 제약업계의 새로운 표준으로 만든다는 게 스탠다임의 비전이다.

상업화가 가능한 후보 물질을 지속적으로 창출한다는 게 목표다. 이 목표에는 세 가지 핵심적인 사업화 전략이 담겨 있다는 게 스탠다임 측의 설명이다. 먼저 AI 플랫폼 기술을 기반으로 신약 후보 물질 탐색 단계에 역량을 집중하고, 그 이후 단계는 제약회사와 협업을 통해 완성한다. 중점 기술 제품은 주요 후보 물질로서 부가가치를 높인다. AI 기술 체계를 기반으로 다양한 타깃과 적응증을 대상으로 하는 후보 물질을 개발하고, 준비된 다수의 후보 물질로 제약회사와 협업하거나 기술이전을 해 수익을 실현한다.

주요 제품 또는 서비스
스탠다임 인공지능 기반 약물 개발 소프트웨어.

핵심기술
시험관 실험과 생체 실험 등에서 오랜 기간 쌓인 데이터를 기반으로 무수히 많은 컴퓨터 시뮬레이션을 수행한 뒤 AI로 데이터를 분석해 가장 적합한 신약 후보 물질을 설계하는 플랫폼 기술을 갖고 있다. 논문이 학계에 발표될 때마다 AI가 자연어를 직접 읽고 해석해 데이터에 추가하는 확장 기능도 갖췄다. 스탠다임의 AI는 시간당 400~600개 논문을 읽고 유의미한 데이터를 추출할 수 있어 최신 정보를 기반으로 신약 후보 물질을 설계할 수 있다.

스탠다임 ASK 플랫폼은 신규 타깃과 작용기전을 예측하는 플랫폼이다. 방대한 생물학적 지식 정보와 질병 특이적 오믹스 데이터를 네트워크로 연결하고, 딥러닝 알고리즘을 통해 특정 질병과 타깃 사이의 관련성을 점수화한다. 해당 질병에 적용 가능한 새로운 타깃의 우선순위를 해석 가능한 경로와 함께 제공한다. BEST 플랫폼은 ASK가 찾아낸 신규 물질에 대해 특허화가 가능한 새 약물 구조를 제시한다. 이미 존재하는 약물의 유효성이나 안전성 등을 종합해 점수를 매기기도 한다. 기존 약물과 새로 설계한 약물을 비교해 '베스트 인 클래스'를 신규 발굴할 수도 있다. INSIGHT 플랫폼은 약물이 치료 효과를 발휘할 수 있는 새로운 적응증을 도출한다. 이들 플랫폼은 서로 연동·통합해 운영할 수 있다.

이를 통해 통상 수년간 소요되는 신약 후보 물질 탐색 과정을 7개월 안에 도출할 수 있는 기술 체계를 마련했다.

향후 계획
연내 미국과 영국 등에 연락 사무소를 설립해 글로벌 사업을 확장한다. 2022년에는 스탠다임의 AI 기술로 발굴한 비알코올성 지방간염 약물 임상을 개시한다.

2023년에는 코스닥시장 기업공개(IPO)를 하는 게 목표다. 프리 IPO를 통해 유치한 자금과 공모 자금을 더하면 향후 5년간은 해외 기업과 대등하게 싸워볼 수 있다는 것이 스탠다임 측의 설명이다.

투자 유치

프리 IPO
338억원

특허, 논문, 보고서 등 지식재산권 보유 현황

- 문서 데이터에서 질병 관련 인자들 간의 관계를 추출하는 방법 및 이를 이용하여 구축되는 시스템(1020200176766/2020.12.16)
- 질의되는 개체와 관련되는 질병, 유전자 또는 단백질을 예측하는 방법 및 이를 이용하여 구축되는 예측 시스템 (1020200182375/2020.12.23)
- 병렬연산을 통한 단백질-리간드 상호 작용 분석 방법 및 장치(1020200046176/2020.04.16)

수상 이력

- 2020·2021년 과학기술정보통신부-한국정보화진흥원 AI 분야 DNA 혁신기업
- 2016년 AstraZeneca-Sanger Drug Combination Prediction Dream Challenge 3위

자율주행용 딥러닝 기반 카메라 인식 소프트웨어 개발업체

스트라드비젼

2021·2022 2년 연속 선정

대표자
김준환

위치
경북 포항시 남구 지곡로 394 포항테크노파크 제5벤처동

설립 연도
2014년 9월

홈페이지
stradvision.com

문의
contact@stradvision.com / 054-221-4878

상장 여부
비상장

시장 진출한 해외 국가
미국, 독일, 중국, 일본 등

주요 사업
첨단 운전자 보조 시스템(ADAS)

● 창업자의 경력
김준환 스트라드비젼 대표는 2003년 미국 코넬대에서 컴퓨터과학 박사학위를 취득한 후 오랜 기간 국내 컴퓨터비전 분야에 종사해왔으며, 2012년 인텔에 인수된 올라웍스, 현재 스트라드비젼을 포함해 두 차례 스타트업 경영을 맡아 성공적으로 이끈 경험을 가지고 있다. 스트라드비젼은 2014년 설립되어 현재 총 300여 명의 직원이 근무 중이며, 활발한 글로벌 사업 전개를 위해 주요 시장인 미국, 독일, 일본, 중국에 현지법인을 두고 있다.

●● 창업 배경
2014년 AI 기반의 컴퓨터비전, 이미지 프로세싱 분야의 전문가들이 모여 스트라드비젼을 설립했다. 창업 당시 스트라드비젼은 AI 기반의 객체 인식 분야를 개척해나가는 기업 중 하나였다. 자동차용 저가·저성능의 반도체에서 딥러닝 기반의 객체 인식을 구현하는 탁월한 기술력과 효율성을 바탕으로 다양한 글로벌 완성차 프로젝트를 수주했다. 또 현대자동차·현대모비스·LG전자 등 국내 대기업은 물론, 글로벌 자동차 1차 협력사인 일본 아이신세이키 그룹의 VC 투자를 유치하는 등 가능성을 인정받았다.

●●● 비전 및 목표
모든 것을 빈틈없이 정확하게 인식하는 Perception 기술을 바탕으로 세상의 올바른 의미를 해석할 수 있는 맥락을 제공하고, 글로벌 Vision AI 기술 기업으로써 모두의 이동경험을 확장하여 더 나은 삶을 만드는 데 기여하는 것이 목표다.

●●●● 주요 제품 또는 서비스
스트라드비젼의 'SVNet'은 차량에 탑재된 카메라로 들어오는 영상을 AI 기술로 분석해 주변의 다른 차량이나 보행자, 차선, 신호등 같은 것을 인식해내는 소프트웨어다. 쉽게 말

하자면 사람의 시신경 같은 것이라고 볼 수 있다. 첨단 운전자 보조 시스템(ADAS) 및 자율주행 기능을 사용하기 위해서는 고가의 칩셋이 필요하지만, SVNet은 더 낮은 성능의 저가 칩셋에서도 딥러닝 기반의 탁월한 객체 인식 기능을 제공하는 고효율 소프트웨어다. 14개 이상의 다양한 플랫폼에 탑재 가능하며, 30개 이상의 다양한 기능을 제공한다. 고객의 요청에 따라 커스터마이즈가 가능한 것 또한 강점이다.

●●●●● 핵심기술

스트라드비젼이 개발하는 객체 인식 소프트웨어는 대단히 전문화된 영역의 제품이다. 전 세계적으로도 이 분야의 기술과 양산 경험을 갖춘 기업은 소수에 불과하다. 특히 AI 기반의 객체 인식 소프트웨어를 낮은 성능의 반도체에서 구현하는 기술은 스트라드비젼이 글로벌시장에서 갖추고 있는 가장 큰 경쟁력이라 할 수 있다. 스트라드비젼은 현재 레벨 2 수준의 첨단 운전자 보조 시스템(ADAS)은 물론, 완전한 자율주행의 영역인 레벨 4까지 구현할 수 있는 기술력을 가지고 있다.

●●●●●● 향후 계획

2026년까지 글로벌 10대 완성차 브랜드의 메이저급 모델에 자사의 프로그램을 탑재하는 것을 목표로 한다. 자율주행 객체 인식 분야의 글로벌 선도기업으로서 연 3000억원 이상의 매출을 올리는 기업으로 성장하고자 한다.

투자 유치

프리 A~시리즈 C 누적

1558억원

특허, 논문, 보고서 등 지식재산권 보유 현황

전 세계 특허 471건을 획득하고, 469건을 출원 중이다. 그중 미국 특허가 167건으로 가장 비중이 높다.

수상 이력

- 2021-2022 유럽 AutoSens Award 객체인식 소프트웨어 부문 최고상 2년 연속 수상
- 2021년 코리아 AI 스타트업 100 선정
- 2021년 AI Korea 대상-기술혁신 분야, 지능정보산업협회 협회장상 수상
- 2020년 중소벤처기업부 빅3 신산업 최우수기업 및 장관상
- 2020년 미국 Top Transportation Solution Provider 2020 10대 기업 선정
- 2019년 2020 AVT ACES 어워드 자율주행 혁신 부문 수상

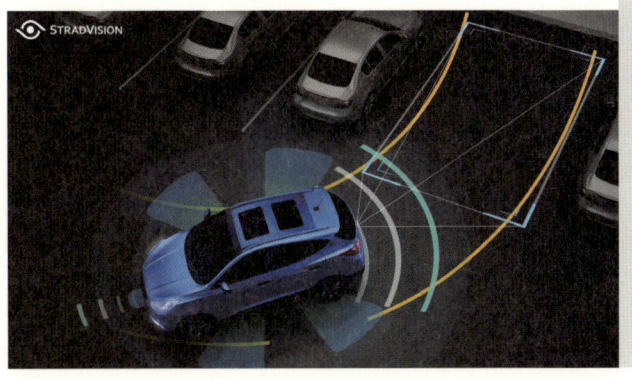

종합 자율주행 기술 개발 업체

스프링클라우드

2022 선정

대표자
송영기

위치
대구광역시 수성구 알파시티1로 160, 307호

설립 연도
2017년 7월

홈페이지
aspringcloud.com

문의
ygsong@aspringcloud.com / 031-778-8328

상장 여부
비상장

시장 진출한 해외 국가
프랑스 등

주요 사업
자율주행 모빌리티 플랫폼 개발

창업자의 경력
송영기 대표는 경상대를 졸업하고 1998년부터 현대정보기술에서 바이오메트릭 시스템을 관리하는 일을 했다. 이후 2007년부터는 자동차용 카메라 기반 첨단운전자보조시스템(ADAS) 제품을 파는 이미지넥스트를 설립했다. 이미지넥스트 시절 자동차 주변 감시 시스템과 자율주행, AI 네트워크에 대한 경험을 쌓았다. 2007년에는 연세대에서 바이오메트릭 식별 및 비디오 분석용 기술 연구교수로 근무했다.

창업 배경
송 대표는 배기가스로 인한 환경오염, 교통 약자에 대한 배려 부족, 대중교통 소외지역에서 발생하는 문제를 자율주행 셔틀과 배송 서비스를 통해 풀어내고자 업체를 창업했다. 창업 초기엔 실제로 자율주행 버스 사업에 주력했다. 최근엔 자율주행 업계 최초 이동 거리기반 요금 부과 서비스 '타시오M'을 발표하는 등 영역을 늘리고 있다.

비전 및 목표
자율주행이 운전자 개입이 없는 4단계 이상으로 나아가기 위해선 데이터가 가장 중요하다는 것이 송 대표 분석이다. 자율주행차가 지도에 따른 움직임, 보행자의 안전이나 예기치 못한 제약을 AI로 학습하고 진화할 수 있도록 풍부한 데이터를 모으고 서비스를 점검할 수 있는 밑거름을 만드는 것이 목표다.

주요 제품 또는 서비스
주요 서비스로는 자율주행 셔틀과 자율주행 배송이 있다. 특히 자율주행 배송은 공장 내 지점을 연결하거나 물류센터 간 업무 효율성을 높이는 데 주력하고 있다. 로봇택시와 자율주행 비용 계산 서비스 타시오M 서비스도 운영한다. 서비스들은 자체 개발한 자율주행 데이터 플랫폼들에 기반한다.

데이터아이 자율주행 데이터를 수집하고 AI 학습 데이터셋을 생성하는 서비스다. 고속도로, 터널, 주거단지 및 공항 등 지역 정보와 날씨 정보, 주행 지역 정보 등을 모은다.

브이플랜·스템 데이터아이가 모은 데이터를 바탕으로 시나리오 및 가상화 데이터를 생성해 성능을 검증하는 체계다. 이동식 지도 제작 시스템인 모바일 매핑 시스템(MMS)을 통해 도로, 표지판 등 기본정보뿐 아니라 차선 경계면, 도로 경계면 등 정밀 데이터베이스(DB)를 구축하는 일도 하고 있다. 자율주행 AI 솔루션으론 개방형 AI 기반의 '오페라 SW', 자율주행 통합 모니터링 플랫폼 '스프링고 S' 등이 있다.

핵심기술

자율주행 기술을 개발하는 데에는 자율주행의 데이터를 축적하는 것이 필수적이다. 스프링클라우드는 주행 영상을 수집하고 가공하여 빅데이터 기반의 인공지능 플랫폼으로 학습데이터를 생성하는 데 주요 기능이 맞춰져 있다. 자동화된 시나리오 및 가상화 데이터를 통해 자율주행 데이터의 성능을 검증하고 표준화한다. 특히 센서의 종류를 바꾸거나 다른 업체의 센서로 교체한다고 해도 동작에 이상이 없는 자율주행 시스템을 제시한다. 관련 내용은 특허로도 소지하고 있다. 자체 개발한 시스템의 데이터 획득 소프트웨어 모듈부는 센서와 일대일로 연결되고 상호 격리된 하나 이상의 컨테이너를 포함하되, 수집된 데이터를 미리 정의된 메시지 구조에 맞게 출력하는 역할을 한다. 인지와 판단, 제어 모듈은 자율주행 애플리케이션 모듈부 사이에 설치하고, 데이터가 필요한 모듈부에 전달될 수 있게 분배하는 게이트웨이부를 포함한 자율주행 시스템이 핵심이다.

향후 계획

지난 7월 자율주행 로봇셔틀 '민트B' 개발을 완료했다. 대창모터스·카네비컴·충북대학교와 협력해 지난 1년 동안 매진한 성과다. 스프링클라우드는 자율주행 SW와 서비스 플랫폼을, 대창모터스는 차량 설계 제작을 담당했다. 카네비컴은 자율주행센서를, 충북대는 평가 시스템 개발을 맡았다. 스프링클라우드는 이를 기반으로 여수 자율주행 테마파크 '멀티버스플래닛' 등에 민트B를 접목해 서비스 구현에 나선다는 계획이다. 이달에는 로봇 스타트업 엑스와이지와 F&B 자동화 서비스 제공을 위한 업무협약(MOU)을 맺기도 했다. 멀티버스플래닛에서 로봇카페 '라운지엑스 익스프레스'를 통해 실내외 배송 로봇 서비스를 개발한다는 구상이다.

투자 유치

시리즈 A 라운드

290억원 이상

특허, 논문, 보고서 등 지식재산권 보유 현황

- 자율주행 위치 데이터의 축약화를 기반한 시각화 장치 및 방법(1020210126041/2021.09.24)
- 자율 주행 차량에서의 장애물 회피 경로 생성 장치 및 방법(1020180127326/2018.10.24)
- 자율 주행 차량의 거리 측정 장치 (1020180125798/2018.10.22)
- 다중 테스트 환경 기반 자율주행셔틀의 통합주행성능에 대한 정량적 평가 장치 및 방법 (1020210086791/2021.07.02)
- 자율주행 차량용 통합 센서 장치 (1020190016688/2019.02.13)
- 자율주행시스템(1020190143228/2019.11.11)
- 센서 데이터 전송 장치 및 방법 (1020190146589/2019.11.15)
- 센서 데이터 시각화 장치 및 방법 (1020190018082/2019.02.15)
- 패턴인식을 이용한 보행자 방향 추정 장치 및 방법 (1014729600000/2014.12.09)
- 능동형 신체 재활을 위한 로봇 동작 제어 시스템 및 제어 방법(1020120000102/2012.01.02)

수상 이력

- 2022년 머니투데이 주관 제8회 대한민국 산업대상 'AI 자율주행 모빌리티 플랫폼' 부문 '디지털뉴딜혁신대상' 수상
- 2021년 중소벤처기업부 주관 '제22회 중소기업 기술혁신대전(ITS2021)' 기술혁신 유공자 국무총리 표창 수상
- 2020년 뉴스핌 주관 '제2회 대한민국 중소기업·스타트업 대상' / 혁신 중소기업부문·스타트업부문 대상

증강현실(AR) 서비스 및 개발 도구를 공급하는 회사

㈜시어스랩

2021-2022 2년 연속 선정

ⓒ 최재훈

대표자
정진욱

위치
서울특별시 서초구 강남대로 315
파이낸셜뉴스빌딩 2층

설립 연도
2014년 5월

홈페이지
seerslab.com

문의
support@seerslab.com

상장 여부
비상장

시장 진출한 해외 기업
이베이, 페이스북, 인스타그램 등 글로벌 고객사 확보

주요 사업
AI 기반 동영상 전문 앱 제공

● 창업자의 경력
정진욱 시어스랩 대표는 창업 이전 삼성전자와 SK텔레콤에서 근무했다. 삼성전자에서는 반도체 분야 기술 마케터로 일했다. 마이크로소프트(MS), 애플, 소니 등 글로벌 기업이 미래 디바이스에 탑재할 중앙처리장치(CPU)를 마케팅하는 업무를 담당했다. SK텔레콤에선 회사의 미래 신규 사업을 준비하는 일을 맡았다. 모바일과 TV가 결합하는 모바일 컨버전스 사업 등을 기획했다.

●● 창업 배경
대기업에서 약 15년간 근무하면서 '내가 하고 싶은 사업을 하고 싶다'는 갈증이 생겼다. 증강현실(AR) 기반 셀프 카메라 서비스를 사업 분야로 삼은 이유는 2014년 당시 쇼트폼 미디어가 폭발적으로 성장하는 것을 보고 관련 수요가 증가할 것으로 판단했기 때문이다.

●●● 비전 및 목표
시어스랩은 '천리안을 가진 사람'이라는 뜻의 시어스(Seers)와 연구소라는 영어 단어인 랩(Lab)을 합친 말이다. 즉 천리안을 가진 사람들이 모인 실험실이다. 기업명에 걸맞게 미래 트렌드를 내다보고 다양하고 즐거운 시도를 통해 소비자들에게 유용한 가치를 제공하는 게 목표다. AR은 소프트웨어(SW)와 센서, 디바이스 등 하드웨어 기술이 융합돼야 하는 만큼 다양한 기업과 협업을 늘려나갈 계획이다. 또 시어스랩의 AR 제작 도구인 AR 기어를 확장해 전 세계 개발자들이 특정 기능이나 기기에 제약받지 않고 기술을 개발할 수 있는 범용적인 'AR 플랫폼'으로 발전시키려 한다.

●●●● 주요 제품 또는 서비스
롤리캠 셀프 카메라 동영상 앱.
AR 기어 AR 서비스형 소프트웨어(SaaS).
팬박스 글로벌 온라인 콘서트 플랫폼.

핵심기술

얼굴 영상 처리와 관련한 AR 기술, 비전 인공지능(AI) 기술을 여럿 보유하고 있다. 실시간으로 사용자의 얼굴을 미화시키는 자동 보정 기술, 사용자의 얼굴과 배경을 실시간으로 분리하고 배경을 교체하는 기술 등이다. 사용자 얼굴에 2·3차원(2D·3D) 애니메이션 스티커 등을 적용하는 기술과 얼굴 표정에 따라 움직이는 3D 마스크 기술도 있다. 2D 이미지로 3D 아바타 얼굴을 생성하는 기술도 보유하고 있다.

AR을 통한 가상 피팅 기술도 갖고 있다. 세부적으로는 몸체 영역 실시간 탐지, 몸동작 트래킹 등의 기술이 있다. 회사는 AR 원천기술을 AR 소프트웨어(SW) 개발 도구 형태로 만들어 전 세계 개발자에게 제공하고 있다. 세계적으로 1억7000만 개 이상의 애플리케이션에 AR 기어가 사용됐다. 국내에서도 SK텔레콤, KT, LG유플러스 등 통신 3사와 삼성전자, LG전자 등에 AR 및 비전 AI 기술을 제공하고 있다.

향후 계획

메타버스 산업이 세계적으로 큰 각광을 받고 있다. 메타버스는 그간 2차원이었던 웹 공간을 3차원의 디지털 공간으로 진화시키는 것이다. 시어스랩은 2차원의 웹 정보를 3차원의 공간 웹으로 실시간 전달하는 기술을 갖고 있다는 점에서 메타버스 시대 경쟁력을 갖췄다. 처음 컴퓨터가 등장했을 때 마이크로소프트(MS), 어도비 등 기업이 컴퓨터의 필수 도구를 제공한 것처럼 메타버스 시대에 꼭 필요한 도구와 플랫폼을 제공하는 회사가 되는 게 시어스랩의 목표다.

투자 유치

시리즈 A

28억원

특허, 논문, 보고서 등 지식재산권 보유 현황

- 전자상거래에서 상품의 가상 체험을 지원하기 위한 3D 모델의 사용을 허여하는 방법 및 장치 오픈마켓 서버에서 상품과 3D 모델을 연관시켜 웹페이지에 등록하는 방법 및 상기 방법을 사용하는 장치 (1020200004497/2020.01.13)
- 2차원 이미지로부터 3차원 아바타를 생성하는 방법, 장치 및 시스템 (1020190078712/2019.07.01)
- 라이브 스트리밍 영상 생성 방법 및 장치, 라이브 서비스 제공 방법 및 장치, 라이브 스트리밍 시스템(1020190111500/2019.09.09)
- 사용자 저작 스티커를 생성하는 방법 및 장치, 사용자 저작 스티커 공유 시스템 (102018 0114092/2018.09.21)
- 카메라 애플리케이션과 연관된 이벤트 실행 방법 및 장치, 카메라 애플리케이션과 연관된 이벤트 제공 방법 및 장치(1020180095382/ 2018.08.16)
- 라이브 스트리밍 영상 생성 방법 및 장치, 라이브 서비스 제공 방법 및 장치, 라이브 스트리밍 시스템(10-2018-0015578/2018.02.08)

수상 이력

- 2020년 KT 파트너 어워드
- 2016년 미국 실리콘밸리 액셀러레이터인 와이콤비네이터 선발
- 2015년 미래창조과학부(현 과학기술정보통신부) K-글로벌 300 선정

K푸드 확산시킬 주방 로봇 개발

신스타프리젠츠

 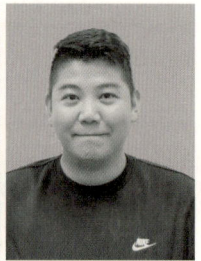

대표자
신기철(좌), 신종명(우)

위치
서울특별시 영등포구 양산로 91 리드원지식산업센터

설립 연도
2019년 11월

홈페이지
shinstarr.com

문의
ir@shinstarr.com / 02-336-5982

상장 여부
비상장

시장 진출한 해외 국가
미국, 싱가포르(2023년)

주요 사업
무인 자동 조리 트럭 개발, 한식 기반 푸드테크 사업

창업자의 경력

신기철 신스타프리젠츠 공동대표는 한양대 사회학과를 졸업했다. 외식 프랜차이즈 기업 육칠팔 해외사업을 총괄했다. 신 대표는 육칠팔에서 해외 프랜차이즈 부문을 총괄하면서 한국 음식 문화에 대한 높은 관심과 수요를 피부로 확인했다고 한다.

그는 한 언론 인터뷰에서 "한식은 '손맛'과 '정성'이 중요해 프랜차이즈 매장별로 일정한 맛을 유지하기 어려웠고, 다른 국가 레스토랑보다 인건비가 평균 1.5배 높은 구조적인 단점이 있었다"고 말했다. 신 대표는 지오스 에어로젤, 비티비엘 등 제조회사에서 글로벌 사업 개발을 담당하기도 했다. 신종명 공동대표는 12년간 글로벌테크산업에 전문투자하는 펀드매니저로 근무했다.

창업 배경

신기철·신종명 신스타프리젠츠 공동대표는 한식 주방의 자동화 키친을 만들고, 일관된 맛으로 한식을 전 세계에 알리겠다는 목표로 회사를 세웠다. 2020년 8월 서울 압구정동에 자동화 키친을 적용한 '공돌이키친'을 처음 오픈했고, 시험 검증에 성공했다. 키친 자동화 기술을 고도화해 한국을 넘어 북미와 싱가포르 등 해외시장에서 입지를 확장한다는 계획이다.

비전 및 목표

신스타프리젠츠의 비전은 한식의 자동화 솔루션을 넘어 '무인자동화키친 배달트럭(Cook-en-Route)'을 세상에 선보이는 것이다. 배달을 위한 이동 중 동시에 무인조리를 하는 솔루션으로 배달산업의 구조적인 문제(배달 시간 및 비용 증가 & 배달음식 품질 저하) 해결을 넘어 새로운 방향성(배달 도착 시간이 곧 음식 완성 시간)을 제시하고 있다.

이 같은 기술에 한식을 더해 갓 조리한 한식을 전 세계에서 누구나 빠르고 합리적인 가격에 제공하는 것이 목표이다.

주요 제품 또는 서비스
Automated Mobile Kitchen Delivery Truck (Cook-en-Route) 무인 자동화 키친 트럭(쿡앤루트)
AutoWok 자동 볶음 조리 장치
AutoFryer 자동 튀김 조리 장치
공돌이부엌 자동화 키친 기반 모던 한식 레스토랑
OLSHO 자동화 키친 기반 Korean BBQ Restaurant in USA

핵심기술
신스타프리젠츠는 자동화 조리기기 및 무인자동화 키친시스템을 자체 기술로 개발했다. 자동화 조리기기로는 '조리-서빙-세척'을 자동으로 수행하는 AutoWok에 이어, 이동 중 동시에 튀기고 자동으로 정제기능을 갖춘 "기름 한방울 세지 않는" AutoFryer가 있다. 또한 이 기술들을 활용해 배달 장소로 이동하면서 동시에 음식을 조리하는 무인자동화 키친시스템인 '쿡 엔 루트'를 선보였다. 전용 모바일 앱으로 연동되어 간편하게 주문할 수 있는 시스템도 구축했으며, 주문 예측과 자동 배차 AI 기술을 통해 실시간 조리 상황, 식자재 재고, 교통 상황 등을 파악한다. 더불어 과거 주문 기록을 활용한 빅데이터 분석도 할 수 있다. 이러한 키친 자동화 기술은 공장 자동화기술을 상업 공간으로 가져와 레스토랑의 조리 인력 운영 효율성을 최대화해준다.

향후 계획
신스타프리젠츠는 한식의 세계화를 위해 노력하고 있다. 신기철 신스타프리젠츠 대표는 한 언론과의 인터뷰에서 "현재 K팝, K드라마가 인기를 끌면서 자연스럽게 한식에 대한 관심도 높아지고 있어 글로벌 외식시장에 진출할 적기"라며 "주방 자동화 기술을 접목해 똑같은 맛을 효율적으로 구현하는 한국 대표 프랜차이즈를 만들고 싶다"고 강조했다. 그는 "주방 자동화 기술이 적용된 프랜차이즈의 성과를 바탕으로 기술 개발과 해외시장 진출에 집중해 K-푸드테크의 우수성을 전 세계에 알리고 싶다"고 말했다. 신스타프리젠츠는 2023년 여름 미국 캘리포니아 실리콘밸리 지역을 시작으로 OLHSO브랜드로 'Cook-en-Route Truck'을 런칭하고, 향후 캘리포니아 전역 및 미국 전역에서 한식을 널리 퍼뜨려 나갈 것이다.

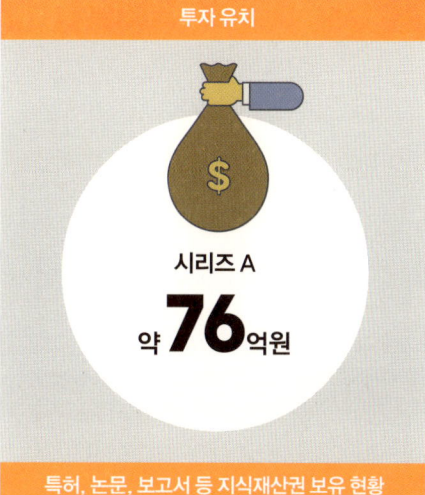

투자 유치

시리즈 A
약 **76**억원

특허, 논문, 보고서 등 지식재산권 보유 현황

- 프랜차이즈 푸드트럭 통합 관리 시스템 및 방법 (1020200092258/2020.07.24)
- 조리 음식 배달 장치 및 방법 (1020200082141/2020.07.03)
- 조리장치(1020210033904/2021.03.16)

유전체 데이터 분석 기반 희귀 질환 진단 서비스 '쓰리빌리언'을 제공하는 기업

㈜쓰리빌리언

2021·2022
2년 연속 선정

대표자
금창원

위치
서울특별시 강남구 테헤란로416, 14층 (대치동, 890-8)

설립 연도
2016년 10월

홈페이지
3billion.io/ko

문의
ckeum@3billion.io / 010-4095-3043

상장 여부
비상장

시장 진출한 해외 국가
준비 중

주요 사업
의학 및 약학 연구개발

창업자의 경력
금창원 쓰리빌리언 대표는 미국 서던캘리포니아대에서 전산생물학을 전공했다. 2010년 박사과정 중 유전자분석 기업 제퍼런스를 창업했다. 2014년 말엔 제퍼런스 사업을 접고 이듬해 게놈 해독 서비스 기업 마크로젠의 임상진단사업개발부에 입사했다. 마크로젠 재직 중 금 대표는 신생아 유전질환 여부를 확인해주는 '어부바' 서비스 등을 개발했다.

창업 배경
마크로젠 재직 당시 금 대표는 매번 신제품을 출시하는 것보다는 한 제품에 집중해 성장시키는 사업이 필요하다고 봤다. 또 검사 비용을 낮춘 희귀 질환 유전자 검사 시장의 성장 가능성이 클 것이라고 봤다. 지금까지 밝혀진 희귀 질환 종류는 7000개가 넘는데, 이를 적은 비용으로 한 번에 검사하도록 할 수 있다는 구상이었다. 고민 끝에 마크로젠과 초기 투자·스핀오프(분사) 방식의 창업을 협의했다. 2016년 11월 유전체 분석 기술로 희귀 질환을 한 번에 확인한다는 아이템으로 쓰리빌리언을 분사 설립했다.

비전 및 목표
세계 최고 수준의 기술로 전 세계 많은 희귀 질환자에게 정

확한 병명을 진단해주는 것이 목표다. 이를 통해 제대로 진료를 받는 환자들이 늘어나면 신기술이나 치료제 개발의 길이 넓어지는 선순환구조가 생긴다는 설명이다. 이를 위해 고도의 생물정보학 기술과 전문 임상팀을 바탕으로 기존 변이 해석에 필요한 시간과 비용을 단축하고, 미진단 환자에게 꼭 필요한 전장 유전체 수준의 유전자 검사를 제공한다.

주요 제품 또는 서비스
쓰리빌리언 유전체 데이터 분석 기반 희귀 질환 진단 서비스.

핵심기술
인간 유전자 2만여 개에서 나오는 수백만 개의 유전변이를 AI 기술로 5분 이내에 해석해 희귀 질환을 진단하는 AI 모델.

통상 대부분 기업이 개발한 패널 검사 솔루션은 특정 질병과 연관이 있다고 알려져 있는 특정 유전자를 대상으로 검사한다. 반면 쓰리빌리언의 전장 엑솜 검사는 존재하는 모든 유전자를 검사하고, 가능성이 있는 모든 유전변이를 AI로 해석한다. 한 번의 검사로 7300여 종의 희귀 질환 유전변이를 진단할 수 있는 차별화된 기술을 가졌다.

먼저 엑손(Exon)과 유전체 서열을 기반으로 유전체를 해독한다. 2만여 개의 유전자를 읽어나가는 과정이다. 엑손만 읽는 기존 방식과 달리 엑손과 전체 유전체 서열을 동시에 읽어 연관 질환을 좀 더 명확히 확인할 수 있다.

이후 진단 가능한 변이를 추려 질환의 증상과 상관성을 파악한다. 환자의 증상과 일치하는 변이를 임상의와 임상유전학자가 판독하고 최종 결과를 제공한다. 이런 과정을 거치면 기존에 20~40시간 정도 걸리던 희귀 질환 진단 시간을 평균 5분 내외로 줄일 수 있다.

향후 계획
글로벌 사업 확장 본격화를 위해 코스닥 상장을 추진하고 있다. 글로벌 진출도 가속화한다. 유전자 검사 기관에 대한 글로벌 인증을 마무리하고 해외 지사를 설립할 계획이다. 쓰리빌리언은 현재까지 쌓은 데이터 경쟁력을 바탕으로 AI 기반 희귀 질환 신약 개발도 추진할 계획이다. 향후 2년간 신약 후보 물질에 대한 특허 5개 이상을 확보하는 게 목표다.

투자 유치

시리즈 C
287억원

특허, 논문, 보고서 등 지식재산권 보유 현황

- 신규 표적 단백질과 그에 대한 동반진단 바이오마커 발굴 시스템 및 방법(1020180151779/2018.11.30)
- 염색체 유전 변이 정보 저장 및 탐색을 위한 파일구조를 가진 데이터를 기록한 컴퓨터로 읽을 수 있는 기록 매체(1020180136412/2018.11.08)
- 유사 문자열 고속 탐색 시스템 및 그 방법 (1020190177864/2019.12.30)
- 기계학습을 이용한 유전자 변이의 병원성 예측 시스템(1020200121299/2020.09.21)
- 유전자 네트워크를 활용한 유전질병 진단 시스템(1020200123374/2020.09.23)

수상 이력

- 2021년 코스닥 기술 특례 상장 기술성 평가 통과
- 2021년 국가 바이오 빅데이터 구축 시범 사업 선정
- 2020년 '한·아세안 스케일업 경연대회' 넥스트 유니콘상
- 2017년 글로벌 스타트업 경진대회 '1776 Challenge Cup' 한국 예선 1위 수상

메타버스 솔루션을 제공하는 회사

쓰리아이

2022 선정

대표자
김켄, 정지욱

위치
대구광역시 동구 동대구로 465, 903호

설립 연도
2017년 1월

홈페이지
3i.ai

문의
questions@3i.ai / 070-7843-5111

상장 여부
비상장

시장 진출한 해외 국가
일본, 미국

주요 사업
크리에이터 위한 영상 편집 도구 '피보'와 B2B 원격 현장 관리 솔루션 '비모' 제공

창업자의 경력

창업자인 김켄 대표는 LG칼텍스(현 GS칼텍스) 등에서 소프트웨어 엔지니어로 일했다. 공동 창업자인 정지욱 대표는 삼성전자 연구원 출신이다. 영진전문대에서 교수 생활을 하기도 했다. 한 언론 인터뷰에 따르면 김켄 대표는 2005년엔 아프리카에서 고아원의 모금을 돕는 홈페이지를 제작하기 위해 낱장의 사진을 이어 파노라마 뷰를 생성하는 소프트웨어를 개발하기도 했다.
2015년엔 공간을 캡처하는 솔루션인 '이머시브'라는 브랜드도 만들었다. 이런 아이템들을 다듬은 뒤 쓰리아이를 창업했다.

창업 배경

한 언론사 인터뷰에 따르면 김켄 대표는 스마트폰이 막 태동하던 2010년대 초 전쟁 기념관을 3차원(3D)으로 촬영해 QR코드로 보여주는 솔루션을 만들었다. 이때 증강현실(AR) 제작 과정이 생각보다 복잡하다는 사실을 깨달았다. 하지만 그는 산업의 트렌드가 디지털로 바뀌고 메타버스가 삶 속으로 들어올 것이라는 사실을 일찌감치 인지하고 있었다. 그는 시간과 물리적 공간의 제약이 없는 콘텐츠를 공유하고 협업하는 방식이 산업을 재해석하는 데 중요한 요소라고 생각했다. 이런 가치를 전 세계인들에게 집어넣기 위해 쓰리아이를 창업하게 됐다.

비전 및 목표

쓰리아이의 사명은 "상상하라(Imagine), 발명하라(Invent), 영감을 얻어라(Inspire)"에서 따 왔다. 회사의 비전을 잘 보여주는 부분이다. 쓰리아이는 현실세계와 가상세계가 상호작용하는 방식을 혁신하는 기업으로 거듭나는 것을 목표로 두고 있다.

주요 제품 또는 서비스

'피보'는 쓰리아이의 대표적인 B2C 솔루션이다. 크리에이터들이 스마트폰을 이용해 다양한 영상을 편집하고 제작할 수 있게 도와주는 도구다. 피보 팟(Pod)을 스마트폰과 연결하면 오토 트래킹 기술을 기반으로 스마트폰이 회전하면서 촬영 대상의 움직임을 따라다닌다. 별도의 촬영 인력이 필요없이 양질의 영상을 만들어낼 수 있다. 기업 간 거래(B2B) 위주 솔루션인 '비모'는 AI를 기반으로 3D 이미지 쌍둥이를 만들어주는 디지털 트윈 서비스다. 디지털 트윈 구축에 드는 비용과 시간을 크게 줄였다. 360도 카메라나 스마트폰으로 공장 곳곳을 돌아다니며 사진을 찍으면 AI가 이어붙여 3D 이미지로 만든다. 사람 모습을 자동으로 인식해 지운 뒤 그 자리에 주변 배경을 합성해 결과물을 만들어내는 식이다.

핵심기술

쓰리아이는 '3D 투어 비교 표시 기술', '딥러닝을 이용한 실내 위치 측위 기술', '360도 비디오 생성 기술', '다시점 비디오 스트리밍 기술' 등을 핵심 기술로 갖고 있다. 쓰리아이가 내놓은 비모 솔루션엔 AI가 이미지상 사물 간 위치를 인식해 자동으로 너비와 높이 등을 측정하는 기술이 적용됐다. 김켄 대표는 "오차율이 20m 거리 내에선 5%가량, 5m 이내에선 1% 정도에 그친다"고 설명했다. 스마트폰 센서를 이용해 경로를 자동 추적하고, 기준점 없이 공간 정보를 인식할 수 있다. 위치정보시스템(GPS) 수신이 어려운 실내 공간도 디지털로 손쉽게 재구성할 수 있다. 피보 솔루션은 AI가 사람 얼굴과 신체 이미지를 분석해 움직임을 자동으로 따라가 주는 기술, 격한 움직임을 떨림 없이 촬영해주는 움직임 보정 기술, 색 보정 기술 등을 갖췄다.

향후 계획

쓰리아이는 글로벌 시장 진출에 박차를 가할 예정이다. 한 언론사 인터뷰에 따르면 추가적인 피보 솔루션을 출시하는 한편 기존 피보 솔루션의 저가형 모델과 고가형 모델을 따로 선보일 계획이다. 또 비모 솔루션 수요가 큰 잠재적인 고객사를 발굴하기 위해 다양한 영업 활동을 전개하고 파트너십 프로그램에도 지속적으로 참여한다는 계획이다.

투자 유치

시리즈 A
280억원 이상

특허, 논문, 보고서 등 지식재산권 보유 현황

- 3D 투어 비교 표시 시스템 및 방법 (1020190135807/2019.10.29)
- 딥러닝을 이용한 실내 위치 측위 방법 (1020200139152/2020.10.26)
- 가상 현실에 기반하여 매물 영상을 제공하기 위한 서버, 제공자 단말 및 방법 (1020160126257/2016.09.30)
- 전방위 이미지 처리 방법 및 이를 수행하는 서버 (1020200095735/2020.07.31)
- 360°비디오 생성 시스템 및 방법 (1020170121034/2017.09.20)
- 적응적 삼차원 공간 생성방법 및 그 시스템 (1020180085371/2018.07.23)
- 화상 합성 시스템 및 방법 (1020200001427/2020.01.06)
- 3D 투어 촬영 장치 및 방법 (1020190135428/2019.10.29)

수상 이력

- 2022년 CES 2022 혁신상 수상
- 2021년 대구시 제58회 대구경북 무역의 날 수출 유공 표창 수상
- 2021년 2020 The 26th BEST BRAND & PACKAGE DESIGN AWARDS 디지털디자인 부문 대상
- 2019년 iF 디자인 어워드 제품 디자인 부문 수상
- 2018년 한국인터넷 진흥원2018 대한민국 위치기반 서비스 공모전 최우수상 수상
- 2016년 미래창조과학부, 한국일보 제11회 디지털 이노베이션 대상 수상(정보기술/가상현실 부문)

합성데이터를 기반으로 고객에 향상된 AI를 공급하는 기술 기업

씨앤에이아이

대표자
이원섭

위치
대전광역시 중구 중앙로 101
서울특별시 서초구 서리풀길 29-9

설립 연도
2019년 10월

홈페이지
cnai.ai

문의
contact@cnai.ai / 02-2088-1216

상장 여부
비상장

시장 진출한 해외 국가
-

주요 사업
AI 합성데이터 제공

창업자의 경력
이원섭 씨앤에이아이 대표는 미국 인디애나대 경제학 학사와 KAIST 기술경영 석사 출신이다. 삼성전자 메모리사업부 소프트웨어(SW) 개발팀 엔지니어로 커리어를 시작해 같은 사업부 솔루션개발실 PMO, 삼성리서치 창의개발센터 C랩 인공지능 과제 리더 등을 거쳤다. 또 조직문화 담당자로 일하면서 유연한 사내 문화의 중요성을 깨달았다.

창업 배경
이원섭 대표는 삼성 같은 굴지의 기업에서도 AI 학습에 쓸 만한 양질의 데이터가 많이 없어 골머리를 앓고 있다는 점을 지켜봤다. AI 엔진은 구하기가 쉬워졌지만, 극소수의 기업을 제외하고는 데이터를 구하지 못해 애를 먹고 있는 게 현실이었다. 이런 문제를 합성 데이터를 생성해 해결할 수 있다면 기업들의 애로사항을 해결할 수 있을 것이라 보고 창업을 결심했다.

비전 및 목표
세상의 모든 데이터를 정제, 가공, 분류하는 데이터 허브를 구축해 합성데이터 전문기업으로의 위상을 공고히 하겠다는 목표다. 또 스타트업 투자 빙하기를 도전과 혁신 정신을 앞세워 돌파한다는 포부다. 10년 후 글로벌 1위 합성데이터 회사가 되겠다는 게 비전이다.

주요 제품 또는 서비스
씨앤에이아이의 대표적인 기술로는 합성데이터의 품질을 높이는 '이미지 인페인팅(Image Inpainting)'이 있다. 원본 이미지나 영상에 있는 특정 사람, 사물 등을 지운 뒤 배경을 채워 자연스럽게 복원하는 기술이다. 이 기술은 회사가 제고하는 합성 데이터 생성 및 확보에 근간이 된다. 이런 역량을 기반으로 의료기관 등을 대상으로 하는 메디컬 AI 솔루션을 제공하고 있다. 또 AI 이미지 생성을 기반으로 한 AI 휴먼, AI 이미지 분석을 기반으로 한 AI CCTV 등의 솔루션을 공급하고 있

다. 더불어 양질의 데이터를 빠르고 안전하게 사용할 수 있는 인프라 구축에도 힘쓰고 있다. 다양한 분야에서 수집된 데이터들을 기술 도메인에 구애받지 않고 사용할 수 있는 데이터 웨어하우스 플랫폼 사업을 진행하고 있다.

●●●●●
핵심기술

씨앤에이아이는 영상 이미지 생성에 특화된 합성데이터 기술 역량을 기반으로 AI 모델의 정확도가 가장 중요하게 요구되는 바이오메디컬/IT 분야에서 검증된 생성기술을 보유하고 있다. 핵심 기술은 크게 합성데이터와 데이터 웨어하우스 플랫폼으로 구분된다. 합성데이터는 AI 모델의 학습 시 발생하는 데이터 부족 문제를 해결하기 위한 가상의 데이터로, 실제 측정으로 획득하는 데이터가 아닌 필요에 의해 인공적으로 생성한 학습 데이터를 의미한다. 소량의 원천 데이터만으로도 AI의 성능을 향상시키는 데 필요한 충분한 양의 데이터 생성이 가능해 데이터 부족 문제를 해결할 뿐 아니라 비용 절감, 개인정보 보호 등 다양한 이점을 가지고 있다. 데이터 웨어하우스는 의사결정에 도움을 주기 위해 다양한 시스템에서 데이터를 추출하고 변환, 요약해 사용자에게 제공하는 데이터베이스의 집합이다. 데이터 웨어하우스를 이용하면 자동화된 안정적인 방식으로 로우데이터, 전처리 데이터, 합성데이터, 학습 체크포인트 등 다양한 데이터를 수집해 개발 효율을 향상시킬 수 있다. 데이터 애널리스트와 사이언티스트가 새로운 인사이트를 도출하게 돕는다.

●●●●●●
향후 계획

현재 꾸준히 시장 환경 및 기술 분석 등의 마켓 센싱을 통해 마케팅 전략을 수립하고 있다. 특히 새로운 시장 진입 전략을 중점으로 판매 계획을 수립하는 중이다. 지금은 국내 대기업, 의료기관 및 프로 스포츠구단을 고객사로 두고 있지만, 앞으로 금융, 제조, 리테일, 미디어 등 다양한 산업군으로 고객사를 확대할 계획이다. 또 해외 진출을 위해 미국 실리콘밸리와 스웨덴에 팀장을 파견해 다양한 영업과 기업설명회(IR) 활동을 진행하며 해외 판로를 개척하는 중이다. 최근에는 인공지능 및 머신러닝 분야 최고 학회로 꼽히는 ICML(국제머신러닝학회)에서 논문발표를 했고, 해외 연구기관과의 공동연구를 진행하고 있다.

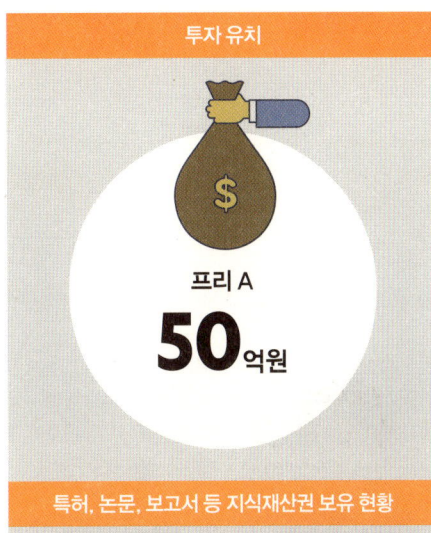

투자 유치

프리 A

50억원

특허, 논문, 보고서 등 지식재산권 보유 현황

합성 데이터 관련 특허 8건, 검출 관련 특허 5건, 기타 특허 3건 보유

수상 이력

- 2022년 CES 서울관 선정·서울디지털재단 주관 스테이지유레카 우수상
- 2022년 중소벤처기업부 2022 대-스타 해결사 플랫폼 '스마트 스타디움' 장관상
- 2022년 과학기술정보통신부 제6회 대한민국 4차산업혁명 장관상
- 2021년 중소벤처기업부 인공지능챔피언십 의료과제 본선 우승

AI 기반 신체 측정 앱 개발사

아이딕션

2022 선정

대표자
양재민

위치
서울시 강남구 선릉로90길 10, 상제리제센터 B동 412호
대전시 유성구 노은동로75번길 42, 401호(노은동)

설립 연도
2018년 10월

홈페이지
idic.io

신체 사이즈 측정 서비스, 사이즈잇
sizeit.co.kr

의류 사이즈 자동 측정 서비스, 클로즈잇
clothit.io

문의 jmyang@idic.io / 1533-1256

상장 여부 비상장

시장 진출한 해외 국가 -

주요 사업 측정기술 기반 이커머스 솔루션

● 창업자의 경력

양재민 아이딕션 대표는 건양대에서 행정학을 전공하고 대전대에서 경영컨설팅학과 기술경영학으로 석·박사학위를 받았다. 2009년부터 맞춤의류 제조기업 미즈를 운영했다. 장기간의 패션 업계 종사 이력으로 창업 기업도 '패션테크(패션과 정보기술의 합성어)'를 표방한다.

●● 창업 배경

맞춤형 의류를 제작하며 정확한 신체 사이즈 측정에 대한 필요성을 느꼈다. 고객과 의류 제조사의 갈등을 자주 목도한 것이다. 인공지능(AI)을 기반으로 신체 사이즈 93곳을 정확하게 측정해 3차원(3D) 모델링을 대신해주는 서비스를 구상했다. 현재 아이딕션의 서비스는 줄자나 고가의 실측 장비가 없어도 스마트폰만으로 편리하게 신체 치수를 측정할 수 있게끔 구현돼 있다.

●●● 비전 및 목표

의류 사이즈 부정확에서 기인하는 패션의류 제조사와 고객의 갈등을 해결하겠다는 포부다. 정확한 신체 사이즈 측정기술은 단순히 옷을 파는 것뿐만 아니라 헬스케어나 메타버스 산업 분야까지 적용될 수 있다는 것이 양 대표 분석이다. 앱 기능 고도화도 지속한다. 이를 위해 지난 4월 맞춤 코칭을 제공하는 'AI 리포트'나 '비포&애프터 스탬프 기능' 등을 추가하기도 했다. 운동이나 다이어트에 대한 인증 게시글이 최근 소셜 네트워크 서비스(SNS)에서 각광받는 트렌드를 반영한 기능이다.

●●●● 주요 제품 또는 서비스

사이즈톡(web view) 의류 사이즈 추천 서비스.
사이즈잇(APP) 비대면 신체 사이즈 측정 및 관리 앱.
클로즈잇(SaaS) 의류 사이즈 자동 측정 솔루션.

●●●●●
핵심기술
비대면 신체사이즈 측정 3D 모델링을 기반으로 한 앱으로, 스마트폰 카메라를 활용해 네 번의 촬영만으로 30가지 신체 사이즈 데이터를 제공한다. 또한, 신체 사이즈를 활용한 리포트 기능을 제공해 다이어트, 쇼핑 등의 다양한 분야에서 활용할 수 있으며, 날짜별 그래프로 시각화하여 신체 사이즈 변화도 한눈에 확인할 수 있다.

의류 사이즈 자동측정 솔루션 스마트폰으로 의류를 촬영하면 자동으로 사이즈 실측과 사이즈 표 자동제작이 가능하다. 단순 반복 작업에 많은 시간을 할애하는 패션 쇼핑몰 운영자를 위한 솔루션으로, 간편한 사용과 높은 정확도로 업무의 효율을 높여줄 수 있다.

의류사이즈 추천 e-commerce 서비스 의류 사이즈 데이터와 고객의 신체 사이즈를 비교하여 가장 잘 맞는 사이즈를 추천한다. 소비자 입장에서 사이즈에 대한 고민 없이 상품을 구매하여 구매 전환율을 높여주고, 사이즈가 맞지 않아 생기는 반품/교환을 줄일 수 있다.

●●●●●●
향후 계획
각 기술 연동을 통해 신체 사이즈와 의류 사이즈를 비교하여 사용자의 체형에 맞는 의류 사이즈를 추천할 수 있도록 할 계획이다. 또한 신체 사이즈를 활용한 헬스케어 콘텐츠 생산 및 국내 애슬레저 브랜드와의 공동 이벤트도 진행할 예정이다. 맞춤 정장과 같은 전문 서비스도 늘려간다. 신체, 의류, 추천의 세 가지 카테고리가 유기적으로 연동되어 더 큰 시너지를 낼 수 있는 토털서비스를 지향한다.

투자 유치

시드 투자
비공개

특허, 논문, 보고서 등 지식재산권 보유 현황
- 신체 사이즈 측정용 사진 획득 방법 및 이를 이용한 신체 사이즈 측정 방법, 서버 및 프로그램 (1020200082619/2020.07.06)
- 신체 사이즈 측정 장치 및 시스템 (101822571/2018.01.22)

농작물 재배 컨설팅 등 첨단 농업기술 개발

아이오크롭스

2022 신청

대표자
조진형

위치
서울특별시 서초구 효령로 17, 2층

설립 연도
2018년 8월

홈페이지
iocrops.com

문의
info@iocrops.com / 070-4680-6088

상장 여부
비상장

시장 진출한 해외 국가
-

주요 사업
스마트팜 솔루션

창업자의 경력

조진형 아이오크롭스 대표는 포항공과대(포스텍) 기계공학과를 졸업했다. 조 대표는 한국과학기술연구원(KIST)에서 국내 농가 현실에 맞는 스마트팜 기술을 연구하면서 직접 1000㎡(약 300평) 규모의 연구용 비닐하우스에서 토마토 농사를 짓기도 했다. 1년 6개월가량의 연구 생활을 정리한 뒤 2018년 농업 전문 스타트업 아이오크롭스를 세웠다. 조 대표는 스마트팜을 연구하면 할수록 작물들의 상태가 궁금해졌다고 말한다. 데이터도 열심히 찾아봤지만, 시계열로 정리된 것만 있었다. 한계를 느낀 조 대표는 과학기술정보통신부와 한국데이터산업진흥원이 주관하는 '데이터 바우처 사업'의 문을 두드리면서 스마트 농장을 위한 방대한 데이터를 정리했다.

창업 배경

조진형 아이오크롭스 대표는 학부 시절부터 식물을 길러왔다. 전공이었던 기계공학을 작물 재배에 접목할 수 없을까 고민해오다 스마트 화분을 개발하기 시작한다. 이것이 계기가 돼 농업 분야에서 창업을 고려했다. 다니던 대학원을 나와 충남 천안에 있는 토마토 농장에서 숙식하며 작물 재배를 공부했다. 기술 개발과 창업에 앞서 전반적인 농사 과정이나 재배 환경을 이해하고 싶었기 때문이다. 이후 농장에서의 현장 경험을 바탕으로 농업 스타트업을 창업했다.

비전 및 목표

아이오크롭스는 원격 운영 농장의 폭발적인 확장을 가능하게 하는 인재 확보, 인공지능(AI) 및 농업 로봇 연구개발(R&D), 유통망 확대, 직영농장 확보 등에 집중하고 있다. 많은 농가에 아이오크롭스 솔루션을 보급해 여기서 모인 데이터로 더 나은 재배법을 농가에 추천하겠다는 비전을 갖고 있다. 이를 통해 농가의 생산성 향상과 소득 증대, 나아가 세계 스마트팜 시장에 유의미한 변화의 시작을 알리겠다는 목표다.

주요 제품 또는 서비스
아이오팜 스마트팜 원격 운영 솔루션.
아이오크롭스 웨이트 재배 작물의 무게 측정 장치.
아이오크롭스 소일 탐침형 방식의 토양 수분 센서.

핵심기술
아이오크롭스의 아이오팜은 농가의 환경과 시기에 적합한 재배 처방을 내려주는 시스템이다. 이 클라우드 시스템을 이용하면 농지에 물을 얼마만큼 주고 비료의 농도나 성분 구성은 어떻게 조합해야 효율적으로 흡수될 수 있는지 등을 분석할 수 있다.
'아이오팜 차트'를 통해 농장의 상태를 실시간으로 모니터링 할 수 있고, 외부 날씨 상황과 온실의 온도와 습도 등을 파악한 생육 환경을 개선할 수 있다. 농가는 센서를 통해 얻은 데이터로 작물 재배 의사결정에 도움을 얻고, 아이오크롭스는 데이터를 확보해 인공지능(AI) 기술 개발에 투입한다.
'아이오크롭스 웨이트'는 배지 기반 양액 재배에서 관수 전략에 따른 작물의 생장을 파악해 관수량, 시간 등을 결정해 생산성을 높여준다. 배지 무게와 기타 가공된 데이터를 제공해 정밀한 관수 전략을 세울 수 있도록 도와준다. 아이오크롭스 웨이트에서 측정된 데이터는 아이오팜에서 확인할 수 있다. '아이오크롭스 센서'는 총 3개의 스마트팜용 사물인터넷(IoT) 센서로 이뤄져 있다.
이들 센서들을 통해 측정된 데이터는 자체 데이터 분석 플랫폼인 아이오팜에서 가공·분석된다. 농가는 이렇게 수집·가공된 데이터를 활용해 경험과 감에 의존하던 기존 농법에서 벗어나 정량적이고 객관화된 지표를 통해 농사를 지을 수 있다.

향후 계획
아이오크롭스는 작물별로 최적의 재배법을 제공하는 것을 넘어 회사가 찾아낸 재배법을 현장에서 테스트하고 있다. 또 농업 로봇이나 농장 자동화 기술을 실험적으로 적용할 수 있는 연구 농장을 갖춘 첨단 농업기술 개발 기업으로 진화해 나가겠다는 포부를 갖고 있다. 이렇게 하기 위해서는 데이터의 힘이 절대적으로 필요하다는 인식 아래 다양한 데이터 확보에 주력하고 있다.

투자 유치
시리즈 A
55억원

특허, 논문, 보고서 등 지식재산권 보유 현황
- 수확 대상 과실 판단 방법 및 과실 수확 장치 (1020210067270/2021.05.25)
- 배지의 수분 유출입량 산출방법 (1020210012137/2021.01.28)
- 싱크 용량 및 소스 용량 판단 시스템 및 방법 (1020210026711/2021.02.26)
- 스마트팜 제어 방법 및 스마트팜 제어 시스템 (1020210026712/2021.02.26)

수상 이력
- 2020년 네덜란드 세계농업 AI 대회 3위

커뮤니케이션 엔진 '뮤즈'와 이를 탑재한 소셜 로봇 '뮤지오'를 개발 중

㈜아카에이아이

2021·2022 2년 연속 선정

대표자
정명원(Raymond Jung)

위치
서울특별시 중구 청계천로 100, 시그니처타워 서관 9층

설립 연도
2019년 11월

홈페이지
akaintelligence.com/kr

문의
daniel@akaintelligence.com,
info@akaintelligence.com / 02-537-7201

상장 여부
비상장

시장 진출한 해외 국가
일본, 인도네시아, 미국

주요 사업
AI 로봇·AI 엔진·AI 데이터 가공

● **창업자의 경력**
해커스교육 최고전략책임자를 거쳐 투자회사 인베스타케이 대표이사를 지냈다. 이후 아카인텔리전스 대표이사를 거쳐 현재 아카에이아이 대표이사로 재직 중이다.

●● **창업 배경**
해커스교육 공동 창업자 출신으로 글로벌 투자업계에도 몸 담았던 정 대표가 AI를 통해 새로운 변화의 시대를 주도해보 겠다는 계획을 품고 2013년 창업했다. 인공지능을 활용해 일상생활의 변화를 이끌어내자는 게 창업 취지다.

●●● **비전 및 목표**
영어 교육 시장에서 원어민을 대체하고, 농업에서 스마트파밍 기술력을 확보하는 데 주력할 예정이다. 인공지능과 로봇을 통해 인간의 지적 노동력을 돕거나 보완하는 것이 궁극적 목표다. 2023년까지 코스닥에 상장할 예정이다.

●●●● **주요 제품 또는 서비스**
인공지능 엔진 '뮤즈'를 탑재한 교육용 로봇 '뮤지오' 그리고 '뮤즈'와 더불어 데이터 라벨링 시스템 '바흐'가 탑재된 농업 재배 자동화 솔루션 '뮤즈 슈왈츠발트'이다.
뮤즈는 회사가 자체 개발한 인공지능 엔진이며, 다양한 분야에 API 적용이 가능하다. 뮤지오는 영어 및 4차 산업혁명에 의한 수요에 알맞은 프로그래밍 교육이 가능하다. 뮤즈의 다양한 영어 교육 기능에는 사용자의 실력을 측정 및 사용자의 영어 사용 현황을 분석해 그래프로 보여주는 기능이 포함된다.
뮤즈 슈왈츠발트는 아스파라거스, 야자열매, 의료용 헴프 재배 자동화를 목표로 하며, 실시간 이미지 분석을 통해 식물의 영양상태, 적정 수확시기, 질병 및 병충해 예방, 로봇을 사용한 수확 등의 서비스를 제공한다.

•••••
핵심기술
AI 로봇, AI 엔진, AI 데이터 가공

앞으로는 팬데믹 이후 세계적 문제가 되고있는 사회적 감정 장애를 해결하는 데도 나설 계획이다. 아이들의 학습 성과 및 성장도를 인공지능 기반으로 분석할 수 있다는 점, 상황에 알맞은 회화에 대한 답변 제시 기능을 인공지능으로 개발했다는 점이 강점이다. 영어권 나라에 진출할 때 가장 자연스러운 영어 대화가 가능한 회화 엔진을 보유하고 있다. 영어 기반의 AI 대화 에이전트가 필요한 모든 산업군에 응용이 가능하다. 자연스러운 대화 데이터 확보에 필요한 AI 데이터마이닝 기술은 인간 간의 대화 데이터뿐 아니라 의료계 진단데이터화 또는 치매예방, 환자 케어를 위한 기반기술로 활용할 수 있다.

또한, 뮤즈 슈왈츠발트는 다가오는 미래 식량문제에 대응할 솔루션으로 활용될 수 있다. 뮤즈 슈왈츠발트는 AI 엔진과 로봇이 직접 농가 또는 농지에 투입돼, 농부의 노동력을 직접적으로 대체가 가능하다. 이를 통해 더욱 많은 농지에서 인공지능 엔진과 로봇을 사용한 생산량 증대를 이뤄낼 수 있으며, 이는 식량문제의 가속화와 농업 분야의 노동력 문제를 동시에 해결할 수 있는 솔루션이 될 수 있다. 뮤즈 슈왈츠발트는 수많은 식물 데이터 학습과 테스트, 그리고 농업에 직접 발을 담그고 있으며 수많은 노하우를 지닌 농부들과의 협업을 통해 개발됐다. 이러한 협업을 통해, 농업 분야가 직면한 문제와 실현 가능한 솔루션을 농가에 공급한다.

•••••••
향후 계획

더 발전해나갈 리스마트와 얼라이브 그리고 인공지능 클라우드 엔진 뮤즈 클라이언트를 지속적으로 확보하는 것을 계획 중이다. 뮤즈 슈왈츠발트 프로젝트는 아스파라거스, 기름야자, 의료용 헴프와 같은 고부가가치 작물과 더불어, 밀, 쌀과 같은 작물에 대한 데이터도 확보해 더욱 많은 작물에 대한 재배 자동화 솔루션을 공급할 것이다.

투자 유치

시리즈 B

3120 만달러

쿼드자산운용, 이오지에프파트너스, 청담러닝, 넥슨 공동 창업자였던 김상범 등으로부터 1750만달러 (약 190억원)를 투자받음.

특허, 논문, 보고서 등 지식재산권 보유 현황

- 특허 14건 등록, 국제특허 4종 등록 완료, 미국 특허 3종 등록 완료
- 로봇의 감정 표현 제어 시스템 및 방법
- 빈도 테이블을 이용한 챗봇 발언 생성 방법
- 시맨틱 그래프 데이터베이스 기반의 챗봇 발언 생성 방법
- 인공지능과의 대화를 이용한 게임을 제공하는 서버 및 방법
- 컴퓨터의 감정을 결정하는 방법

수상 이력

- 중소벤처기업부 '에듀테크 멘토링' 사업 최종 수행 기관 선정
- 2021년 미국 에디슨 어워즈 사회 혁신 기술 분야 브론즈 메달 수상
- 2021년 한국지능정보시스템학회 '2021 인텔리전스 대상' 수상

전자문서 변환 솔루션 운영

악어디지털

2022 신청

대표자
김용섭

위치
경기도 용인시 기흥구 구성로 357,
용인테크노밸리 A동 10층

설립 연도
2014년 1월

홈페이지
akuo.ai

문의
sales@akuo.ai / 1661-0286

상장 여부
비상장

시장 진출한 해외 국가
일본 등

주요 사업
AI OCR 기술 개발 업체

창업자의 경력

김용섭 악어디지털 대표는 고등학생 때부터 프로그래밍을 독학했다. 대학에선 경영정보학을 전공했으며, 꾸준히 코딩을 하며 자연스럽게 창업에 관심을 가졌다. 그가 창업을 결심했을 때는 불법 소프트웨어(SW)가 한창이던 때였다. 기업 대상 SW 라이선스를 관리해 주는 프로그램 매니지먼트 시스템(PMS)을 개발했다. 그러나 기업 간 거래(B2B)의 어려움을 뚫지 못하고 2년 만에 사업을 접어야 했다.
이후 도합 12년을 개발자로 일했다. 2002년에는 보안업체 시큐어소프트에 입사해 공개키 기반구조(PKI)를 개발하기도 했다. 2005년에는 안랩으로 이직해 게임보안 솔루션을 개발하다가 2007년 네이버 일본 주재원으로 보안을 담당한 뒤 창업했다.

창업 배경

네이버 일본 주재원을 지낼 때 AI OCR 기능의 필요성을 느꼈다. 한국에서 좋아하던 책을 일본에서도 읽으려 책을 디지털 파일화하려고 했지만, 당시까진 책을 한 장씩 스캔해 이미지 파일을 만드는 방법밖에 없었다. 종이를 일일이 스캔하며 "번거로운 작업을 누군가 대신해주면 좋겠다"고 생각했다. 악어디지털의 시작이었다. 아직도 수기식 문서와 도장을 이용해 업무처리를 하는 일본에서 사업의 성장 가능성을 엿보기도 했다는 설명이다.

비전 및 목표

디지털 문서 전환에 필요한 모든 서비스를 원스톱으로 제공하려 한다. 서류 수거부터 스캔, 전자화, 원본 문서의 보관과 파기까지 포함된다. 대통령기록관, 국가기록원부터 삼성바이오로직스, 현대자동차, 한화솔루션 등 다양한 고객사를 보유한 이유가 여기에 있다는 설명이다.
경기도 용인에는 3305㎡(1000평)짜리 데이터 센터를 갖고 있기도 하다. 대량의 문서를 전자화할 수 있는 인프라를 구축하고 기업을 지원해가겠다는 전략이다.

●●●●
주요 제품 또는 서비스

BPO 서비스 문서의 스캔부터 OCR, 업무를 자동화하는 RPA까지 문서전자화 BPO 서비스를 원스톱으로 제공한다. 다양한 문서 양식에서의 비정형 데이터 처리를 지원하며, 전자화된 모든 문서는 Hyper Bridge 솔루션을 통해 안전하고 효율적으로 관리하고 활용할 수 있다.

- **AI OCR** AI 플랫폼 기반의 인식 기술로 정확도 높은 디지털화.
- **RPA** 소프트웨어 로봇을 통한 단순 업무 자동화.
- **Hyper Bridge** 전자 문서의 안전한 암호화 보관 및 편리한 통합 검색 기능을 제공하는 문서 관리시스템.

●●●●●
핵심기술

KANDA AI-OCR 다양한 문서처리 경험을 바탕으로 자체 개발된 AI-OCR 엔진. 스캔된 종이문서를 열람·검색이 가능한 전자문서로 변환한다. 지속적인 AI 학습으로 정확도를 향상시켜 98.94%의 인식률을 제공한다.

온·오프라인 문서통합 B2B SaaS 기술 기업의 중요한 기록물을 안전하게 보관하고 효율적으로 관리할 수 있다. 종이문서는 문자 인식 기능으로 검색 가능한 전자화 문서로 변환하여 관리한다.

AKUO STUDIO 기술 대량의 스캔 이미지를 데이터화하고 실시간으로 대량의 업무를 자동으로 처리한다. 반복 검사 업무의 자동화를 실행, 대량의 스캔 이미지의 데이터 처리, 실시간 데이터 자동화 처리, 자동화 처리결과 관리가 가능하다. 파이썬이 기반이다.

●●●●●●
향후 계획

2023년 일본 상장을 목표로 하고 있다. 주관사는 일본의 다이와증권이다. AI 엔진 기술을 고도화하고 해외 진출도 가속화할 예정이다. 일본 상장 이후에는 싱가포르를 기반으로 동남아 시장을 공략한다는 계획이다. 아시아 최대 디지털 문서 플랫폼을 목표로 하고 있다.

투자 유치

시리즈 C 투자 유치

290 억원 이상

(누적투자 금액)

특허, 논문, 보고서 등 지식재산권 보유 현황

- 법적 신뢰성 확보가 가능한 문서 전자화 방법 및 이를 위한 시스템(DOCUMENT DIGITIZATION METHOD AND SYSTEM FOR SECURING LEGAL RELIABILITY) (1020210144358/2021.10.27)
- 전자 문서 관리 시스템(Electronic Document Managing System) (1020220060618/2022.05.18)
- 오프라인 문서 추적 방법 및 문서 추적 시스템(Off-line document tracking method and document tracking system) (1020160110751/2016.08.30)
- 파일 연관 메시지 공유 방법 및 메시지 공유 시스템(METHOD AND SYSTEM FOR SHARING FILE RELATED MESSAGES) (1020150011455/2015.01.23)
- 하이브리드 클라우드를 이용한 전자 문서 관리 시스템 및 그 방법(ELECTRONIC DOCUMENT MANAGING SYSTEM USING HYBRID CLOUD AND METHOD FOR THEREOF) (1020160101325/2016.08.09)

수상 이력

- 2019년 JAPAN IT WEEK AI업무자동화 전시회 출전 스타트업 20사 선정
- 2015년 미국 Inc 매거진, 2015년 〈한국에서 주목할 만한 스타트업〉 선정
- 2015년 미래부 주관 스타트업 어워드 최우수상 수상

코딩 없는 AI 활용 교육, AI 컨설팅 등 AI 대중화 플랫폼 제작 기업

알고리즘랩스

2022 선정

대표자
손진호

위치
서울특별시 마포구 양화로 178-5 LC타워 홍대 8층

설립 연도
2017년 11월

홈페이지
algorithmlabs.io

문의
contact@algorithmlabs.co.kr / 02-303-2650

상장 여부
비상장

시장 진출한 해외 국가
-

주요 사업
전 산업 분야 NON 코딩 AI 활용 교육 및 AI 솔루션 보급 사업

● 창업자의 경력

손진호 대표가 AI를 공부한 시기는 2013년이다. 소프트웨어(SW) 개발은 더욱 이른 10대부터 시작했다. 손 대표의 AI 경력은 대부분 학교 안이 아닌 밖에서 만들어졌다. 대학교 2학년 시절 지도 교수가 운영하는 AI 기업에 들어가 실무부터 시작했다. 창업 밑거름이 되는 경험이 모두 여기에서 나왔다.

●● 창업 배경

AI 기술 대중화 흐름이 2014~2015년 무렵부터 나타났다. 기술을 잘 모르는 사람들도 AI를 쉽게 할 수 있는 방법에 대한 니즈가 나오기 시작했다. 손 대표가 한양대 기계공학과 2학년 때 지도교수가 AI 기업 오너로 있었다.
면담하러 갔더니 같이 일해보자고 제안을 받아 2학년 1학기를 마치고 회사 생활을 시작했다. AI를 기계공학 설계에 사용하는 최적설계를 하는 회사였는데 여기서 AI 연구를 했다. 당시 박사였던 사수에게 AI 개론부터 배웠다. 이후 삼성전자 SW 특채전형이라 할 수 있는 SW 멤버십에 참여해 삼성전자의 AI 연구과제를 수행했고 좋은 평가를 받았다. 과제를 하면서 매년 AI 과제가 더 쉬워지는구나 체감했다. 이러한 맥락에서 AI를 대중화할 수 있겠다고 느껴 창업했다.

●●● 비전 및 목표

국내 굴지의 주요 기업 1만3000명 이상의 임직원이 수강하면서 이미 검증이 완료된 이론·실습 위주의 AI 활용 교육을 시작으로 기업의 데이터를 기반으로 한 컨설팅 제공, 상업화를 위한 대쉬보드 구축까지, 전 산업 분야에 걸쳐 AI를 처음부터 끝까지, 엔드 투 엔드(End to End)로 서비스하며 AI 대중화를 선도해 나가고자 한다.

주요 제품 또는 서비스

AI Training 인공지능을 위한 단편적인 이론이나 코딩을 교육하지 않는다. 인공지능을 산업 전문가가 활용해 스스로 프로젝트를 기획하며 연구개발하는 방법을 교육한다. AI Cognitive Interaction System이 적용된 강의와 실습 콘텐츠를 통한 산업별 인공지능 Training을 제공한다.
1. 전 산업 분야 직무담당자 대상 AI 활용 교육
2. 전 산업 분야 기업 데이터를 통한 AI 컨설팅
3. 전 산업 분야 AI상용화를 위한 대쉬보드 구축

핵심기술

비전문가의 AI 이해를 돕기 위한 트레이닝 교육부터 코딩 없이 오직 해당 부서의 아이디어만 가지고 AI 모델을 제작하고 시각화, AI 제품을 상용화할 수 있는 서비스를 제공한다. AI 모델을 제작하고 상용화 단계에서는 알고리즘랩스 만의 AI Pipeline Optimizer의 핵심기술을 활용해 주어진 데이터에 가장 적합한 인공지능 요소 조합을 찾아낸다.
Pytorch, Tensorflow, Keras, MXNet, Spark MLlib와 같은 AI Framework와 Scikit-learn, XGBoost, CatBoost, LightGBM 등의 AI Library를 비교, 분석해 가장 최적의 솔루션을 찾아내 제공한다.

향후 계획

최근 론칭한 AI 활용 교육을 제공하는 B2C 사이트 '시티즌 AI'를 통해 주요 대기업 그룹사에서 진행되던 AI 활용 교육을 기업 혹은 개인 누구든지 접할 수 있도록 할 예정이다. '시티즌 AI' 론칭을 기반으로 누구든지 코딩을 몰라도 AI를 활용하고 AI 프로젝트를 진행할 수 있도록 대중화에 집중할 계획이다. 현재 전산업 분야 AI 활용 교육이 가능한 상황임에 따라 추가적인 AI 컨설팅부터 기업 상용화까지 대기업 포함 특정 주요기업에만 제공했던 경험을 바탕으로 중견, 중소기업, 대학 등 전산업 분야에 AI 대중화를 선도하는 기업이 되고자 한다.

투자 유치

프리 시리즈 B
70억원 이상

특허, 논문, 보고서 등 지식재산권 보유 현황

- 태스크 추정 모델의 학습 방법 및 장치, 태스크 수행 모델의 최적화 방법 및 장치 (1020210050670/2021.04.19)
- 데이터 시각화 방법 및 장치 (1020210055083/2021.04.28)
- 프로그래밍 학습 가이드 방법 및 장치 (1020200183349/2020.12.24)
- 머신러닝 최적화 방법 및 장치 (1020200107960/2020.08.26)

AI로 반도체 모델링 솔루션 개발

알세미

2022 선정

대표자
조현보

위치
서울특별시 강남구 선릉로90길 34, 5층

설립 연도
2019년 8월

홈페이지
alsemy.com

문의
contact@alsemy.com / 02-3288-1906

상장 여부
비상장

시장 진출한 해외 국가
-

주요 사업
시스템 소프트웨어 개발 및 공급업

● 창업자의 경력

조현보 알세미 대표는 미국 스탠퍼드대를 졸업했다. 2011년 SK하이닉스에 입사한 뒤 반도체 모델링 분야 전문가로 명성을 쌓았다. SK하이닉스 사내벤처 프로그램 '하이개라지'를 통해 2019년 알세미를 설립했다. 알세미는 뉴럴 네트워크를 이용해 반도체 소자를 모델링하는 소프트웨어 '알시스(Alsis)'를 개발해 왔다. 현재 초기 버전을 출시해 국내 반도체 제조 업계 문을 두드리고 있다. 2020년 엔젤·시드 투자 이후 지난해 시리즈 A(신규 시장 진출을 목적으로 제품·서비스 정식 출시 전 받는 투자)까지 총 75억원 이상의 투자를 유치했다.

●● 창업 배경

조현보 알세미 대표는 2016년부터 인공지능(AI)을 통해 반도체 설계 업무를 획기적으로 개선할 수 있다는 아이디어로 사업화에 나섰다. 조 대표는 "반도체 연구개발(R&D) 현장에서 AI 기술을 도입하기 쉽지 않은데 이는 기존 반도체 전문가와 신기술 도입을 위한 AI 전문가 간 이해의 차이 때문"이라며 "알세미는 반도체와 AI, 소프트웨어(SW) 각 분야 최고 인력으로 팀을 구성해 전문가들 사이에서 화학적 결합을 유도하고 있다"고 말했다.

●●● 비전 및 목표

알세미는 인공지능(AI) 기반 반도체 모델링 솔루션 상용화를 위한 여러 기술 난제를 해결했다. 기존 반도체 모델링은 반도체 전문가 노하우에 의존했다. 하지만 이런 방식은 공정이 바뀔 때마다 새로 개발해야하는 한계가 있다. 알세미는 데이터와 머신러닝(기계학습) 기술을 활용해 작업 속도와 정확성을 획기적으로 개선해나가고 있다.

주요 제품 또는 서비스
Alsemy 반도체 모델링을 위한 AI 솔루션

핵심기술
알세미는 빠르고 정확한 반도체 소자 모델링을 제공한다. 인공지능(AI) 기반 모델을 사용해 반도체 엔지니어와 연구원에게 모델 개발 시간을 대폭 단축해주고 있다. 누구나 쉽게 사용할 수 있는 것도 장점이다. 알세미는 AI가 아닌 전문가도 사용할 수 있는 오토ML(AutoML) 알고리즘을 제공한다. 고객의 데이터를 기반으로 알고리즘이 최적의 네트워크 구조를 자동으로 결정한다. 또 데이터가 제한된 상황에 대처하기 위해 알세미는 지식 이전 알고리즘을 사용한다.

장치 물리학에 기반하고 있는 것도 특징이다. 순수한 데이터 기반 ML 모델은 반도체 장치 물리학을 위반할 수 있다. 알세미의 물리 기반 AI 모델은 이 문제를 해결할 수 있다.

또 알세미는 AI를 접목시킨 모델링 솔루션 기술을 확보했다. 반도체 모델 1개는 2만 개에 달하는 코드라인으로 구성돼 있는데, 알세미는 각종 데이터를 활용해 스스로 학습하고 모델링을 한다. 모델의 정합성을 높여 시뮬레이션이 갖는 예측력을 높이고, 이를 토대로 반도체 수율까지 끌어올릴 수 있는 기술을 확보하고 있다. 반도체 모델링은 소자 동작을 컴퓨터가 이해할 수 있도록 함수화하고, 반도체 설계를 위한 시뮬레이션을 가능하도록 만드는 기술이다. 반도체가 기능을 잘 수행하는지를 가늠하는데 꼭 필요한 솔루션이다.

향후 계획
알세미는 AI와 결합된 혁신 기술로 반도체 기업이 더 좋은 반도체를 만들 수 있는 다양한 자동화 솔루션을 제공하는 기업으로 성장해 나갈 계획이다. 알세미는 차세대 지능형 반도체 기술개발 분야 정부 사업의 주관 연구기관으로 선정되기도 했다. 기업들이 안정적 연구개발(R&D) 환경을 갖출 수 있도록 돕는 데 힘쓰면서 순수 기술로 독자적 반도체 모델링 솔루션을 개발해 나가고 있다.

투자 유치

시리즈 A
75억원 이상

특허, 논문, 보고서 등 지식재산권 보유 현황

- 반도체 소자 모델링 방법 및 시스템
(1020210016591/2021.02.05)

글로벌 시장 노리는 서빙 로봇 스타트업

알지티

2022 선정

대표자
정호정

위치
대전광역시 유성구 테크노2로 252-16, C동 1층

설립 연도
2018년 2월

홈페이지
rgt.kr

문의
hj_jeong@rgt.kr / 070-8285-6943

상장 여부
비상장

시장 진출한 해외 국가
말레이시아, 일본

주요 사업
산업용 로봇 제조업

창업자의 경력

정호정 알지티 대표는 충남대에서 메카트로닉스공학을 전공했다. 정 대표가 본인의 전문 분야인 '험지 자율주행 로봇'에서 서빙 로봇으로 방향을 튼 데는 몸소 강도 높은 요식업 노동을 체험한 영향이 크다. 그는 6년 전 미국 캘리포니아에서 친척이 운영하는 프랜차이즈 식당 일을 6개월간 도우면서 홀 직원들의 고충을 이해하게 됐다. 그는 "홀 직원의 하루 평균 이동 거리가 8~14㎞에 달하는 것으로 알려졌는데 실제 경험한 노동 강도는 그 이상이었다"며 "격무 때문에 요식업 이직률이 높아지고, 자영업자는 인력난이 가중돼 폐업으로 내몰리고 있다"고 지적했다. 서비스 로봇의 성장성을 확신한 그는 2016년부터 연구개발(R&D)에 나섰고 2018년 알지티를 세웠다.

창업 배경

자율주행 기술을 공부한 정호정 알지티 대표는 미국에서 친척이 운영하는 프랜차이즈 경영을 돕던 중 노동인구의 고령화 등 요식업 변화에서 기회를 포착하고 다기능 모듈형 서빙 로봇 개발에 착수했다. 알지티는 IBK기업은행의 액셀러레이팅 프로그램 'IBK창공'을 통해 창업한 회사다. 정 대표는 "식당 등 창업 시장의 문제점을 해결하는 자율주행 로봇 개발에 주력할 것"이라고 말했다.

비전 및 목표

알지티는 올해 안으로 서빙 로봇 '세로모' 150대 판매와 호주 등 해외 시장 진출을 목표로 삼았다. 식당 등 창업 시장의 문제점을 해결하는 자율주행 로봇 개발에 주력할 계획이다. 자사의 서빙 로봇을 접한 사람들에게 좋은 추억을 주는 기업이 되겠다는 목표를 갖고 있다.

주요 제품 또는 서비스
써봇 서빙 로봇.
세로모 서빙 로봇.

핵심기술
알지티의 서빙 로봇 '써봇'은 사람과 비슷한 초당 1.2m를 이동할 수 있다. 기존 서빙 로봇보다 1.5배 정도 빠르게 움직인다. 단순히 빠르기만 하면 매장 손님과 부딪힐 위험이 높아지는데 알지티는 로봇 앞으로 다가오는 사람의 보폭과 가속도를 파악하는 인공지능(AI) 기반 '회피 알고리즘'을 자체 개발했다. 5m 전방부터 사람 이동 궤적을 분석해 회피 공간으로 이동하거나 멈추는 원리를 적용했다. 보통 서빙 로봇이 사람 이동 방향과 무관하게 빈 공간으로 움직여 결국 사람과 부딪히는 상황이 많은데 이 같은 문제를 줄일 수 있다. 서빙 로봇이 자율주행을 하려면 카메라와 거리 측정 센서인 라이다(LiDAR), 깊이 측정 센서(RGB-D) 등의 정보값으로 3차원(3D) 지도를 만드는데 보통 실내 공간 인식을 위해 천장 등에 기준점(표식)을 부착해야 한다. 이로 인해 따로 표식 부착 공사가 필요하고 천장 높이가 4m를 넘을 경우 인식도 어렵다. 정호정 알지티 대표는 "부가적 공사 없이 로봇이 스스로 실내 3D 지도를 작성하도록 설계했다"며 "조명·창문·대리석 등의 실내 빛 반사로 인한 오작동을 줄인 것도 알지티 서빙 로봇 알고리즘의 강점"이라고 설명했다.

향후 계획
알지티는 포스(POS) 연동 기능을 통해 복합쇼핑몰 배송 서비스에 진출할 예정이다. 복합쇼핑몰과 지하상가는 배달 수요가 있음에도 유동인구 탓에 서빙 로봇의 사각지대로 꼽힌다. 알지티의 서빙 로봇 '써봇'은 매장마다 포스를 통해 호출을 받고 지정한 위치에 식음료를 배달한다. 동적 장애물을 고려한 회피 주행 능력도 써봇의 장점이다. 알지티는 지난해 말 산업통상자원부 '인공지능(AI)·5G 기반 서비스 로봇 융합모델 실증사업'에 선정되기도 했다. 대전 중앙로 지하상가에서 로봇 실증을 진행하고 있다.

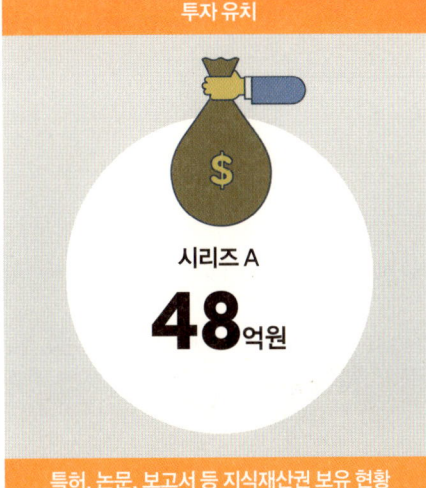

투자 유치
시리즈 A
48억원

특허, 논문, 보고서 등 지식재산권 보유 현황
- 서빙로봇(1020200005021/2020.01.14)
- 식당 서비스용 로봇 (1020200091104/2020.07.22)
- 다기능 자율주행 서빙 로봇 (1020200110626/2020.08.31)

수상 이력
- 2021년 K-스타트업 창업리그 우수상 (창업진흥원 주최)
- 2020년 7회 ICT 스마트 디바이스 전국 공모전 대상(과학기술정보통신부 주최)

반도체 장비 공정 설비 분야 AI 진단 전문업체

알티엠

대표자
성기석

위치
서울특별시 강남구 역삼로3길 11 광성빌딩 본관 10층

설립 연도
2018년 6월

홈페이지
rtm.ai

문의
sales@rtm.ai / 02-2088-6780

상장 여부
비상장

시장 진출한 해외 국가
-

주요 사업
반도체, 디스플레이 등 하이테크 제조업의 공정 분석 솔루션사업

● 창업자의 경력
성기석 대표는 한성과학고를 졸업하고 KAIST를 졸업한 이후 서울대에서 석사 학위를 받았다. 미국 텍사스 A&M대학교에서 머신러닝(기계학습) 분야 박사 과정을 마치고 국내로 돌아와 삼성생명에서 보험가입자 데이터를 분석하는 업무를 맡았다.

●● 창업 배경
금융회사에서 고객 데이터를 분석하던 그가 반도체 스마트팩토리 솔루션 개발에 뛰어들었다. 자신의 전공 분야인 머신러닝과 AI 지식을 제조업 공정 혁신에 풀고 싶다는 생각을 항상 해왔기 때문이다. 그는 반도체와 같은 하이테크 제조업은 복잡성이 더해져 공정 문제가 발생하면 수백억원대 손실이 나는 것은 물론, 예전 방법으로 문제를 해결하려다가 혼란만 야기할 수 있다는 점에 주목했다. 반도체 스마트팩토리는 이미 공장 자동화는 이뤄졌지만, 공정 수행 과정을 스스로 판단해서 결과를 알려주는 AI 솔루션은 갖춘 곳은 거의 없었다. AI를 통한 공정, 설비 진단 문제를 해결하는 시장이 커질 것을 예상하고 하이테크 제조업의 복잡한 공정을 분석하는 회사인 알티엠을 창업했다.

●●● 비전 및 목표
알티엠은 AI로 반도체 공정에서 '불량률 제로'를 달성하는 게 목표다. 가장 어려운 제조업 분야인 반도체 부문에 AI 솔루션 모델이 안착해야 다른 제조업에도 응용할 수 있기 때문이다. 성기석 대표는 한 언론 인터뷰에서 "AI가 제조업 징벽을 넘어 진화를 이끈 사례를 만들겠다"는 포부를 밝혔다.

●●●● 주요 제품 또는 서비스
아폴로 제조 장비에서 발생하는 방대한 센서 데이터를 효과적으로 수집 및 분석한 설명 가능한 머신러닝 솔루션이다.

반도체 및 진공펌프 조립, 재사용 배터리 공정에서 시계열 데이터 패턴 구간을 파악해 이상 원인을 도출하는 자동 이상 탐지 기능을 탑재했으며 장비 수명을 예측해 다운타임을 감소할 수 있다. 현장에서 발생하는 데이터를 솔루션에 탑재된 모델에 반영해 실시간 고도화도 가능하다.

허블 기존 장비에서 판단하지 못했던 미세한 불량까지 자동 검출하여 생산 효율을 극대화하는 딥러닝 기반의 비전 솔루션이다. LED 디스플레이, 반도체 칩, 반도체 부품 제조 공정에서 발생하는 불량을 다양하게 학습해 검사 단계에서 형태가 바뀌어도 유연하게 판별할 수 있다. 제품 전체 이미지에서 미세한 이상 원인을 부분 추출해 정밀 분석해 정확하고 신속하게 불량을 검출한다.

●●●●●
핵심기술
초정밀 스마트 공정에서 실시간으로 이상 탐지, 공정 진단, 설비 진단을 구현하기 위한 핵심기술을 확보하고 있다. 딥러닝 모델의 설명을 높여 공정 파라미터별 상태를 진단하고 해석하는 설명가능한 AI로, 적응형 모델 업데이트 기술이 지속적으로 신규 이상 패턴을 검출하여 신속한 대응을 가능케 한다. 데이터가 부족한 상황에도 데이터 증식 기술을 활용하여 AI 모델을 생성할 수 있으며, 극대화된 탐지 확률 및 신뢰도 알고리즘으로 차별화된 데이터 분석 솔루션을 제공한다. 아울러 특화된 처리 기술을 통해 작업자가 해석하기 쉬운 형태의 데이터로 가공하는 이미지 처리기술을 갖고 있다. 전체 제품 이미지에서 불량 및 이상 발생 부분을 특정화하여 정밀한 분석이 가능하며 고객의 이미지에 맞게 튜닝되어 공정 판별 정확도를 향상한 고객 맞춤형 모델을 제공하고 있다.

●●●●●●
향후 계획
다음 목표는 고객사 다변화와 규모의 성장이다. 고객사를 확장하기 위해 반도체 공정 전반에 적용할 수 있는 딥러닝 모델을 정교화하고, 고객사별로 공급한 솔루션을 맞춤형으로 제공할 계획이다. 이상 탐지, 데이터 관리 솔루션을 라이선스 방식의 패키지 소프트웨어 형식으로 장비사에 납품하고 더 나아가 내장형 솔루션을 탑재한 장비를 설계해 고객사 양산 라인에 서비스를 제공할 계획이다.

투자 유치

시리즈 A 투자 완료
80억원
(누적투자 금액 89억원 이상)

특허, 논문, 보고서 등 지식재산권 보유 현황
- 기계학습 기반 시계열 데이터 처리 방법 및 장치 (1020210025624/2021.2.25)
- 플라즈마의 상태를 확인하는 전자 장치 및 그 동작 방법(1020210025856/2021.2.25)
- 시계열 데이터의 특징 값을 추출하는 방법 및 장치(1020210026328/2021.2.26)
- 연산 장치 및 이를 이용한 계측 데이터에 대한 특징 추출 방법(1020210062133/2021.5.13)

수상 이력
- 2021년 인공지능 산업발전 유공자(과학기술정보통신부 장관상)
- 2021년 중소벤처기업부 대표혁신기업 1000
- 2020년 중소벤처기업부 주최 '컴업 2020'에서 인공지능(AI) 챔피언십 우승

AI 기술과 MRI 데이터를 기반으로 뇌질환 진단, 치료 가이드 솔루션을 개발하는 기업

㈜애자일소다

2021·2022 2년 연속 선정

대표자
최대우

위치
서울특별시 강남구 선릉로 525(역삼동, 인포스톰빌딩) 3층

설립 연도
2015년 4월

홈페이지
agilesoda.ai

문의
contact@agilesoda.ai / 02-558-8300

상장 여부
비상장

시장 진출한 해외 국가
일본을 시작으로 미국, 동남아시아 시장 진출 준비 중

주요 사업
응용소프트웨어 개발 및 공급

창업자의 경력

최대우 애자일소다 대표는 대학교수와 사업체 대표를 겸직하고 있다. 한국외대 통계학과에 재직 중이다. 그는 서울대 통계학과를 졸업하고 미국 럿거스대에서 박사학위를 받았다. 국내에서 통계학에 자주 활용되는 프로그래밍 언어 'R'을 최초로 소개한 전문가로 알려져 있다.

1990년대 말부터 다수의 데이터·인공지능(AI) 활용 프로젝트를 수행해왔다. 금융업·제조업·정부 과제 등 관여 프로젝트만 200회가 넘는다.

창업 배경

최 대표는 대표보다 교수 호칭을 선호한다. 창업 역시도 데이터 산업의 역사와 변화를 꿰고 있다 보니 다른 공동 창업자의 제의를 받아 참여하게 됐다. 교수로서 그는 국내 기업체들의 데이터 분석 방식을 지켜보며 항상 의문을 품어왔다. 프로그램으로 해결할 수 있는 문제를 두고 상당수가 대량 인력과 컨설팅 비용을 소모했기 때문이다.

"회사 경영이 거칠고 힘들다"면서도 기업용 인공지능(AI)을 만드는 일에는 사력을 다하고 있다. 소프트웨어(SW)업계 최고 전문가들과 함께 일한다는 점도 그가 기업을 이끌게 된 배경이다. 애자일소다에는 현재 정송 KAIST AI대학원장, 주재걸 KAIST 교수 등이 'AI 어드바이저'로 합류해 있다. 사용자 인터페이스(UI) 전문 기업 투비소프트 출신의 핵심 인력도 경영에 참여하고 있다.

비전 및 목표

애자일소다라는 사명은 민첩성을 의미하는 'Agility'와 'Software Defined AI'의 합성어다. '스스로 발전하는 소프트웨어(SW)를 만든다'는 목표 아래 의사결정 자동화 및 최적화를 위한 기업용 AI를 구현하고 있다.

고객이 AI 기술을 기반으로 변화하는 시장에서 기민하게 대응할 수 있도록 한다는 목표다. 머신러닝과 강화 학습을 통

해 결과적으로 고객사의 경영 판단 속도를 대폭 끌어올린다는 비전을 갖고 있다.

주요 제품 또는 서비스
트윈리더 AI OCR 솔루션(이미지 문서 인식).
트윈독 AI NLP 플랫폼(문맥 기반의 분류, 요약).
베이킹소다 강화 학습 기반 의사결정 최적화 AI.
스파클링소다 ModelOps 기반 엔터프라이즈 AI.

핵심기술
애자일소다의 핵심기술은 '잘 보고, 잘 읽어, 최적의 의사결정을 내린다'에 초점을 맞추고 있다. 베이킹소다, 스파클링소다, 트윈소다를 포괄하는 기업용 인공지능(AI) 솔루션 그룹 'AI 스위트(Suite)'에는 애자일소다의 기술이 잘 녹아 있다. 컴퓨터비전, 전이 학습, 시뮬레이션, MLOps 등의 요소가 기반이다.
특히 베이킹소다에 적용된 강화 학습 기술은 국내 최초로 금융권 비즈니스 접목에 성공한 사례다. 강화 학습은 AI가 시행착오에 의해 학습하는 방법으로, 난도가 높은 영역이다. 현재는 금융권뿐만 아니라 제조, 교육, 유통 등 여러 분야에서 프로젝트가 진행되고 있다. 앞으로 다양한 시스템과 결합해 더욱 광범위하게 활용할 수 있을 것으로 기대하고 있다.

향후 계획
5년 내 '파이코(FICO)'와 같은 세계적 의사결정 최적화 소프트웨어(SW) 기업이 되고자 한다. 애자일소다는 이를 위해 올해 초 인공지능(AI) 분석 권위자인 지수 라이언 전 파이코 부사장을 영입하기도 했다.
최근엔 시리즈 C 투자 유치를 추진하고 있다. 올해 초 코스닥시장 입성에는 실패했지만, 연구개발 인력을 대규모 확충하며 다시 한번 기회를 노리고 있다. 2023년 기업공개(IPO)를 재추진할 전망이다.

투자 유치

시리즈 B
120억원

특허, 논문, 보고서 등 지식재산권 보유 현황

97건의 등록특허(국내 67건, 해외 30건) 보유
- 파티셔닝을 이용한 심층 강화학습 기반 집적회로 설계시스템 및 방법
  (1020220055182/2022.05.04)
- 학습 교재의 OCR 변환 장치 및 방법
  (1020220038811/2022.03.29)

4건의 SCI급 국내외 학회 발표 논문
NeurIPS 2019 / UR Pick & Place Robot / IEEE 등에서 논문 채택 및 출판

수상 이력
- 2022년 과학정보통신의날 정보통신 발전 유공 대통령 표창
- 2022년 CJ CIAT 데모데이 대상
- 2021년 디지털경영혁신대상
- 2021년 대한민국 인공지능대상 프로세스자동화 부문
- 2021년 〈파이낸셜 타임스〉 아태 지역 고성장 회사 Top 500 선정
- 2020년 좋은일자리대상 중소벤처기업부 장관상(중소벤처기업부)
- 2020년 한국지능정보학회 지능형 시스템 우수상
- 2020년 서울형 강소기업 선정(서울시)
- 2019년 4차산업혁명대상 ETRI 원장상
- 2019년 대한민국 인공지능대상 금융솔루션 부문
- 2019년 대한민국 창업대상 대한상공회의소 회장
- 2019년 대한민국중소기업대상 수상

AI 기술을 활용해 녹음 파일을 텍스트로 바꿔주는 서비스 운영

㈜액션파워

2021·2022
2년 연속 선정

대표자
이지화(좌), 조홍식(우)

위치
서울특별시 관악구 남부순환로 1838 CS타워 11층

설립 연도
2016년 1월

홈페이지
actionpower.kr

문의
partnership@daglo.ai /
070-7775-0033

상장 여부
비상장

시장 진출한 해외 국가
미국 등 글로벌시장 진출

주요 사업
응용소프트웨어 개발 및 공급

창업자의 경력

조홍식 공동대표는 서울대 경제학부를 졸업한 뒤 맥쿼리 증권, BoA 메릴린치 증권, HSBC 증권 등 굴지의 증권사에서 근무하다 액션파워를 공동 창업했다. 서울대 컴퓨터공학부 박사 출신인 이지화 공동대표는 스탠퍼드 연구소(SRI) 연구원을 거쳐 음향 믹싱, 마스터링 엔지니어 등을 역임한 음성인식 전문가다.

창업 배경

조홍식 공동대표가 애널리스트로 일하던 당시 필기는 일상이었다. 녹음할 때도 있었지만 공중에 떠다니는 '말'들을 잡기엔 역부족이었다. 때마침 음성인식 기술 패러다임이 바뀌고 있었다. 통계 모델을 이용하던 기존 방식에서 딥러닝이나 머신러닝으로 옮겨갔다. 음성인식과 AI 분야는 창업 멤버 모두에게 강점이 있는 분야였다. 이지화 액션파워 공동 창업자의 경우, 서울대에서 컴퓨터공학을 전공한 후 음향 엔지니어로도 활동하며 음향 일을 꾸준히 이어왔다. 액션파워를 창업한 두 사람은 '실행이 가장 큰 힘'이라는 모토로 인공지능 기반 음성인식 기술개발에 돌입했다.

비전 및 목표

미션 : 꿈꿔왔던 편리함을 가능하게.
비전 : 세계 최고의 AI 솔루션을 통해 고객의 커뮤니케이션을 돕는다.

주요 제품 또는 서비스

다글로는 AI 기반 음성인식 텍스트 자동 변환 서비스다. 다글로 웹사이트에 녹음 파일을 업로드하면 AI 받아쓰기 모델이 음성을 텍스트로 자동 전환한다. 다글로의 받아쓰기 정확도는 95% 수준에 달한다. 녹음 환경이 좋으면 정확도가 98%까지 올라간다. 받아쓰기 편집에 특화된 편집기를 제공

해 세부적 내용을 사용자가 보완해 완성할 수 있다. 편집기 내 수정을 거듭할수록 사용자의 단어 인식률도 높아진다.

●●●●● 핵심기술

액션파워는 AI 원천기술을 개발하고 있다. 버트(BERT), GPT 등 주요 AI 언어 모델과 자체 개발한 자동 음성인식 기술을 바탕으로 최신 딥러닝 알고리즘을 적용해 음성인식(Speech-to-Text) 엔진을 분야별로 특화시켜 정확도를 극대화하고 있다. 모노, 멀티 채널로 입력된 여러 화자를 음성으로 구분하는 화자 분리 기술도 제공하고 있으며, 노이즈 제거, 음성활성 탐지 등 다양한 기술을 활용하여 정확한 음성인식 결과를 제공하고 있다. 액션파워는 오디오 파일을 텍스트로 변환하는 기술뿐 아니라 실시간 음성인식 기술에 대해서도 연구하고 있으며, 상당한 정확도를 가지고 있다.

자연어처리도 장점이다. 액션파워는 최신 자연어처리 기술을 활용하고 있으며, 음성인식 결과에 최적화한 띄어쓰기, 맞춤법 검사 모듈을 지원한다. 액션파워는 텍스트에서 주요 키워드를 추출할 수도 있고, 음성인식 시 사용자 사전에 기초한 키워드 부스팅(keyword boosting) 기능, 음성 인식 결과에 대한 비슷한 발음 검색 기능, 요약 기능 또한 지원한다. 또한 액션파워는 텍스트 감정 분석, QA모델, TTS(Text-To-Speech), 음성 인증(Speaker Verification), 비디오에 자막을 달아주는 video captioning, 비디오를 요약해주는 video summary 등 다양한 인공지능 기술을 보유하고 있으며, 끊임없는 연구를 진행하고 있다.

●●●●● 향후 계획

단순히 음성 데이터를 텍스트로 전환하는 기능에서 더 나아가 화자 분리, 감정 지수 산출, 표정 인식 등 영상에서 비언어적 데이터를 분석할 수 있는 서비스까지 통합 제공하는 것이 단기적 목표다.

장기적으로는 액션파워를 음성인식뿐 아니라 텍스트, 영상, 빅데이터 등 다양한 AI의 핵심기술을 높은 수준으로 끌어올려 고객에게 제공하는 '종합 AI 회사'로 육성할 계획이다. 현재 서비스 중인 다글로에 이어 인공지능 화상회의 서비스 '어텐드'도 출시를 앞두고 있다.

투자 유치

시리즈 A
누적 **150**억원

특허, 논문, 보고서 등 지식재산권 보유 현황

- 병렬말뭉치를 이용한 대체어 자동 추출 시스템 및 방법 (KR1137010B1/2012.04.09)
- 데이터 공유 기능을 가지는 통신 단말 장치 (KR1612765B1/2016.04.08)
- 대화록 서비스를 제공하는 컴퓨팅 장치 (KR2208954B1/2020.07.21)
- 대화록 서비스를 제공하는 컴퓨팅 장치 (KR2376058B1/2022.03.25)
- 단어 그래프를 이용한 대화 요약 생성 방법 (KR2444457B1/2022.09.14)

국내출원 약 20건, 해외출원 약 10건 진행 중

수상 이력

- 2022년 제6회 4차 산업혁명 대상 장관상
- 2021년 대한민국 ICT 대상 지능정보 부문 과학기술정보통신부 장관상 우수상
- 2021년 KT 미래 성장기업 발굴 디지코 공모전 선발
- 2019년 대한민국 모바일 어워드 우수상
- 2018년 AWS, AI 스타트업 챌린지 우수상

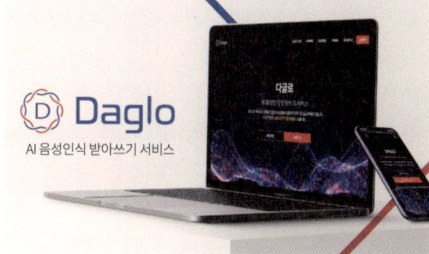

지속가능한 AI 도입을 위한 솔루션 및 관련 서비스 제공

㈜업스테이지

2021·2022 2년 연속 선정

대표자
김성훈

위치
경기도 용인시 수지구 광교중앙로 338, 에이동 821호(상현동, 광교우미뉴브)

설립 연도
2020년 10월

홈페이지
upstage.ai

문의
contact@upstage.ai / 070-8098-3023

상장 여부
비상장

시장 진출한 해외 국가
홍콩 진출, 일본·미국 진출 타진

주요 사업
AI 소프트웨어 솔루션 개발 및 공급

• 창업자의 경력

김성훈 창업자는 창업 직전까지 네이버 클로바 AI Head로 AI 개발 조직을 총괄했다. 2016년도에 만든 '모두를 위한 딥러닝' 유튜브 무료 강좌는 많은 이들을 AI로 입문하게 만들었다. 초기 한글 검색엔진인 '까치네'를 개발하고 (주)나라비전을 공동 창업하여 '깨비메일' 개발을 주도했고, 이후 소프트웨어 버그의 예측으로 박사학위를 받은 뒤 홍콩 과학기술대학에 교수로 임용되었다.

이활석 창업자는 전 네이버 클로바 Visual AI 리더로 연구적으로는 주요 국제 AI 학회 논문 10편 이상을 게재하였고, 서비스적으로도 다수의 AI 관련 B2B와 B2C 서비스를 리딩한 경험이 있다.

박은정 창업자는 전 파파고의 모델팀을 리드하며 각종 기능 개발에 앞장섰다. 제조, 정치, 멀티미디어 등 다양한 도메인의 텍스트 모델링 경험이 있으며 한국어 관련 연구, 프로덕션과 교육 등에 널리 쓰이고 있는 한국어처리 오픈소스 라이브러리인 konlpy 및 한국어 데이터셋인 nsmc를 배포했다.

•• 창업 배경

글로벌 테크 기업에서 품질 높은 AI 서비스로 수익을 창출해본 주요 리더들이 기술의 장벽을 낮춘 AI 솔루션을 개발하여 더 많은 회사가 AI 무대에 오를 수 있도록(Upstage) 하면 좋겠다는 마음으로 의기투합했다. 네이버 비주얼 AI, OCR팀 리더 이활석 최고기술책임자(CTO), 파파고 모델팀 리더 박은정 최고과학책임자(CSO), 글로벌 AI 경진대회 '캐글' 세계 랭킹 15위 김상훈 리더, 카카오 AI 기술팀장 김재범 리더, 맥킨지 출신이자 Element AI 동북아 사업개발 총괄 권순일 리더, 페이스북 출신으로 20년 이상 엔지니어링 경력의 이재호 엔지니어, 카카오 검색엔진 총괄 배재경 리더, NVIDIA 개발 프로그램 마케팅 담당 손해인 리더 등 AI 사업, 개발, 마케팅 분야의 주요 멤버들이 모여 있다.

••• 비전 및 목표

'Making AI Beneficial'이라는 미션 아래 '누구나 쉽게 AI 기

술을 도입하게 한다'는 비전을 이루려 한다. 더 많은 이들이 AI 혁신의 물결에 올라타도록 소수 인력으로도 최신 AI 기술을 도입·유지·보수할 수 있는 'AI Pack' 솔루션을 만들고 있다.

주요 제품 또는 서비스
소수 인력으로도 기업이 지속적으로 사용할 수 있는 AI 기술을 만들 수 있게 하는 'AI Pack' 솔루션.
- 문서 인식 기술(OCR)
- 자연어처리(NLP) 기반 뉴럴 검색
- 추천시스템(Recommender System)

핵심기술
AI 기술을 비즈니스와 서비스에 도입하기 위해 필요한 일련의 과정을 표준화·자동화해 소수 인력으로도 기술 구축이 가능한 'AI Pack'이라는 솔루션을 개발하고 있다. 솔루션 도입 이후에도 최신 모델 도입부터 유지, 보수까지 지속적인 관리를 자체적으로 해결할 수 있는 시스템을 구축하고 있으며 OCR, 추천, 뉴럴 검색 Pack이 곧 출시될 예정이다.
전 세계 머신러닝 개발자가 참여하는 캐글 대회에서 다양한 산업, 기술 도메인에서 상위 레벨 모델을 개발해 총 11개의 메달을 받았고 한국어 AI 모델 평가체계인 '클루(KLUE)' 개발을 주도해 자연어처리 기술의 리더십을 확보했다. 아울러, 창업 1년 만에 NeurIPS, ACL, AAAI, EMNLP 등 글로벌 톱 AI 학회에서 총 9개의 논문을 발행했다.

향후 계획
'AI Pack' 개발을 추진하고 있다. 기업에서 지속적으로 사용할 수 있는 AI 기술을 소수의 인력으로 만들 수 있게 하는 올인원 AI 솔루션이다. 이를 위해 업스테이지는 2022년까지 200명 이상 국내외 AI 개발자와 소프트웨어(SW) 엔지니어를 채용할 계획도 갖고 있다. 글로벌 AI 유니콘에도 도전하고 있으며 2021년 9월 시리즈A 라운드에서 316억원 규모의 투자를 유치한 데다, 설립 8개월 만에 88억원 규모의 계약을 달성한 상태라 순항 중이라는 평가다.

투자 유치

시리즈 A
316억원

특허, 논문, 보고서 등 지식재산권 보유 현황
- COLING 2020 "Scale down Transformer by Grouping Features for a Lightweight Character-level Language Model"
- EMNLP 2020 "Suicidal Risk Detection for Military Personnel"
- EMNLP 2020 "Fast End-to-end Coreference Resolution for Korean"
- ACL 2021 "Unsupervised neural machine translation for low-resource domains via metalearning"
- NeurIPS 2021 "KLUE: Korean Language Understanding Evaluation"
- EMNLP 2021 "Improving Text Auto-Completion with Next Phrase Prediction"
- ICDAR 2021 "SynthTIGER: Synthetic Text Image GEneratoR Towards Better Text Recognition Models"
- NeurIPS 2021 "SWAD: Domain Generalization by Seeking Flat Minima"
- AAAI 2021 "BROS: A Pre-trained Language Model Focusing on Text and Layout for Better Key Information Extraction from Documents" Extractiofrom Documents"

수상 이력
- 글로벌 700만 명 이상의 머신러닝 엔지니어 참가 AI 경진대회 캐글(Kaggle) 수상 경력

시력회복 기기 개발기업

에덴룩스

대표자
박성용

위치
서울특별시 금천구 가산디지털1로 145, 에이스하이엔드타워 3차 1704호

설립 연도
2014년 5월

홈페이지
otuseye.com

문의
cs@edenlx.com / 1661-8171

상장 여부
비상장

시장 진출한 해외 국가
-

주요 사업
웨어러블 디바이스

창업자의 경력
박성용 대표는 의과대학을 졸업하고 의사로 근무하고 있을 당시 라식수술을 받아서 시력이 매우 좋았다고 한다. 하지만 군의관 시절 경추 근육경직으로 근육이완제 주사치료를 받았는데 부작용이 발생해 갑작스러운 시력저하 현상이 일어났다. 원인을 파악한 결과, 초점을 맞추는 근력이 약화돼서 그렇다는 진단을 받았다. 그때 우연히 '비전테라피'라는 학문을 접했고 미국에서 비전테라피 도구를 들여와 독학으로 연구하고 훈련해 시력을 회복할 수 있었다.

창업 배경
요즘 스마트폰을 장시간 사용하여 시력 저하 현상을 겪는 사람들이 많은데, 비전테라피가 도움이 될 것 같아서 창업을 결심했다. 비전테라피는 미국에선 1950년대부터 발전해온 학문이다. 수많은 근육들이 안구를 둘러싸고 있는데 그중에서 수정체 조절근의 수축, 이완 훈련을 통해 시력을 개선하는 방법이다. 흔히 원근 조절 기능을 하는 수정체를 카메라 렌즈에 비유하는데, 수정체 자체의 기능을 개선하기는 어렵다. 하지만 수정체를 둘러싼 근육의 근력을 강화해 수축, 이완 작용을 원활하게 하면 시력을 향상할 수 있다.

비전 및 목표
밝은 눈으로 오래오래 사랑하는 가족들을 보며 건강한 삶을 경험할 수 있도록 기여한다.

주요 제품 또는 서비스
오투스 비전테라피 기술을 접목해 내놓은 IoT(사물인터넷) 눈 건강 관리기기다.
오투스는 10개의 특수 광학 렌즈를 통해 수정체를 조절하는 모양체근에 반복적인 수축·이완 자극을 가해 시각 기능 향상에 도움을 준다. 하루 5분 착용만으로도 효과를 얻을 수 있으며, 디바이스와 연동되는 전용 앱의 게임을 통해서도 즐겁게 눈 운동을 할 수 있다.

사람 안구에는 근육이 붙어 있다. 안구 근육은 불수의근이라고 하는데 불수의근은 뇌의 명령에 따라 움직이지 않는다. 안구가 커지면 시력이 나빠지는데 안구 크기를 조절하면 원시나 근시로 발전하는 것을 막고 장기적으로는 시력도 올라갈 가능성이 있다. 이 기기는 안구 수축과 이완을 담당하는 근육을 운동시켜 시력을 덜 나빠지게 하고 시력을 회복하는 원리다. 눈 운동을 시작하면 각각의 렌즈가 회전하면서 렌즈를 바꿔주고 자연스럽게 눈 운동을 시킨다. 한 번은 흐리게 보이도록 하고 다른 한 번은 잘 보이도록 해 안구 근육을 운동시킨다. 글자가 흐려져 잘 보이지 않으면 근육에 힘이 들어가고 그렇지 않으면 근육이 풀린다. 근육을 조이고 풀면서 운동시키는 원리다.

다소 번거롭고 전문 관리사가 필요했던 비전테라피와 달리 에덴룩스의 디바이스와 스마트폰을 블루투스로 연결해 다양한 기능을 구현할 수 있고 앱을 통한 전문적인 피드백 제공이 가능하다. 안대를 쓰는 것같이 편하게 착용하고, 하루에 5분 내지 10분 동안 책이나 TV 또는 스마트폰을 보면서 훈련하는 간편한 방법이 최대 장점이다. 실제 임상시험 결과 4주 정도만에 시력 개선 효과가 있는것으로 나타났다. 눈 속에 있는 수정체 조절에 관여하는 근육을 직접적으로 자극하여 확실한 개선 수치를 보여준다.

●●●●●
핵심기술

비전테라피를 웨어러블 디바이스로 진행, 2.00D부터 +2.00D까지 초점거리를 바꿔주는 디옵터 렌즈들이 반복적으로 돌아가며 수정체 근육을 운동시켜준다. 8개의 특수광학렌즈가 5분동안 60회 이상 회전하면서 자동화된 초점 원근자극, 디바이스와 APP을 연동해 개인별 맞춤 트레이닝을 진행한다.

●●●●●●
향후 계획

5년 연구 끝에 2020년 본격 시장에 내놓은 오투스는 현재까지 1만 대 이상이 팔렸다. 미국 시장 진출도 앞두고 있다. 미국 뉴욕주립대 병원의 안과학·검안학자들과 공동으로 임상연구를 진행해 현지 시장을 설득할 계획이다.

투자 유치

시리즈 A
30억원 이상

특허, 논문, 보고서 등 지식재산권 보유 현황

- 시력훈련장치(1020197025207/2016.12.14)
- 조절용이성 측정 및 시력 향상 가능성 제시 방법, 프로그램 및 장치(1020200156231/2020.11.20)
- 초점거리를 가변할 수 있는 유체 렌즈 (1020180132287/2018.10.31)
- 탄성체렌즈를 이용한 광학장치 (1020200018295/2020.02.14)
- 정확도가 향상된 눈의 조절력 측정 및 훈련의 방법, 시스템 및 컴퓨터 프로그램 (1020210012158/2021.01.28)

수상 이력

- 2021년 도전! K-스타트업 2020 최우수상, 사회부총리겸교육부장관상
- 2016년 AABI 국제화상·2016 아시아창업보육협회(AABI) 총회 제1회 지식재산 스타트업 경진대회 '특허청장상'

인터폴과 협업하는 보안 기업

에스투더블유

2022 선정

대표자
서상덕

위치
경기도 성남시 분당구 판교역로 192번길 12, 3층

설립 연도
2018년 9월

홈페이지
s2w.inc/kr

문의
recruit@s2w.inc / 070-5066-5277

상장 여부
비상장

시장 진출한 해외 국가
미국

주요 사업
응용 소프트웨어 개발 및 공급

● 창업자의 경력

서상덕 에스투더블유 대표는 KAIST 전자과를 나와서 국내 소프트웨어(SW) 기업 티맥스소프트에서 개발자로 경력을 쌓았다. 미국 보스턴컨설팅그룹(BCG)에서 컨설팅 업무를 하다가 롯데그룹에서 전략기획 업무도 담당했다. 그러다 롯데그룹의 사내벤처 대표까지 했다. 이후 사내벤처 회사가 매각이 됐고, 그 경험을 자양분으로 창업에 나섰다.

●● 창업 배경

서상덕 대표는 2017년 롯데 액셀러레이터에서 전략기획 업무를 맡고 있던 당시 대학 동기인 신승원 KAIST 정보보호대학원 교수의 제안을 받고 고민에 빠졌다. 세계적인 네트워크 보안 전문가인 신 교수의 다크웹 연구를 사업으로 발전시키자는 구상이었다. 기술 스타트업을 전문적으로 키우는 블루포인트파트너스의 이용관 대표와 머리를 맞대고 사업 모델을 다듬었다. 서 대표가 경영을 맡았고, 신 교수가 최고기술책임자(CTO)로 나섰다. 반응은 해외에서 먼저 왔다. 2018년 9월 국제형사경찰기구(INTERPOL·인터폴)가 사이버범죄 수사를 도와달라며 서 대표에게 손을 내밀었다. 이를 계기로 다크웹 정보분석 업체 중 세계 최고 수준으로 평가받고 있는 스타트업, 에스투더블유로 발전하게 됐다.

●●● 비전 및 목표

에스투더블유의 올해 성장 목표는 매출액 80억~100억원이다. 매년 2배 이상 성장을 목표로 하고 있다.

●●●● 주요 제품 또는 서비스

에스투더블유는 사이버 위협 인텔리전스, 브랜드·디지털 남용 분석, 블록체인 전문 데이터 인텔리전스 회사다. 위협 인텔리전스, 디지털 남용 인텔리전스, 가상 자산 인텔리전스 서비스 등을 제공한다.

●●●●●
핵심기술

에스투더블유는 최고 수준의 데이터 수집 및 모니터링, 탐지 기술을 통해 정보 유출과 같은 다양한 외부 위협으로부터 고객을 보호한다. 능동적인 위협 및 취약성 관리, 데이터 침해 감지, 다크웹 모니터링 등을 한다. 뛰어난 데이터 수집 기술로 경쟁사 대비 더 넓은 모니터링 범위를 자랑하고 있다.

또 그래프 기반 관계 분석 엔진과 분석팀이 위협을 정확하게 탐지하고 위협의 근본 원인을 파악한다. 공격 그룹에 대한 이해를 바탕으로 고객에 특화된 즉각적으로 적용 가능한 인텔리전스를 제공한다.

에스투더블유는 또 디지털 플랫폼 거래 데이터 조사를 통해 다양한 형태의 디지털 탐색을 분석하고 비정상적인 거래 행위와 사용자를 탐지한다. 관계형 추론 엔진을 이용한 사용자 클러스터화를 통해 의심스러운 사용자를 탐지하는 게 특징이다. 축적된 데이터베이스와 탐지 기법을 기반으로 사용자의 비정상적인 거래 및 행위를 탐지하고 차단한다. 고객의 다양한 피드백을 받아 맞춤형 솔루션으로 제시하고, 브랜드 가치와 지식재산권을 보호한다.

인공지능(AI) 기반 탐지 기술을 사용해 가상 자산 거래에 대한 심층 분석 및 불법 거래를 모니터링하기도 한다. 그래프 기반 가상 자산 거래 추적, 보안 검사 서비스, 불법 거래 탐지 등을 한다. 다크웹을 통해 발견된 보고되지 않은 위협의 주소와 패턴을 학습하는 AI 엔진을 사용해 의심스러운 거래에 대한 추적과 차단 기능을 제공한다. '네트워크 및 분산 시스템 보안 심포지엄(NDSS)'에 실린 에스투더블유의 보안 문서에서 검증한 것과 같이 가상자산 분석 기능으로 블록체인 거래를 분석하고 추적한다. 또 고객의 요구에 맞춘 솔루션으로 데이터 통합을 위한 응용프로그램 인터페이스(API)를 제공한다.

●●●●●●
향후 계획

사업을 확장해 다양한 기업과 국가가 사이버 범죄에 대응할 수 있도록 돕겠다는 목표를 갖고 있다. 더 많은 익명 온라인 채널이 탄생했고, 가상자산으로 인해 더 많은 돈이 범죄로 흘러가고 있는 상황에서 문제를 해결하기 위한 고도화된 서비스를 계속 개발해 나갈 계획이다. 에스투더블유는 '보안 기업을 위한 보안 기업'이 되려 한다. 기술력을 바탕으로 신규 시장 확보에 주력할 예정이다.

투자 유치

시리즈 B
145억원

특허, 논문, 보고서 등 지식재산권 보유 현황

분석 보고서
- Quaxar, the brightest beacon in the Universe(2022.02.21)
- Deep Analysis of Redline Stealer: Leaked Credential with WCF(2022.03.03)
- Footsteps of the LAPSUS$ hacking group(2022.03.23)
- Leveling up your cyber threat intelligence team with Quaxar(2022.03.30)
- Rising Stealer in Q1 2022: BlackGuard Stealer(2022.04.01)
- NLP research paper regarding the dark web has now been accepted(2022.04.18)
- S2W's new CTI solution Quaxar will be launching(2022.04.27)
- It's an honor to be nominated as the top 10 cybersecurity startups(2022.05.02)
- The History of BlackGuard Stealer(2022.05.13)
- Emerging threats to NFT(2022.05.25)
- Raccoon Stealer is Back with a New Version(2022.06.17)
- Carding market "BidenCash" disclosed 7.9 million cards(2022.06.22)

수상 이력

- 2021년 시큐리티 어워드 코리아 '다크웹/OSINT 솔루션' 대상

AI 딥러닝 기술 기반, 기존 MRI 촬영 시간 단축 솔루션 개발·공급 기업

㈜에어스메디컬

2021·2022
2년 연속 선정

대표자
이진구

위치
서울특별시 관악구 남부순환로1838, 8,9층(봉천동)

설립 연도
2018년 10월

홈페이지
airsmed.com

문의
airsmed@airsmed.com / 070-7777-3186

상장 여부
비상장

시장 진출한 해외 국가
준비 중(미국 FDA 허가 취득)

주요 사업
의료 응용소프트웨어 개발 및 공급

창업자의 경력
전기공학을 전공한 에어스메디컬 이진구 대표는 "의료영상이 전기공학을 집약적으로 공부할 수 있는 분야라서 선택했다"고 설명했다. 전기공학부에서 배운 걸 실생활에 적용해보려고 대학원에 진학했고, 이종호 교수 연구실에서 공부하면서 함께 창업 동업자들을 꾸리게 됐다.

창업 배경
에어스메디컬은 서울대 바이오메디컬 영상과학연구실에서 출발한 의료 AI 스타트업. 이제 막 대학 연구실을 벗어난 청년들이 의기투합해 만들었다. 무엇으로 창업해야 할지 고민이던 시절, 공동 창업진 중 두 명의 부모님이 아프시면서 실생활에서 MRI의 필요성을 느꼈다. 이를 계기로 지금의 비즈니스를 선택하게 됐다.
실제 환자의 가족으로서 환자 쪽 고통에 공감을 많이 하게 됐던 배경이다. 사업적인 관점에서 판독 보조, 진단 보조는

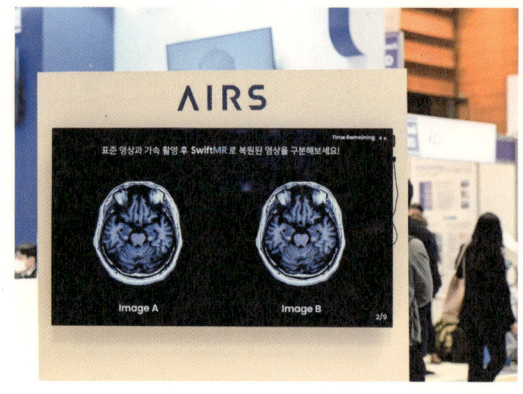

의사의 인건비를 아끼는 것이라면 에어스메디컬은 장비의 가성비를 높이자는 접근 방법을 가지고 있다. 환자를 위해 노력하다 보면, 환자들이 병원에서 겪는 불편함은 대개 대기 시간이나 직접적인 케어가 아닌 다른 부분에서 온다. 이것들을 장비 가성비를 높여서 해결할 수 있다면 병원은 자연히 따라올 거라고 구상했다.

●●● 비전 및 목표

사람들이 질병에 대해 고통스럽고 불편하고 두렵다는 인식을 없애는 게 목표다. 이를 위해선 내 몸을 계속 모니터링할 수 있는 장비가 있어야 한다.

또한 장비는 가격이 저렴해 누구든지 접근할 수 있어야 한다. 내 몸을 볼 수 있는 장비의 가격을 낮추는 작업을 계획하고 있는 이유다.

에어스메디컬은 "질병 없는 세상"을 최종 비전으로 삼고, 환자에게 가치를 더할 수 있는, 그저 그런 기술이 아니라 압도하는 기술을 추구하고 있다.

●●●● 주요 제품 또는 서비스

SwiftMR 물리적 모델과 딥러닝 모델을 결합하여 MRI 촬영 시간을 기존 대비 절반 이하로 단축시켜주는 솔루션. 가속화 촬영으로 얻어진 저품질 MRI 영상을 고품질 영상으로 복원하는 소프트웨어.

●●●●● 핵심기술

SwiftMR은 딥러닝 기술을 통해 병원 업무 흐름의 변동이나 MRI 장비 교체 없이도 촬영 생산성을 향상시켜주는 단독형 소프트웨어 솔루션이다. 기존 MRI 가속화 모델과 인공지능 가속화 모델의 강점을 결합한 알고리즘을 사용한다. 이러한 통합적 접근은 기존 MRI 모델의 심한 잡음과 떨리는 현상을 줄이는 동시에, AI 가속화 모델의 단점인 비범용성 문제를 보완할 수 있다.

●●●●●● 향후 계획

에어스메디컬은 2021년 11월 미국 시카고에서 개최되는 세계 최대의 영상의학 학술대회 북미영상의학회(RSNA)에 참가하여 SwiftMR을 세계 무대에 소개했으며, 본격적인 글로벌 시장 진출에 박차를 가할 예정이다.

투자 유치

시리즈 A
86억원

특허, 논문, 보고서 등 지식재산권 보유 현황

- 자기공명영상 처리 장치 및 그 방법 (1020200017998/2020.02.13)

수상 이력

- 2021년 자기공명영상(MRI) 복원 소프트웨어 'SwiftMR'이 미국 식품의약국(FDA)의 510k(Class 2) 허가 취득
- 2021년 한국 식품의약품안전처 'SwiftMR' 인증
- 2020년 중소벤처기업부 '아기유니콘 200 육성사업' 선정
- 2020년 한국산업기술평가원 '범부처 전주기 의료기기 연구개발사업' 선정
- 2020년 국제 가속MRI영상복원 대회 'Facebook-NYU FastMRI Challenge 2020' 전 부문 1위
- 2020년 금융위원회 '혁신기업 국가대표' 선정
- 2019년 창업 기업 육성 프로그램 '팁스(TIPS)' 선정
- 2019년 국제 가속MRI영상복원 대회 'Facebook-NYU FastMRI Challenge 2019' Multicoil 4x 부문 1위

AI 개발에 필요한 데이터 수집·분류·정제·관리 데이터 전문 기업

에이모

2022 선정

대표자
오승택

위치
경기도 성남시 분당구 판교로228번길 17, 이랜텍동 9층

설립 연도
2016년 3월

홈페이지
aimmo.ai/ko

문의
contact@aimmo.co.kr

상장 여부
비상장

시장 진출한 해외 국가
북미(캐나다), 영국, 일본, 베트남

주요 사업
응용 소프트웨어 개발 및 공급업

● **창업자의 경력**
한양대에서 행정학을 전공한 오승택 대표는 다음커뮤니케이션 이커머스본부장 등을 지낸 데이터 전문가다. 다음커뮤니케이션 재직 시절 그는 한메일, 다음카페 등 포털 서비스가 빠르게 발달하던 웹 통신의 전성기를 경험하면서 ICT산업의 가능성을 포착했다.

●● **창업 배경**
e커머스 구매 패턴을 예측하는 모델을 만들어보자는 생각으로 2016년 처음 만든 회사가 에이모의 전신 '블루웨일' 사다. 오 대표는 소비자의 클릭 한 번이 구매로 이어지는 전자상거래 페이지 속 방대한 빅데이터에 주목했다. 그러면서 딥러닝과 밀접한 관련이 있는 데이터 라벨링도 관심을 갖게 됐다. 얼마나 빠른 시간에 효과적으로, 질 좋은 데이터를 만들 수 있느냐가 AI 경쟁력 향상의 시작점이라고 판단했다.

●●● **비전 및 목표**
글로벌 AI Data 시장을 혁신하는 것이 목표다. 자율주행 및 비전 센서 시장의 비정형 데이터를 관리하는데 기업들이 어려움을 겪고 있어 딥러닝과 소프트웨어 역량으로 시장을 개선하고자 한다.

●●●● **주요 제품 또는 서비스**
AIMMO GTaaS AIMMO GTaaS(Ground Truth as a Service)는 기업에서 직접 관리하기 어려운 AI에 필요한 대량의 학습 데이터를 수집, 가공해주는 서비스다. 영상, 이미지, 오디오, 텍스트 등 기업 내에서 직접 수집, 가공하기 어려운 유형의 데이터 관리를 대신 해결해준다.
AIMMO Enterprise(비정형 데이터 관리를 위한 AI Data 관리 서비스) AIMMO GTaaS와 같은 비정형 데이터 관리 프로젝트를 누구나 할 수 있도록 지원하는 Web based SaaS다. 비정형 데이터 수집 및 정제, 학습 데이터 가공을 위한 다양

한 스튜디오 기능을 지원하고, AI로 데이터 큐레이션과 라벨링을 자동으로 할 수 있는 스마트 라벨링 기능을 지원, 비정형 데이터 가공을 팀을 구성해 협업할 수 있도록 도와준다.

AIMMO 자율주행 DaaS(자율주행 서비스를 위한 Data as a Service) 에이모는 비정형 데이터 시장에서 가장 큰 비중을 차지하고 있는 자율주행 분야에 특화된 데이터 수집 가공 서비스를 제공한다.

AIMMO Labelers(데이터 가공을 위한 협업 플랫폼) 누구나 자유롭게 라벨링 프로젝트에 참여해 수익을 얻을 수 있는 크라우드 워커 서비스로, 데이터 수집과 가공을 위한 프로젝트를 열람하고 참여할 수 있다.

핵심기술

AI를 활용한 데이터 관리 자동화 기술 에이모는 비정형 데이터를 수집부터 가공까지 전체 프로세스를 하나의 프로젝트로 관리할 수 있는 플랫폼 기술을 보유하고 있다.

MLOps를 활용한 AI 모델 관리 기술 에이모는 효율적인 AI 모델 배포 프로세스를 Azure에서 제공하는 리소스를 활용해 MLOps 프로세스를 자동화해 운영 중이다.

딥 러닝 모델 개발 딥러닝 모델을 활용해 AI 스마트 라벨링 기능을 에이모 엔터프라이즈에 제공하고 있다. 일반 사물 객체와 자율주행에 특화된 Pre-set AI 모델과 이미지 내 얼굴과 자동차번호판을 자동으로 찾아 비식별화하는 모델, LiDAR 포인트 클라우드 데이터에서 동적 객체를 자동 감지하는 모델 등 다양한 객체 감지 기술을 활용하고 있다.

가상 합성 데이터 생성 기술 에이모는 Sim2Real과 함께 실제 데이터 수집이 어려운 특수 조건 (재난, 안전, 환경 등)을 가상 환경으로 구축하여 데이터 중심 기법과 무작위 생성 기법을 통해 기업 고객이 필요한 AI 학습용 데이터를 생성해주는 기술을 연구하고 있다.

향후 계획

영국, 일본 및 미국 등에 설립한 지사를 기반으로 글로벌 AI 시장을 리딩하며 확장해 나갈 계획이다. 오승택 대표는 한 인터뷰에서 "저희는 국내 시장에서 리딩 컴퍼니 반열에 들어가 있다"며 "글로벌 데이터 라벨링 업계의 선두주자가 되고자 한다"고 했다.

투자 유치

시리즈 A
126억원

특허, 논문, 보고서 등 지식재산권 보유 현황

- 인공지능을 이용한 크라우드 아웃소싱 작업 검수 방법 및 그 장치 (1020200020688/2020.02.19)
- 동영상을 요약하는 방법 및 장치 (1020200087305/2020.07.15)
- 오류가 의심되는 바운딩 박스를 검출하는 방법 및 이를 수행하는 컴퓨터 장치 (1020210050096/2021.04.16)
- 인공지능 모델을 이용하여 바운딩 박스를 추론하는 방법 및 바운딩 박스를 추론하는 컴퓨터 장치(1020210016223/2021.02.04)

수상 이력

- 제4회 4차산업혁명 대상 한국지능정보사회진흥원(NIA) 원장상

AI 기반으로 병원 내 응급 상황을 예측하는 솔루션 제공 회사

㈜에이아이트릭스

2021·2022 2년 연속 선정

대표자
유진규(좌), 김광준(우) 각자대표

위치
서울특별시 서초구 효령로77길 28 7층

설립 연도
2016년 11월

홈페이지
aitrics.com

문의
contact@aitrics.com /
02-569-5507

상장 여부
비상장

시장 진출한 해외 국가
미국 등 다수 국가 진출

주요 사업
AI 의료 솔루션

창업자의 경력
유진규 대표는 서울대 컴퓨터공학과에서 학·석사 학위를 받고 삼성전자에서 소프트웨어 엔지니어로 근무했다. 이후 창업생태계로 뛰어들어 영상분석AI 기업인 PIKL을 엑시트(exit)하고 이어서 에이아이트릭스를 창업하였다.
김광준 대표는 연세대학교 의과대학을 졸업하고 세브란스병원의 노년내과 교수로 재직 중이다. 또한 대한의료인공지능학회 이사를 맡고 있다.

창업 배경
고령화에 따른 환자 증가와 의료진의 감소로 인한 비효율을 해결하기 위해 인공지능이 큰 역할을 할 수 있다 믿고 인공지능 전문가와 의료 전문가가 의기투합해 에이아이트릭스를 창업했다.

비전 및 목표
에이아이트릭스는 AI Doctor를 만들어 인류의 건강한 삶에 기여하는 것을 비전으로, 인공지능 기반 임상의사결정 지원 시스템(CDSS · Clinical Decision Support System) 제품 개발 및 관련 기술을 발전시키고 있다. 최신 인공지능 기술을 대중이 쉽게 접해 좋은 혜택을 경험할 수 있도록 하는 것이 궁극적인 목표다.

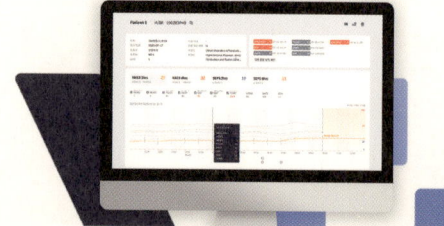

주요 제품 또는 서비스

바이탈케어(VitalCare) EMR데이터를 학습한 인공지능 기반의 임상의사결정지원시스템(CDSS · Clinical Decision Support System)으로 급성질환 및 급성이벤트의 발생을 예측하여 의료진으로 하여금 환자에게 보다 신속한 구호행위를 할 수 있도록 지원하는 솔루션. 환자의 상태를 실시간 모니터링하는 Dashboard SW 형태로 제공한다.

핵심기술

Time-series EMR dataset analysis with deep learning model RNN 및 Transformer 같은 Time-series 데이터를 분석하는데 특화된 딥러닝 모델들을 기반으로 생체신호, 혈액검사 결과 등 시계열 형태의 의료데이터를 분석하여 환자의 상태 악화를 조기 예측하는데 특화된 모델

High Frequency Medical dataset analysis with deep learning model 예측 질환 및 태스크에 맞게 데이터를 전처리 하는데 필요한 최적의 신호처리 기술

Multimodal Medical dataset analysis with deep learning model 의료 멀티모달 데이터의 특성을 잘 고려한 멀티모달 Fusion 알고리즘

Interpretability, explainability of deep learning model Attention mechanism을 이용해 Feature들 간의 중요도와, 시계열 데이터에서 주요한 시간 포인트를 찾아내는 기술

Time-series EMR dataset analysis with deep learning model RNN 및 Transformer 같은 Time-series 데이터를 분석하는데 특화된 딥러닝 모델들을 기반으로 생체신호, 혈액검사 결과 등 시계열 형태의 의료데이터를 분석하여 환자의 상태 악화를 조기 예측하는데 특화된 모델

High Frequency Medical dataset analysis with deep learning model 예측 질환 및 태스크에 맞게 데이터를 전처리 하는데 필요한 최적의 신호처리 기술

향후 계획

주요 제품인 바이탈케어는 의료기기 인허가를 완료하고 상용화를 눈앞에 두고 있다. 판매공급망을 갖추는 데 주력하고 있다. 또한 사용 가능한 병동 확장, 예측 가능한 질환 확장을 목표로 관련 기술 및 AI 기초 연구에 매진하고 있다.

투자 유치

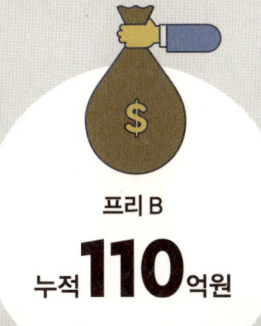

프리 B

누적 110억원

특허, 논문, 보고서 등 지식재산권 보유 현황

- 특허: 16건 출원, 3건 등록 / 논문: 82건(AI 79, Medical 3) / 진행 중인 임상연구: 2건

대표기술:

Uncertainty-Aware Attention for Reliable Interpretation and Prediction
A deep learning model for real-time mortality prediction in critically ill children
Event Prediction Model Considering Time and Input Error Using Electronic Medical Records in the Intensive Care Unit: Retrospective Study

수상 이력

- 2020년 서울시 주최 Seoul VC Connect 프로그램 – 해외투자 유망기업 파이널 기업 선정
- 2020년 과학기술정보통신부 글로벌 ICT 미래 유니콘 육성기업(ICT GROWTH)으로 선정
- 2020년 마이크로소프트 스타트업 프로그램 파이널 기업 선정
- 2020년 서울시 주최 'Cities Against COVID-19 글로벌 서밋 2020' 바이오·언택트 분야 혁신기업 선정
- 2020년 과기부 주최 '인공지능 학습용 데이터 구축 사업' 수행기관 선정
- 2018년 미래 유망 창업기업 육성 프로그램 '팁스(TIPS)' 선정

AI 금융 서비스를 제공하는 기업(Banking-as-a-Service)

에이젠글로벌

2021·2022 2년 연속 선정

대표자
강정석

위치
서울특별시 영등포구 은행로30

설립 연도
2016년 2월

홈페이지
aizenglobal.com

문의
contact@aizen.co / 070-7008-0020

상장 여부
비상장

시장 진출한 해외 국가
싱가포르, 베트남, 인도네시아

주요 사업
금융 AI 솔루션

●
창업자의 경력
강정석 에이젠글로벌 대표는 서울대 언어학과 졸업 후 경제학과에서 석사학위를 받았으며 시카고대에서 MBA 학위를 취득했다. 국회 재정경제위원회, LG CNS, 씨티그룹에서 여신 리스크, 디지털 전략, M&A 등의 업무를 담당한 경력이 있다. 현재 한국정보화진흥원 AI 연구위원, 한국금융연구원 미래금융 파트너 등으로 활동하고 있다.

●●
창업 배경
씨티그룹에서 금융 전문가로 활동하던 강성석 대표가 미국 시카고대 MBA 과정에서 데이터, AI 관련 전문지식을 쌓고 2016년 창업했다. 공동창업자 차상균 서울대 교수는 글로벌 IT기업 SAP 기술의 근간인 빅데이터 엔진 '하나(HANA)'를 개발했다. 빅데이터와 AI를 결합해 '기술을 통한 금융의 발전'을 이루겠다며 강 대표와 차 교수가 함께 설립한 회사다.

●●●
비전 및 목표
'AI 금융으로 세상을 이롭게'가 회사의 비전이다. AI 서비스를 혁신하고 인재와 기술을 데이터 경제, 금융에 접목해 글로벌기업으로 도약하는 것이 목표다.

●●●●
주요 제품 또는 서비스
아바커스 금융 특화 머신러닝 자동화 솔루션.
크레딧커넥트 AI 뱅킹 서비스.

●●●●●
핵심기술
Credit to Map 회사의 밸류체인 데이터와 금융 데이터를 융합해 금융사의 리스크 관리 기법을 응용 및 함수화하는 기술.
Digital Sensing 크레딧 맵(Credit Map) 분석에 필요한 다양한 정보를 송출하는 기능. 개인의 신용 변화 과정을 수천 개의 예측 모델을 통해 모니터링하고, 리스크를 측정해 여신 실행 평가 기준으로 삼고 정책에 반영하기 위한 기술.
Time Series-based Model Enhancement 기존의 모델과 신규 생성된 데이터를 결합해 모델의 정확성을 스스로 강화하는 기법.
Explainable AI 여신 실행에 필요한 의사결정의 활용도 및 투명성을 제고하는 기술.
Cash Flow Projection 각(시계열) Time Series 별로 일어날 수 있는 이벤트를 정의하고, 이벤트의 확률을 예측해 시점별 현금흐름을 예상하는 데 사용.
Risk-based Tranche 머신러닝을 기반으로 연체 리스크와 조기상환 리스크를 결합해 안정적인 코어(Core) 포트폴리오와 잔여(Residual) 포트폴리오를 분리하는 기술.

향후 계획

동남아시장 진출 후 2021년 베트남 현지 e월렛, 디지털 제약유통 플랫폼 등 117개사 잠재 파트너 구축 및 금융서비스를 제공하고 있으며, 인도네시아 전기바이크 공유플랫폼 대상으로 금융서비스를 시범 운영 중이다. 향후 인도네시아 전역에 전기 바이크를 200대 이상 확대할 예정이다. 또한, 국내 이커머스 분야의 온라인 셀러를 대상으로 매출채권 담보 및 선정산 서비스를 제공하고 모빌리티 기업에 전기차 배터리(2차전지) 데이터 기반 금융상품을 확대하고 있다.

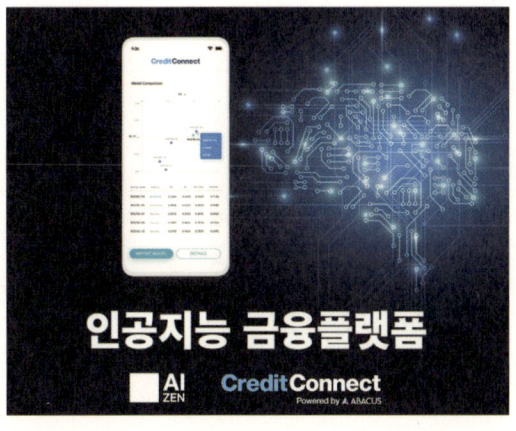

투자 유치

시리즈 B까지

180억원

특허, 논문, 보고서 등 지식재산권 보유 현황

- 기계학습 개별 예측의 해석 방법 및 장치 (1020180166697/2018.12)
- 인공지능을 이용한 사기거래 탐지 시스템 및 사기거래 탐지 방법(102009310/2021.11)
- 이상행위 요인 분석 시스템 및 분석 방법 (1020180122500/2018.10)
- 금융상품 관리자동화 시스템 및 방법 (1020180070786/2018.06)
- 앙상블 모델 생성 장치 및 방법(출원번호/일자 1020170106711/2017년 8월) 외

총 97건의 국내외 특허 및 상표권 등록 및 출원 중

수상 이력

- 과학정보통신의 날 '국무총리상' 표창
- 대한민국 인공지능산업대상 과학기술정보통신부 장관상 수상상
- 한국경제신문 핀테크 대상 테크 부문 금융위원장상
- 한국지능정보시스템학회 인텔리전스 대상 – 지능형 비즈니스 부문 대상
- NIPA SW고성장클럽 200사업 우수상
- 한국데이터산업진흥원 데이터산업진흥원장상(혁신상)
- 싱가포르통화청 MAS Fintech Award 글로벌 수상
- 싱가포르통화청 MAS 혁신기업 Top 10 (AI Fairness)
- AI 혁신 과학기술정보통신부 장관상
- 가트너 AI·핀테크 부문 '쿨 벤더' 선정

AI 기반 번역 서비스 개발 업체

엑스엘에이트

대표자
정영훈

위치
(HQ) 690 Saratoga Ave., Ste 100, San Jose, CA 95129

(Korea) 06764 서울특별시 서초구 태봉로 114, AI 양재 허브

설립 연도
2019년 11월

홈페이지
xl8.ai

문의
sales-korea@xl8.ai / 010-9383-7967

상장 여부
비상장

시장 진출한 해외 국가 미국 등

주요 사업 응용 소프트웨어 개발 및 공급업

● 창업자의 경력

정영훈 엑스엘에이트에이아이 대표는 숭실대학교에서 컴퓨터공학을 전공했다. 충남대학교에서 경영학 석사를 받고, 미국 컬럼비아 대학에서는 컴퓨터공학 박사 학위를 받았다. 이후 삼성전자에서 소프트웨어 엔지니어로 일했다. 2015년부터 2019년까지는 구글에서 소프트웨어 및 리서치 엔지니어팀을 이끌며 구글 인공신경망 기반 자연어처리 서비스 출시를 이끌었다. 공동 창업자인 박진형 최고기술책임자(CTO)는 연세대에서 컴퓨터공학을 공부했다. 미국 컬럼비아 대학에서 컴퓨터공학 석사 학위를 받았다. 한솔넥스지, 애플 등에서 근무한 경력이 있다.

●● 창업 배경

엑스엘에이트는 구글과 애플,퀄컴의 AI전문가들이 미국 실리콘밸리에 설립한 테크 스타트업이다. 전 세계 다양한 영상 콘텐츠와 번역된 자막을 컴퓨터에 학습시켜 '인공지능 기계 번역 엔진'을 고도화하고 있다. 방송, 라이브 이벤트와 같은 다양한 미디어 콘텐츠에 최적화된 기계 번역 기술을 개발했다. 현재 넷플릭스, 디즈니 등 글로벌 온라인동영상서비스(OTT)플랫폼이 사용하고 있다. 영상 내용의 맥락을 반영한 번역과 '하세요', '합쇼', '해라' 등 높임말 등 인물 관계를 파악한 번역 기술은 전 세계에서 엑스엘에이트만이 할 수 있는 고유한 영역이다.

●●● 비전 및 목표

비전은 '혁신적인 AI 기술로 언어 장벽을 허물어 더욱 넓은 세상을 경험하게 한다'이며, 목표는 '세계 최고의 신뢰성을 가진 '미디어 콘텐츠 기계 번역 엔진 개발 기업이 된다'다.

●●●● 주요 제품 또는 서비스

미디어캣 몇 번의 클릭만으로 AI 번역의 모든 작업을 가능하게 돕는 엑스엘에이트의 영상 번역 편집 툴이다. 자동으로 대사를 추출해 타임코드를 맞추고 대사를 원하는 언어로 번역한 뒤 음성을 입혀주는 더빙 작업도 가능하다. 미디어캣은 22년 9월 공식적으로 론칭했고, 이벤트캣은 23년 초 정식 버전 출시를 앞두고 개발 중이다.

이벤트캣 성장하고 있는 온·오프라인 통역 시장의 가능성을 본 엑스엘에이트에서 국제회의, 비즈니스 미팅 등 각종 이벤트에 필요한 통역사를 직접 찾을 수 있고 고객 평가를 기반으로 최적화된 통역사를 매칭해주는 서비스다. 두 서비스 모두 정식 버전 출시를 앞두고 개발 중이다.

핵심기술

엑스엘에이트의 번역 기술은 구어체 번역에 독보적인 기술을 보유하고 있다는 평가를 받고 있다. 글로벌 번역서비스 제공업체인 '아이유노-에스디아이'와 협업하고 있다. 넷플릭스에서 고객에게 제공하는 자막 콘텐츠의 경우에는 초벌 번역은 엑스엘에이트의 기술이 더해져 제작 속도가 빨라졌다. 기계 번역 이후 번역사의 사후 편집을 통해 시청자에게 최종 자막이 공급된다.

자동 음성 인식 기계번역, 음성합성 과정 등을 몇 번의 클릭만으로 편리하고 쉽게 작업할 수 있다. 개별 데이터에 대한 높은 보안 등급과 맞춤형 AI 번역 서비스의 효율성은 영상 번역가들의 애로 사항을 해결한다는 평가다.

엑스엘에이트가 창업 이후 번역한 영상 콘텐츠 분량은 총 65만 시간을 넘어섰다. 번역한 단어는 15억 개 이상이다. 현재 지원하는 번역 언어 쌍의 종류는 66개다. 엑스엘에이트는 기술력을 인정받아 지난 4월 중소벤처기업부의 '팁스' 사업에 이어 경기도 '윙 프로그램'에 선정됐다.

향후 계획

엑스엘에이트는 지난 7월 프리A 브리지 단계에서 36억원 규모의 투자를 유치했다. 에이티넘인베스트먼트, 퓨처플레이 등이 투자했다. 이번 투자에 대해 정영훈 엑스엘에이트 대표는 "인공지능 기계 번역은 휴먼 영상 번역가의 업무를 더욱 효율적으로 만들어주는 강력한 기술이 될 것"이라며 "전 세계의 다양한 콘텐츠들이 더욱 빠르고 정확하게 고객들과 만나 이를 통해 모두가 더욱 즐겁고 에너지 넘치는 삶을 살아갈 수 있기를 바란다"고 전했다.

투자 유치

프리 A 라운드
36억원 이상

특허, 논문, 보고서 등 지식재산권 보유 현황

- 기계번역을 위한 장치 및 방법(APPARATUS AND METHOD FOR MACHINE TRANSLATION)(1020200185665/2020.12.29)

머신러닝 기반 패션 이미지 분석 플랫폼 '오드컨셉'을 운영하는 회사

오드컨셉㈜

2021·2022
2년 연속 선정

대표자
김정태

위치
서울특별시 강남구 테헤란로19길

설립 연도
2012년 5월

홈페이지
oddconcepts.kr

문의
hello@oddconcepts.kr / 02-556-7650

상장 여부
비상장

시장 진출한 해외 국가
글로벌시장 진출 했음

주요 사업
응용소프트웨어 개발 및 공급

창업자의 경력

김정태 오드컨셉 대표는 기술 관련 논문이나 특허에 관심이 많아 관련 자료를 살펴보다 AI 기술의 중요성에 눈을 떴다. AI 기술을 활용해 수많은 이미지를 자동 인식해 분류하는 모델을 구상한 뒤 기술과 사업에 전문성을 가진 두 친구와 2008년 창업에 나섰다. 이후 다양한 시험 사업을 진행하면서 비전 AI 기술 관련으로 본격 사업을 하기 위해 2012년 5월 오드컨셉을 설립했다.

창업 배경

온라인상에 매일 수많은 이미지가 올라온다는 점에 착안해 이 같은 이미지 정보를 저장·검색하려는 수요가 클 것이라고 판단했다. 텍스트를 입력해 이미지를 검색하는 초기 방식과 달리 이미지 자체를 검색하는 방법이 부상할 것이라고도 봤다. 여러 이커머스 업체들과 이미지 검색 기술을 제휴 공급하던 중 '선택과 집중'을 위해 이미지 검색 주력 사업을 패션 분야로 정했다. 패션은 재킷 하나를 검색하더라도 색깔, 질감, 길이, 세부 장식 등이 달라 텍스트만으로는 상품을 서로 비교하기 어렵기 때문에 이미지 AI 기술의 시장성이 큰 분야라서다.

이후 사람이 육안으로 상품을 고르는 것처럼 AI가 수많은 상품 이미지를 검색·분석하는 기술을 고도화하고, 이를 기반으로 상품을 개인 맞춤형으로 추천해주는 서비스를 2017년 국내 최초로 자체 개발해 상용화했다.

비전 및 목표

시장이 성장하면서 더욱 치열한 경쟁으로 생존을 걱정하는 중소 패션 이커머스에게는 AI 스타일리스트를 통해 성장할 수 있게 하고, 일일이 원하는 상품을 찾아야 하는 개별 소비자에게는 새로운 패션 쇼핑 환경을 제공하는 것이 목표다. 현재 국내를 비롯해 APAC 시장에서 활발하게 사업을 전개하고 있는데, 장기적으로는 세계적인 커머스 AI 기업이 되고

자 한다. 커머스 산업 중에서도 고난이도인 패션 분야에서 성공한 뒤 노하우를 다른 분야에 접목해 성공을 이어갈 수 있다고 보고 있다.

●●●● 주요 제품 또는 서비스
PXL 비전 AI 기반의 초개인화 패션 스타일링 서비스 및 플랫폼.
개인이 원하는 상품 추천, 원하는 상품과 어울리는 코디 추천(아우터, 상의, 하의, 신발, 가방, 모자 등 총 6종), AI를 활용한 패션 상품 이미지와 AI 속성 분석을 통한 자동 태깅 기능 탑재.

●●●●● 핵심기술
Pixel Analyze eCommerce 픽셀을 활용한 이미지 분석 · 추출 · 검색 기술
이미지 데이터를 픽셀 단위로 분석해 개개인에게 필요한 것을 빠르고 정확하게 검색해준다. 텍스트가 아니라 이미지로 검색 할 수 있어 사용자가 원하는 상품을 보다 직관적으로 찾을 수 있다.
수십억 단위의 상품 데이터를 학습한 AI가 이용자의 관심 상품을 분석해 개인 취향을 반영한 상품을 다양하게 추천해준다. 이를 기반으로 '아우터', '상의', '하의', '가방', '신발', '모자' 등 총 여섯 종류의 패션 스타일을 제안하기도 한다. AI가 상품 고유의 속성을 비롯해 사람만 느낄 수 있는 감성 영역까지 분류한다. '사랑스러운', '여성스러운' 등의 상품 특징을 데이터화해 상품 검색을 도와준다.

●●●●●● 향후 계획
초개인화 AI 스타일링 PXL의 지속적인 고도화를 통해 기존에 없던 새로운 패션 쇼핑 환경을 구축한다. 이를 바탕으로 국내를 비롯해 2020년 진출한 싱가포르, 일본, 태국, 인도네시아 등 APAC 시장에서 초개인화 AI 스타일링 PXL 서비스를 통한 중소 패션 이커머스의 성장을 이끈다.

투자 유치

시리즈 B
125억원

특허, 논문, 보고서 등 지식재산권 보유 현황
- 사용자의 체형 및 구매 이력을 이용하여 패션 아이템 추천 서비스를 제공하는 방법 (1020210100294/2021.07.30)
- 코디네이션 패션 아이템을 추천하는 방법 (1020200185375/2020.12.28)
- 추천 상품 광고 방법, 장치 및 컴퓨터 프로그램(1020200060793/2020.05.21)
- 쇼핑 정보를 제공하는 방법, 장치 및 컴퓨터 프로그램(1020200057896/2020.05.14)
- 패션 상품 추천 방법, 장치 및 시스템 (1020200011187/2020.01.30)
- 사용자 이벤트 정보 기반 추천 아이템 제공 방법 및 이를 실행하는 장치 (1020190152065/2019.11.25)

수상 이력
- 'DNA 100대 혁신기업', 'DEVIEW 작지만 강한 기술 스타트업', 'Startup TOP 100', 한국정보화진흥원 'DNA 100대 혁신기업' 등에 선정
- 3년 연속 대한민국 인공지능대상 패션부문 대상 (2019, 2020, 2021)
- 2020년 2년 연속 대한민국 산업대상 K스타트업 대상 AI 커머스솔루션 부문

디지털마케팅 관리 분석 솔루션을 제공하는 회사

오브젠

2021·2022 2년 연속 선정

대표자
이형인(사진), 전배문

위치
서울특별시 영등포구 여의대로14,
12층(여의도동, 케이티여의도타워)

설립 연도
2000년 4월

홈페이지
obzen.com

문의
hello@obzen.com

상장 여부
비상장

시장 진출한 해외 국가
-

주요 사업
마케팅 자동화, 데이터 분석 시각화 자동화 솔루션

창업자의 경력

전배문 오브젠 대표는 국내 1세대 소프트웨어(SW) 기업가로 꼽힌다. 서울대 계산통계학과(현 컴퓨터공학과)에서 학·석사를 취득했다. IBM 연구소에서 10년 동안 개발팀을 이끌며 플랫폼 개발을 하다가 2000년 4월 IBM 연구원 9명과 함께 오브젠을 설립했다. 이형인 공동대표는 서울대 계산통계학과를 졸업한 뒤 KAIST에서 전산학 석사를 취득했다. 이후 앤더슨컨설팅, 프라이스워터하우스쿠퍼스(PwC), 딜로이트 등 글로벌 컨설팅 기업과 IBM에서 20년 넘게 근무했다. 고객관계관리(CRM)·마케팅 등 분야에서 전문성을 쌓았다. 이 대표는 2019년 전 대표의 제안을 받고 오브젠에 합류했다.

창업 배경

1990년대 말엔 통계분석을 통한 마케팅 솔루션 기법이 시장에 보급되고 있었다. 당시 국내 기업은 주로 외국산 통계 분석 도구를 썼는데 방대한 기능 가운데 일부 밖에 활용하지 못하고 있었다. 전 대표는 국내 고객이 필요로 하는 기능만 담아 고객 맞춤형 솔루션을 개발할 필요성이 크다고 판단해 오브젠을 세웠다.

비전 및 목표

오브젠은 일찌감치 AI·빅데이터 기반 마케팅 솔루션을 개발·공급해온 만큼 국내에선 관련 업계 1위 자리를 차지하고

있다. 앞으로는 세계시장도 적극 공략해 글로벌 비즈니스 인텔리전스(BI) 솔루션 기업으로 거듭나는 것이 목표다.

주요 제품 또는 서비스
오브젠 빅플래닛/CDP 분산 환경 기반의 빅데이터 수집·저장·분석 플랫폼.
오브젠 스마트오퍼링 인공지능 기반의 개인화 서비스 및 모형 개발·운영 지원.
오브젠 D3F 다양한 원천을 활용한 데이터 통합 및 탐색 솔루션.

핵심기술
오브젠은 지금은 BI 분야에서 일반화된 온라인 분석처리(OLAP) 기술을 일찌감치 개발해 내재화했다. OLAP는 대용량 데이터를 다양한 관점에서 추출, 분석할 수 있도록 지원하는 기술이다. 기업 성능 관리, 전사적 자원 관리, 시뮬레이션 모델 등은 대부분 OLAP 기술에 기반을 두고 있다. 기업의 각종 작업 과정을 체계화·자동화하는 워크플로 엔진 기술 역시 오브젠의 특장점이다. CRM과 마케팅에 특화된 AI 기술도 보유하고 있다. 오브젠은 유통·금융 등 분야의 개인화 상품 추천, 고객 세분화 등을 수행하는 AI 모형을 개발했다. 마케팅 분야에서도 타깃 자동화, 실행 최적화, 성과 예측 등에 AI를 적용한다. 2017년 신세계백화점이 내놓은 AI 애플리케이션 'S마인드'에 오브젠의 기술이 들어갔다. S마인드는 고객의 쇼핑 패턴을 분석해 개인별 선호 브랜드와 쇼핑 정보를 제공한다.

향후 계획
CRM·마케팅 분야의 AI 기술을 고도화하는 데 중점을 둘 계획이다. AI 알고리즘을 발전시켜 지속적으로 변화하는 데이터의 활용도를 극대화할 예정이다. 산업별, 기업별 개인화 추천 모형을 만들어 고객 수요에 따른 맞춤형 AI 솔루션을 제공하는 것도 회사의 주요 목표다. AI 솔루션은 클라우드 환경 기반으로도 공급할 계획이다. 내년 상반기 코스닥 상장도 추진하고 있다.

투자 유치

시리즈 A
85억원

특허, 논문, 보고서 등 지식재산권 보유 현황
- 마우스커서 기반 인터랙티브 광고 배너 서비스 제공 방법 및 장치 (1020210012165/2021.01.28)
- 스크롤 기반 인터랙티브 광고 배너 서비스 제공 방법 및 장치(1020210014874/2021.02.02)
- 온라인 상품 판매 서버 및 그 제어 방법 (10-2021-0016349/2021.02.04)

수상 이력
- 2021년 중소기업유공자 국무총리 표창

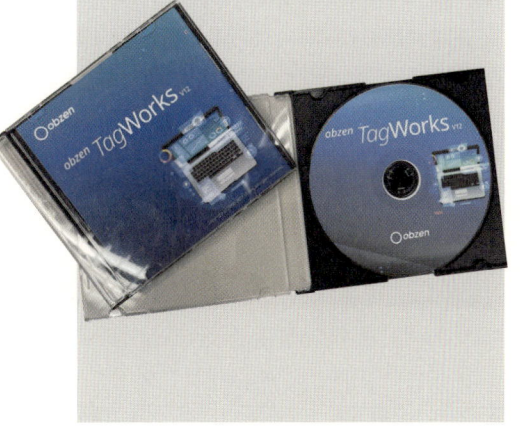

AI 기반 항암 치료 소프트웨어를 개발하는 업체

온코소프트

2022 선정

대표자
김진성

위치
강원도 춘천시 강원대학길 1, 보듬관 1101호

설립 연도
2019년 9월

홈페이지
oncosoft.io

문의
csa@oncosoft.io / 02-336-0670

상장 여부
비상장

시장 진출한 해외 국가
-

주요 사업
응용 소프트웨어 개발 및 공급업

●
창업자의 경력
김진성 온코소프트 대표는 의학물리 분야에 20년 넘게 몸담은 전문가다. 국립암센터, 삼성서울병원을 거쳐 현재는 연세암병원에서 방사선종양학교실 부교수로 일하고 있다. 석박사 학위를 KAIST에서 받았지만 연구는 삼성서울병원에서 했다. 삼성서울병원에서 일하면서 치료기의 구매·도입·설치·준비·치료 등을 모두 거쳤다. 세브란스병원이 국내 최초로 중입자 치료기를 도입한다고 해서 이동했다.

●●
창업 배경
김 대표는 국내 한 언론사와 인터뷰에서 "그동안 방사선 치료기는 하드웨어와 소프트웨어 모두 100% 수입한 제품을 사용했다. 소프트웨어를 사용자 편의성에 맞추거나 기능을 바꾸고 싶어도 한계가 있었다. 한국의 임상 수준에 맞춰 산업계도 동시에 발전하기를 소망하는 마음으로 온코소프트를 창업했다. 방사선 치료의 임상적인 수준은 높아졌는데 산업계가 가지고 있는 해외 의존적인 한계를 해결해보고 싶었다"라고 설명했다.

●●●
비전 및 목표
암 치료에 활용하는 소프트웨어를 국산화하는 것이 목표다. 암 치료는 크게 수술, 항암, 방사선 치료 등 세 가지 방식으로 나뉜다. 현재 방사선 치료는 장비와 소프트웨어를 모두 수입한다. 향후 방사선 치료뿐만 아니라 암 치료에 활용하는 모든 소프트웨어를 만들 계획이다. 암 환자에겐 개인 맞춤 치료를 할 수 있는 통합 플랫폼, 의료진에게는 암 치료 솔루션을 제공한다는 구상이다.

●●●●
주요 제품 또는 서비스
온코스튜디오 방사선 치료계획 소프트웨어다. 2021년 6월부터 임상 연구를 통해 필요한 피드백을 받았다. 여러 병원에서 데모를 통해 임상 활용검증도 마쳤다. AI로 종양 부위를 정확히 확인해 의료진에 관련 정보를 제공한다. 환자는 빠른 시간에 방사선 치료를 받을 수 있다. 의료진은 종양의 위치와 모양을 정확히 확인할 수 있다. 보통 암 환자는 방사선치료를 받기 위해서는 처음에 무조건 컴퓨터단층촬영(CT)을 하고, 방사선치료 계획을 세워야 한다. 환자의 종양을 CT로 촬영한 다음 의료진은 종양 부위를 정확하게 그려야 한다. 온코스튜디오는 이 과정을 돕는 서비스다.

핵심기술

보통 의료진은 종양 부위와 정상 조직 정보를 기반으로 방사선치료 계획을 세운다. 방사선을 어떤 방향으로, 얼마나 줄 것인지 정밀하게 시뮬레이션을 해야 한다. 방사선량과 종양 부위를 정확하게 입력해야 방사선 치료를 할 수 있다. 종양이 아닌 정상 조직에 영향을 미칠 수 있기 때문이다. 방사선량이 과도하게 들어가게 되면 식도에 구멍이 뚫리거나 침샘에서 침이 안 나오거나 척추에 손상을 입는 등의 부작용이 생길 수 있다.

온큐스튜디오는 방사선 치료에 직접 개발한 AI 기반 소프트웨어를 적용했다. 현재 방사선 치료의 걸림돌인 '긴 소요시간'과 '작업 정확도 편차'를 줄이는 데 성공했다는 평가를 받고 있다. 의료진이 3~4시간에 걸쳐 직접 설계하던 작업을 20~30분 만으로 줄였다. 작업 결과도 사람이 직접 컴퓨터단층촬영(CT) 이미지 위에 그리는 것보다 균일하게 만들었다고 한다. 김 대표는 국내 한 언론사 인터뷰에서 "방사선 치료 분야에서 소프트웨어를 만드는 회사는 있었지만 본격적으로 AI를 활용해 방사선 치료 분야에 도전하는 회사는 온코소프트가 유일하다"고 설명했다.

향후 계획

김 대표는 한 인터뷰에서 "우선 방사선 치료 계획 소프트웨어를 성공적으로 시장에 안착시키고 암 환자의 치료를 관리·예측하는 CDSS(Clinical Decision Support System·임상의사결정지원시스템)와 암 환자의 데이터를 관리하는 플랫폼으로 진화할 것이다. 서비스 대상을 방사선치료 병원에서 일반인으로 확대하고 싶다. 마이데이터 사업 등을 통해 데이터를 병원 밖으로 끌고 나와 활용 가능성을 확대하고 새로운 서비스를 만들 기회도 올 것이다"라고 밝혔다.

투자 유치

시리즈 A 라운드
30억원 이상

특허, 논문, 보고서 등 지식재산권 보유 현황

- ETL 장치 및 그것의 제어방법(EXTRACT, TRANSFORM, LOAD APPARATUS AND METHOD FOR CONTROLLING THE SAME) (1020210003683/2021.01.12)
- 사망 위험도에 대한 정보 제공 방법 및 이를 이용한 디바이스(METHODS FOR PROVIDING INFORMATION OF MORTALITY RISK AND DEVICES FOR USING THE SAME) (1020210005888/2021.01.15)
- CT 영상에서의 종양 추적 방법 및 이를 이용한 진단 시스템(Tumor Tracking Method in CT Image and Diagnosis System using the same) (1020200071460/2020.06.12)

기업용 업무 자동화 AI를 제공하는 기업

올거나이즈(주)

2021·2022
2년 연속 선정

대표자
이창수

위치
서울특별시 강남구 역삼동 837-16 동일빌딩 12층

설립 연도
2017년 7월

홈페이지
allganize.ai

문의
biz@allganize.ai / 02-561-0103

상장 여부
비상장

시장 진출한 해외 국가
일본, 미국 등 다수 국가

주요 사업
데이터베이스 및 온라인정보 제공업

창업자의 경력
KAIST 전산학과 자연어처리 연구실 석사과정을 밟고, SK텔레콤의 통신지능(CI) 사업본부에 취업했다. 이후 파이브락스를 창업, 탭조이에 매각했다. 탭조이에선 부사장을 지냈다.

창업 배경
이창수 대표는 AI 분야 연쇄창업자다. SK텔레콤 CI 사업본부에서 일할 당시 그는 팀원들과 AI 로봇을 개발했지만, 시장 진출이 좌절됐다. 대기업의 수직적인 결정구조와 재빠르지 못한 사업 진행 속도가 한계였다.
그는 새로운 AI 로봇 개발을 위해 대기업에서 나왔고, 절치부심 끝에 2010년 데이터분석 업체 파이브락스를 차렸다. 이 대표는 대기업 내에서와 다르게 민첩하게 사업체를 키워갔고, 4년 만에 파이브락스를 미국 모바일 광고업체 탭조이에 400억~500억원대에 매각했다. 매각 이후 탭조이 부사장으로 근무하기도 했다.

이 대표는 탭조이에서 딥러닝 발전에 주목했다. 딥러닝을 활용하면 게임 이용자 분석 말고도 회계, 총무, 법무, 재무 등 거의 모든 비즈니스 업무에서 자동화가 이뤄질 수 있겠다는 생각이었다. 이러한 생각을 기반으로 2017년 올거나이즈를 창업했다.

비전 및 목표
글로벌 다큐멘테이션(자료 문서화·체계화) 플랫폼이 되는 것이 목표다. 영수증, 문서, 발표 자료, 메모, 공문, 보도 자료 등 모든 것이 문서화돼 공유되고 거기에 담긴 지식이 축적된다. 인간이 생각하고 일해 얻은 결과물의 총체는 문서인 것이다. 올거나이즈는 이러한 문서를 AI를 통해 엮고 학습해 보다 나은 정보를 제공하고자 한다.
이 대표는 "기업을 비롯해 사회에 지식이 축적되고 정확한 정보가 공유될수록 우리 생활이 한층 더 윤택해진다고 믿는다"고 말했다.

주요 제품 또는 서비스

Alli(알리) AI가 인지할 수 없는 데이터로 구축된 Q&A(FAQ)나 MS워드, PPT, 엑셀, PDF 등 비정형 텍스트 문서를 그대로 사용해도 자동으로 답변할 수 있는 인지 검색 솔루션 및 답변 봇. 알리는 서비스형 클라우드(SaaS) 형태로 제공된다.

핵심기술

딥러닝 자기지도학습(Self-Supervised Learning) 모델이 핵심기술이다. 이는 AI가 인식하도록 데이터를 가공하는 단계인 '레이블' 없이도 AI가 학습할 수 있게 하는 딥러닝 기법이다. 올거나이즈 자체 실험 결과, 딥러닝 자기지도학습을 한 AI가 사내 10만 건 이상의 이메일을 모아 중간 단어를 빈칸으로 바꾼 후 들어갈 단어를 맞히도록 하니 레이블된 데이터로 학습한 AI 모델보다 나은 성능을 보여주었다. 보통 데이터가 많아도 레이블 과정을 거쳐야 해 아무런 효과도 얻지 못하는 경우가 많지만 올거나이즈의 딥러닝 자기지도학습 기능을 사용한다면 진가를 발휘할 수 있다. 일본 미쓰이스미토모 파이낸셜 그룹의 테스트 결과에서도 별도의 레이블 작업 없이 검색 정확도 76%를 기록했다. 2주 안에 4000건의 FAQ 문서를 AI가 학습해 93.4%의 정확도를 기록했다. 덕분에 불특정 문서들에서 특정 내용을 뽑아내는 올거나이즈 검색의 정확도도 높아질 수 있었다. 대부분 문서 내 검색 솔루션들이 AI가 학습을 시작하기 전인 초반에 정확도가 45%가량인 데 반해 올거나이즈는 76% 수준이다.

향후 계획

아마존 켄드라(Kendra), IBM 등과 경쟁하고 있는 보험·금융·제조·IT 분야 기업 내 전용 검색엔진(Enterprise Search)과 콜센터 소프트웨어 시장의 사업 확장

투자 유치

올해 IPO
470억원
(상장 전 총투자 유치 금액)

수상 이력

- 2020년 중소벤처기업부 기술 창업 프로그램 포스트팁스에 최종 선정
- 2020년 NH 디지털 Challenge+ 4기 최종 선발

산업 AI기술 기반 산업설비 상태 예측 및 진단 솔루션 운영 회사

원프레딕트

2021·2022
2년 연속 선정

대표자
윤병동

위치
서울특별시 강남구 테헤란로419, 8층
(삼성동, 강남파이낸스플라자)

설립 연도
2016년 10월

홈페이지
onepredict.ai

문의
contact@onepredict.com

시장 진출한 해외 국가
해외 진출 준비 중

주요 사업
산업 AI(딥러닝) 기반, 산업설비 상태 예측 및 진단 솔루션

창업자의 경력

윤병동 원프레딕트 대표는 인하대 기계공학과를 졸업하고 KAIST에서 기계공학 석사를 받았다. 미국 아이오와대에서 박사학위를 취득했다. 이후 미국 미시간공대, 메릴랜드대에서 조교수를 지냈으며, 현재 서울대에서도 교수직을 맡고 있다. 윤 대표는 2000년대 초부터 대학에서 예지보전 기술을 연구·개발해왔다.
예지보전 기술은 산업 설비의 데이터를 분석해 고장 위험과 잔여 수명 등을 예측하는 것을 말한다. 이때부터 축적한 기술력이 원프레딕트 창업의 밑바탕이 됐다.

창업 배경

윤 대표는 오랜 기간 대학에 재직하면서 교수들이 개발한 좋은 기술이 사업화하지 못하고 사장되는 모습을 많이 봐왔다. 윤 대표 자신도 예지보전 등 기술로 글로벌 산업데이터 분석 대회 등에서 여러 차례 수상했지만 은퇴하면 기술이 버려질지 모른다는 생각을 했다. 2016년 원프레딕트 창업을 결심한 이유가 여기 있다. 2012년께부터 산업 현장에서 인공지능(AI)을 적용하려는 시도가 활발해진 점도 창업에 영향을 줬다.

비전 및 목표

모든 산업현장에서 높은 생산성을 달성하면서 자원을 탄력적으로 조정할 수 있고 위험은 최소화하는 생산 체계를 구축하는 것. 이것이 원프레딕트의 비전이다.
이를 위해 회사의 4대 핵심 가치를 정했다. '고객 중심의 혁신', '선제적 문제 해결', '창의성과 자율성', '집단지성'이 그것이다. 집단지성을 끌어내려면 상호 존중이 중요하다. 이들 네 가지의 핵심인 신뢰, 선제, 자율, 존중의 앞 글자를 딴 '신선자존(信先自尊)'을 회사 문화에 뿌리내릴 수 있게 노력하고 있다.

주요 제품 또는 서비스
가디원 산업 AI 기반, 산업설비 상태 예측 및 진단 솔루션.

핵심기술
각종 산업 설비에서 발생하는 진동·속도·음향·전류 등 다양한 데이터를 AI로 분석해 설비의 건전성을 예측하고 관리하는 기술을 보유하고 있다. 대상 산업 설비는 변압기, 모터, 터보머신 등으로 매우 다양하다. 따라서 어떤 장비·센서에서 나오는 데이터도 분석 가능한 형태로 최적화하는 작업이 중요한데, 원프레딕트는 이 부분에서도 차별화된 기술을 갖고 있다. 산업 설비의 데이터를 디지털화한 다음 원격으로 설비를 모니터링할 수 있게 한 디지털 트윈 기술도 원프레딕트의 장점이다.

원프레딕트의 산업 AI 솔루션은 에스오일, 롯데케미칼, GS파워, 한국전력공사, 한국중부발전, 한국서부발전에서 사용하고 있다. 배터리 등 첨단 제조까지 사업 대상을 확장할 계획이다.

향후 계획
가디원 솔루션은 B2B(기업 간 거래) 서비스형 소프트웨어(SaaS) 모델에 집중해 제품 경쟁력을 강화할 계획이다. 국내에서 축적한 데이터, 경험을 바탕으로 글로벌 기업으로 도약할 준비도 하고 있다.

투자 유치

시리즈 C 누적
490억원

특허, 논문, 보고서 등 지식재산권 보유 현황

- 딥러닝 기반의 고장 진단 방법 및 이러한 방법을 수행하는 고장 진단 장치 (1020200042282/2020.04.07)
- 머신러닝을 위한 자동화된 피처 선택 방법 및 이러한 방법을 수행하는 장치 (1020200039635/2020.04.01)
- 대역 최적화를 기반으로 한 베어링 고장 진단 방법 및 이러한 방법을 수행하는 장치 (1020190157132/2019.11.29)
- 생성적 적대 신경망을 이용한 상태 감시 데이터 생성 방법 및 장치(1020190131961/2019.10.23)
- 복합 조건을 고려한 진동 기반 고장 진단 방법 및 이러한 방법을 수행하는 장치 (1020190087599/2019.07.19)
- 코사인 유사도를 이용한 시계열 신호 유사 여부 판단 장치 및 방법(1020190076811/2019.06.27)
- 설비 진단을 위한 데이터 이미지화 방법 및 이를 이용한 진단 방법(1020180119718/2018.10.08)

수상 이력

- 과학기술정보통신부 2021년 상반기 우수 기업연구소 선정
- PHM 소사이어티 주관 Global Data Challenge에서 총 10회 수상

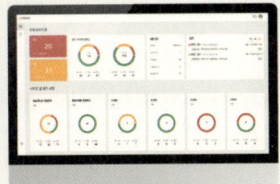

AI 퀀트 투자 플랫폼 및 금융 솔루션 개발 기업

웨이브릿지

2021·2022 2년 연속 선정

대표자
오종욱

위치
서울특별시 영등포구 의사당대로83

설립 연도
2018년 11월

홈페이지
wavebridge.com

문의
contact@wavebridge.com / 02-567-8864

상장 여부
비상장

시장 진출한 해외 국가
미국 뉴욕, 싱가포르

주요 사업
AI 퀀트 알고리즘 기반 금융투자 서비스

● 창업자의 경력

KAIST 산업공학과를 졸업하고 미래에셋자산운용에서 근무했다. 연기금 등 기관투자자들이 투자한 펀드에서 채권, 파생상품 등 금융공학 모델 개발 및 펀드를 운용하는 업무를 담당했다. 이후 삼성자산운용 퀀트운용팀에서 일했다.

●● 창업 배경

국내 최연소 펀드매니저로 불렸던 오종욱 대표에게 웨이브릿지는 두 번째 창업이다. 2014년에 첫 창업한 콰라소프트에 이어 금융투자 분야 스타드업에 뛰어들었다. 퀀트, 금융공학, 로보어드바이저 등에서 쌓아온 15년 경력이 창업 동력이 됐다. 특히 펀드매니저 시절 수조 원 단위의 채권을 운용하며 금융에 대한 이해를 넓혔던 오 대표는 공유 경제에 대한 생각에 매료돼, IT 기술 기반의 효율적 금융 서비스를 만들어보고 싶다는 열망이 생겨났다. 알고리즘과 프로토콜로 중앙집권적인 기존 금융시스템을 위협하는 새로운 금융 철학이 등장하면서다. 이 중 특히 오 대표가 주목한 것은 새롭게 성장하는 핀테크와 블록체인이었다. 이와 함께 AI가 세계를 휩쓸기 시작하자 금융에도 빅데이터와 알고리즘 투자에 대한 니즈가 생길 것을 직감했고, 2018년 웨이브릿지를 창업했다.

●●● 비전 및 목표

웨이브릿지의 강점인 퀀트는 금융시장을 수학적으로 분석하고 전략을 수립하는 전문 영역이다. 웨이브릿지는 퀀트 기반 알고리즘을 바탕으로 바젤III 기준에 부합하는 자산평가 및 위험관리 솔루션을 보유하고 있다.
이를 통해 금융에 AI, 빅데이터를 연결해 새로운 가치를 창출하는 것을 목표로 하고 있다. 금융 서비스는 결국 이용자의 시간 낭비를 최대한 줄이면서 수익을 극대화하는 데 목적이 있다. 근본적으로 불확실성이 요동치는 금융시장에서 이런 파도를 AI 퀀트 알고리즘으로 극복해 안정적 금융 생활을 제공하는 것이 회사의 비전이다.

주요 제품 또는 서비스

돌핀 기관투자자를 위한 디지털자산 통합 관리 솔루션.
애널리틱솔버 자산평가, 위험관리 솔루션.
웨이브릿지 인덱스 투자 상품 개발 및 인덱스화를 통한 지수 공급.

핵심기술

웨이브릿지의 핵심 기술력은 금융 공학 및 퀀트 능력과 데이터 수집, 가공 등의 IT 기술이다.

- IT 기술 : 디지털자산 특성상, 시장의 방대한 데이터를 실시간으로 입수해야 한다. 웨이브릿지는 데이터 입수에 관한 특허를 보유하는 등 자체 개발 능력을 통해 오랜 시간 tick 단위의 데이터를 끊김 없이 입수할 수 있는 기술을 보유하고 있다. 해당 기술력은 인덱스 및 돌핀 개발에 활용하고 있다.
- 퀀트 기술(데이터 분석 기술) : 돌핀은 자체 퀀트 기술을 활용해 데이터 입수, 관리, 리서치, 실행, 분석, 리포트 생성 등 디지털자산 관리 일체 영역을 하나의 솔루션에서 수행할 수 있게 한다. 웨이브릿지는 현재 자체 퀀트 기술 및 시뮬레이션 엔진을 활용하여 투자 인덱스를 개발하고 있고, 해외 유수의 인덱스 사업자와의 협업을 통해 글로벌 시장에 전략 인덱스를 올리고 있다(MWBPM: MVIS와 협업, BTCC: VINTER와 협업). 해당 인덱스들은 글로벌 운용 시장에서 상품화 협의를 진행하고 있으며 해외에 ETP화하기 위해 여러 금융사들과 협업을 논의 중에 있다.

향후 계획

웨이브릿지의 최종적인 목표는 디지털자산 시장에서 기술 기반의 블랙록(BlackRock)이 되는 것이다. 현재는 법인, 기관투자자들을 위한 디지털자산 솔루션인 돌핀 개발에 집중하고 있다. 기술 역량에 더해 글로벌 사업 영역을 지속적으로 확장하고 있으며, 자체 보유한 기술을 글로벌 시장에서 펼쳐 보일 계획이다.

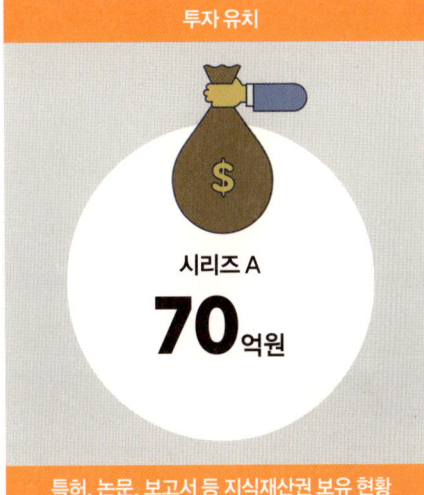

투자 유치

시리즈 A
70억원

특허, 논문, 보고서 등 지식재산권 보유 현황

- 가상화폐에 관한 데이터를 관리하는 방법, 시스템 및 비일시성의 컴퓨터 판독 가능한 기록매체(1020190167240/2019.12)

수상 이력

- 2022년 KB금융 'KB스타터스 싱가포르' 선정
- 2022년 중소벤처기업부 '아기유니콘' 기업 선정
- 2021년 NH농협은행 'NH 디지털 챌린지플러스' 5기 기업 선정
- 2021년 신한금융 '신한 퓨처스랩' 선정
- 2021년 기업은행 'IBK 퍼스트랩' 2기 기업 선정
- 2020년 서울시 핀테크랩 입주기업 선정
- 2020년 기술보증기금 '기보벤처캠프' 6기 우수기업 선정
- 2020년 신용보증기금 '스텝업 도전 기업' 선정
- 2020년 KOTRA '글로벌점프 300' 선정

AI 기반 예측 서비스 제공

인이지

2022 선정

대표자
최재식

위치
경기도 성남시 분당구 성남대로 331번길 8, 18층

설립 연도
2019년 1월

홈페이지
ineeji.com

문의
ineeji@ineeji.com / 031-8022-7534

상장 여부
일본 법인 설립 중

시장 진출한 해외 국가
계획 중

주요 사업
AI 공정 최적화, 품질 예측, 고장 진단

창업자의 경력

인이지의 최재식 대표는 서울대 컴퓨터공학과를 졸업하고 미국 일리노이대 어바나-샴페인 컴퓨터학 석·박사 학위를 취득했다. 울산과학기술원(UNIST) 연구팀과 최재식 대표가 함께 개발한 인공지능 모델은 '포스코 스마트고로'에 적용되어 딥러닝 기술로는 국내 최초로 2019년 국가핵심기술과 세계경제포럼(WEF)에 선정됐다. 국내 AI 기술 발전에 기여한 공로를 인정받아 국무총리 표창을 수여받았다. KAIST 설명가능인공지능 연구센터장을 역임하며 우리나라가 설명가능 인공지능 국제표준을 세계 최초로 제청하고 주도할 수 있도록 기술적으로 지원하고, 미국 DARPA 등과 활발한 국제 교류활동, 포스코, 삼성전자, IBK기업은행, 네이버 등과 활발한 산학협력으로 개발된 기술이 산업에 적용될 수 있도록 기여했다.

창업 배경

AI와 빅데이터를 활용해 체계적으로 공정을 운영하려는 기업이 늘고 있는 상황에서 실제 현장에서는 수집 데이터의 활용도가 낮고, 소수의 공정 엔지니어(전문가)에 대한 의존도가 높은 산업의 문제점에 착안해 창업을 결심했다. 이후 이 같은 문제점을 해소하면서 공정을 체계적으로 운영할 수 있는 스마트팩토리 AI 예측솔루션을 개발·사업화하고 있다.

비전 및 목표

인이지의 비전은 세계에서 가장 정확한 인공지능기반 예측 서비스를 전 세계의 고객에게 제공하는 것이다. 공정 자동화뿐만 아니라, 선물, 환율 예측, 나아가 실업률, 공장 가동률 같은 거시 지표를 포함해 날씨 같은 일상 생활에서 필요한 중요한 지표를 정확하게 예측하는 서비스를 제공하고, 우리 땅에서 개발된 소프트웨어 서비스를 전 세계 고객들에게 제공하고자 하는 목표를 갖고 있다. 아직 소프트웨어 분야에서 삼성전자, 현대자동차, LG화학, SK에너지 같은 글로벌 기업을 한국에 갖고 있지 못하다. 인이지는 그 길을 개척하고자 한다.

주요 제품 또는 서비스
INFINITE OPTIMAL SERIES™ 공정 품질 및 생산량 최적화 가이던스 AI 시스템 Predict, 공정 가이던스의 이유를 설명하는 AI 시스템 Explain, 원료 및 생산 제품 가격을 예측해 생산을 최적화하는 AI 시스템 Costsaver의 총 3개의 메인 엔진으로 구성된 생산 공정 최적화 AI 예측솔루션이다. 크게는 공정을 최적화하기 위해 고온반응 최적화(제철공정의 고로, 전기로, 가열로), 시멘트 제조 공정의 가열로, 유리제조 공정의 용해로]와 상온·저온반응 최적화(정유·화학), 클라우드 기반 AI 예측솔루션(고장 진단)으로 구분하여 산업에 적용할 수 있다.

핵심기술
기존 AI 딥러닝 모델은 단일 공정으로 구성되어 있더라도 산소 유입량, 열풍 온도, 코크스 습도 등 실시간으로 변동하는 변수의 영향을 받기 때문에 예측 오차가 높아지며 연산량이 급증해 컴퓨팅 파워와 학습 시간을 증가시켜 시스템 속도가 저하됐다.
인이지 솔루션은 정확도를 유지하면서도 데이터 양을 획기적으로 줄일 수 있는 CNN(합성곱 신경망)을 기반으로 설계돼 속도 저하 문제를 개선했고, 반응기에 부착된 다수의 센서로 인해 측정 변수가 증가하여 발생하는 예측 오차에 대해서는 변수를 군집화한 뒤 유사 데이터를 하나의 클러스터로 학습시키는 과정을 통해 오차를 최소화했다.
또 시간에 따라서 변화하는 변수들의 변화 관계를 데이터로 생성(다변수 시계열 데이터)하고, 이를 AI 모델에 학습시켜 예측 정확도를 향상시켰다.

향후 계획
일본을 시작으로 해외 시장 진출을 추진 중이다. 일본 시장에서는 현지 파트너사 협업과 스마트팩토리 사업을 대행하는 컨설팅사 등을 통해 사업을 펼칠 계획이다. 일본 시장 내 관련 기술 분야의 기술 솔루션 컨설팅 및 고객 요구에 맞는 최적의 사물인터넷(IoT)시스템을 구축하고 있는 (주)메비우스, (주)서브게이트 등과 협력을 추진 중이며, 일본의 국가 DX 추진 정책에 따른 산업 전반에 걸친 다양한 AI 예측솔루션 적용 분야에 솔루션 도입을 협의 중이다.

투자 유치
프리 A
55억원

특허, 논문, 보고서 등 지식재산권 보유 현황
- 자동학습기반 시계열 데이터 예측 및 제어 방법 및장치(1020200046317/2020.03.09)
- 딥러닝 내부의 데이터 추출 방법 및 장치 (1020190107302/2019.08.30)
- 데이터 예측 방법 및 장치 (1020200110650/2020.08.31)
- 컨텍스트 정보 추출 방법 및 장치 (1020190153388/2019.11.26)
- 딥러닝 기반의 화력발전소 재과열기 튜브의 누설 감지 방법 및 이를 수행하는 장치 (102241650/2021.05.31)
- 딥러닝 내부의 데이터 추출 방법 및 장치 (102320345/2021.10.27)
- 컨텍스트 정보 추출 방법 및 장치 (102400316/2022.05.17)
- 딥러닝 내부의 오류를 수정하는 기술(CVPR, 2021)
- 세계 최고 수준의 다변수 시계열 예측 모델(ICML, 2021)
- 세계 최고 수준의 이상진단 인공지능(IEEE TNNLS, 2021)
- 세계 최초 시계열 딥러닝의 의사결정을 시각화하는 기술(KDD, 2021)
- 화학물 독성의 원인을 설명하는 인공지능(Chemical Science, 2021)
- 세계 최고 수준의 정확도 이미지 딥러닝의 이유를 설명하는 방법(AAAI, 2021)

수상 이력
- 2020년 동서발전 AI 경진대회 최우수상 수상

에너지 신산업에 필요한 AI 기반의 IT 솔루션을 제공하는 회사

인코어드테크놀로지스

2021·2022 2년 연속 선정

대표자
최종웅

위치
서울특별시 강남구 봉은사로 327 궁도빌딩 13층

설립 연도
2013년 4월

홈페이지
encoredtech.com/ko

문의
esolution@encoredtech.com

상장 여부
비상장

시장 진출한 해외 국가
미국에 모회사, 일본에 지사 운영

주요 사업
인공지능 기반 통합관제 시스템 및 신재생 VPP 플랫폼 공급

● 창업자의 경력

최종웅 인코어드테크놀로지스 대표는 부산대 기계공학과를 졸업하고 충남대 대학원에서 컴퓨터공학 박사 과정을 수료 했다. 1982년 LS그룹에 입사해 2012년엔 LS산전(현 LS일렉트릭) 사장에 선임됐다. 57세이던 2013년 사장직을 내려놓고 미국 실리콘밸리에 인코어드를 세웠다.

●● 창업 배경

최종웅 대표는 LS산전 재직 시절 품고 있던 창업 아이디어를 바탕으로 전기 사용량·패턴을 실시간으로 모니터링 할 수 있는 스마트미터 '에너톡'을 개발했다. LS산전 재직 시절부터 품고 있었던 에너지 벤처 창업의 꿈을 인코어드테크놀로지스를 통해 이룬 것이다. 수년 전부터 전 세계적으로 신재생에너지, 똑똑한 에너지 소비 등에 대한 관심과 수요가 크게 늘어 인공지능과 정보통신(IT) 기술 기반 에너지 솔루션 사업에 승산이 있다고 봤다. 창업 당시 조지 소로스가 이끄는 글로벌 투자사 쿼텀스트래직파트너스(QSP)와 손정의 회장의 일본 소프트뱅크그룹이 약 350억 원의 투자를 해줬다. 이후 전기 사용량·패턴을 실시간 모니터링하는 '에너톡'을 개발해 에너지 IT 사업을 본격화했고, 태양광, ESS 등 신재생 자원에 대한 효율적인 관리 필요성이 대두되면서 인공지능 기반의 다양한 솔루션을 상업화해 '아이덤스'로 브랜딩했다.

●●● 비전 및 목표

인코어드테크놀로지스의 임무는 분산 자원과 에너지 소비자 사이를 유기적으로 연결하고 에너지 생산과 소비의 효율성을 극대화해 인류의 에너지 고민을 없애는 것이다.

●●●● 주요 제품 또는 서비스

AI 기반 분산자원 통합관리 시스템으로 크게 아이덤스

APM, VPP, EMS, RTU 제품으로 구성됨
아이덤스 APM 신재생 통합관제 시스템, 발전소 통합 관리 운영에 유용한 다양한 기능으로 구성.
아이덤스 VPP 소규모 전력 중개(VPP) 입찰을 위한 신재생 예측 서비스 및 입찰 플랫폼 제공.
아이덤스 EMS 마이크로그리드 운영, AI 기반 ESS 운전 최적화, 발전소 및 ESS 제어 등 주요 핵심 프로젝트에 공급됨.
아이덤스 RTU 발전소 데이터 수집 장치, 엣지컴퓨팅 및 국정원 보안 지원.

핵심기술

인코어드는 에너지 산업 트렌드 변화에 따라 필요한 모든 핵심 기술을 갖추고 있는데, 첫 번째는 각 신재생 발전소의 데이터 포인트와 기상, 위치 정보 등을 AI로 분석해 태양광 발전량을 예측하는 기술이다.
지난 해 2021년 10월부터 소규모 전력 중개시장 예측 제도가 시행되면서 인코어드의 오랜 노하우가 담긴 태양광 예측 기술 및 데이터 연계 기술은 국내 9개의 유수의 공기업 및 고객사, 총 27개 자원, 770개 태양광발전소를 동시에 예측하고 있으며 그 용량은 1GW 이상이다. 또한 이를 기반으로 2023년 시행을 앞둔 재생에너지입찰제도의 최적 입찰에 필요한 신재생 연계형 ESS 충방전 최적화 기술을 이용해 수익 극대화 방법을 제시할 수 있다.
인코어드는 위의 기술 뿐만 아니라 데이터 수집에 필요한 엣지 데이터 처리, 클라우드 및 온프레미스 서버 설계 및 저장, AI를 접목한 데이터의 활용까지 신재생 IT 전반적인 단계의 기술을 보유하고 있어 활약이 기대된다.

향후 계획

에너지 산업계에선 여러 에너지 인프라와 저장 가능한 에너지를 이용해 발전, 난방, 수송 부문을 연결하는 '섹터 커플링(Sector Coupling)'이 중요해지고 있다. 화학산업에서 주로 쓰였던 수소가 전기를 생산하는 에너지원으로 뜨고 있고, 전기자동차로 교통과 에너지가 결합되는 것이 대표적인 사례다. 섹터 커플링 기술을 발전시켜 에너지 사용 효율을 극대화하는 것이 목표다. 더불어 에너지 분야의 AI 기술 고도화에도 박차를 가할 것이다.

투자 유치
시리즈 A
186억원

특허, 논문, 보고서 등 지식재산권 보유 현황
- 요금제 기반의 ESS 충방전 최적화 시스템 (1020210093300/2021.07.16)
- 태양광 발전량 예측을 위한 정보획득장치 (1020200123071/2020.09.23)
- 스케줄링 기능을 포함하는 수요응답 관리 시스템(1020200014329/2020.02.06)
- 전력 수요 관리 기능을 갖는 서버 및 그것의 전력 수요 관리 방법(1020190159976/2019.12.04)
- 요금제 기반의 ESS 충방전 최적화 시스템 (10-2019-0098210/2019.08.12)

수상 이력
- 2021년 한국경제신문 주관 코리아 AI 스타트업 100 스마트에너지 부문 유일 선정
- 2020년 기상청 주관 기상산업대상 기상정보 활용 부문 은상
- 2020년 한국동서발전 '제2회 발전 빅데이터 인공지능(AI) 경진대회' 우수상
- 2019년 대한민국 산업기술 R&D 대전 산업융합 선도기업 선정
- 2019년 스마트시티 SOC-ICT 우수기업 수상
- 2013년 '대한민국 미래를 여는 혁신기업' 대상 수상

자율주행에 특화된 인공지능 데이터 솔루션 전문 기업

인피닉

2021·2022 2년 연속 선정

대표자
노성운, 박준형(사진)

위치
서울특별시 금천구 가산동 459-11 제이플라츠

설립 연도
2005년 3월

홈페이지
infiniq.co.kr

문의
sales@infiniq.co.kr / 02-525-2202

상장 여부
비상장

시장 진출한 해외 국가
유럽, 베트남

주요 사업
자율주행 데이터 솔루션 개발 및 공급

창업자의 경력
1997년 넷츠데이커뮤니케이션 창업 이후 24년간 기술 기업의 창업자 및 경영자로 경험을 쌓아왔다. 경영 실무를 직접 겪으며 깨달은 품질의 중요성을 바탕으로 2005년 인피닉을 창업, 현재 국내 최대 데이터를 보유한 자율주행 데이터 솔루션 전문 기업으로 운영하고 있다. 2017년에는 인공지능 솔루션 및 플랫폼 기술 개발을 위해 인공지능연구소 AI Studio를 설립, 기업의 기술혁신 및 경쟁력 강화에 힘쓰고 있다.

창업 배경
2001년 국내 최초의 소프트웨어 품질검증 전문 기업으로 시작해 2005년 법인으로 전환했다. 20년간 전자제품 및 자동차 전기장치 산업에 주력했으며, 제조업 분야 국내 모든 대기업과 협력체계를 구축했다. 초기에는 SW, HW 품질을 검증하는 밸리데이션 사업을 수행했으며, 이를 통해 현대차, 현대모비스, LG전자, LG화학 등 고객사를 꾸준히 확보한 것이 자율주행 사업으로 이어졌다. 2016년 변화하는 민간 및 공공 시장의 수요를 빠르게 감지해 자율주행에 특화된 인공지능 데이터 사업에 진출, 성공적인 사업 전환을 이루어내고 있다.

비전 및 목표
자율주행이 좀 더 안전하고 편안해질 수 있도록 고도화된 데이터와 솔루션을 공급하고, 글로벌 서비스 확장을 통해 삶의 질을 높이고 편리함을 누릴 수 있도록 다양한 서비스와 솔루션을 제공하고자 한다.

주요 제품 또는 서비스
Data Service 대규모의 고품질 학습 데이터를 생산해 제공하는 서비스로, 누적 7억 개가 넘는 오브젝트(Object) 생산 이력을 보유. AI 기반 선처리 및 자동 검수가 특징이다.

MyCrowd AI 기반 데이터처리 플랫폼으로, AI 기술 외에도 센서 퓨전(Sensor Fusion) 등 다양한 자율주행 맞춤형 기능을 탑재했다. AI 기술을 통해 10배 높은 생산성을 제공한다.
Wellid Vision 데이터에 대한 비식별화 솔루션으로, 인피닉이 취득한 정보보호 국제표준을 반영하여 설계되었다. 사용 목적별 비식별화 기술을 선택적으로 적용할 수 있으며, 대용량 일괄처리가 가능하다.
Mealy 자체 보유한 비정형사물 인식, 행동 인식, 안면 인식 기술을 토대로 완성한 비전(Vision) 기술 기반의 무인스토어 솔루션이다. 2021년 12월에 자체 매장을 오픈하였다. Mealy의 결제 프로세스를 위한 제품인 AI Counter는 CES 2022 혁신상을 2개 부문(Software & Mobile Apps, Smart Cities)에서 수상한 제품으로 이용자의 편의성을 대폭 향상시켰다.

핵심기술
HEX Vision 인피닉의 AI 기술 체계로 비전의 3개 핵심 분야인 사물 인식, 행동 인식, 안면 인식으로 구성된다. 자율주행과 리테일 등 각 산업 영역의 특성을 반영할 수 있는 자체 알고리즘을 구현했으며, MyCrowd와 Mealy를 통해 상용화된 기술이다.

자율주행 데이터 자율주행 데이터 생산에 필요한 모든 프로세스별 핵심기술을 보유하고 있다. 자체 데이터 처리 시스템, 수집 차량 및 전문 연구팀을 통해 고도화된 센서 퓨전 기술과 AI와 데이터의 연계성을 상호 보완해 최적화하는 기술을 보유하고 있다. 현대차, 퀄컴 외 40여 개 자율주행 전문기업과 협업을 통해 그 효용성이 검증되었다.

향후 계획
보유한 데이터센터 및 수집 차량을 추가로 고도화해 자율주행 전문 데이터 셋을 구축할 예정이다. 구축된 데이터 셋의 추가 연구 및 활용을 통해 국내외 자율주행 분야 기업들을 적극적으로 공략할 계획이다.

투자 유치
프리 IPO
113억원

특허, 논문, 보고서 등 지식재산권 보유 현황
국내외 특허 등록 53건(2021년 11월)
- 3D 데이터와 2D 이미지의 동기화 방법 및 이를 실행하기 위하여 기록매체에 기록된 컴퓨터 프로그램(1020210062610/2021.10.12)
- 자율주행 데이터 수집을 위한 센서 간의 위상차 제어 방법 및 실행하기 위하여 기록매체에 기록된 컴퓨터 프로그램 (1020210089489/2021.10.01)
- 빅데이터 기반의 인공지능 학습용 데이터 추출 방법 및 이를 실행하기 위하여 기록매체에 기록된 컴퓨터 프로그램 (1020210078671/2021.10.01)
- 차량의 무인 자율주행 시스템 (1020140007731/2014.01.22)

수상 이력
- 2021년 중소벤처기업부 장관 표창 (기술혁신 유공자)
- 2021년 과학기술정보통신부 장관 표창 (SW R&D 성과 발표회)
- 2021년 과학기술정보통신부 장관 표창 (산업 유공자)
- 2021년 국무총리 표창(서울 지역 중소기업 유공자)
- 2021년 지능정보산업협회 회장상(대한민국 인공지능산업대상)
- 2021년 기술혁신대상 2년 연속상(대한민국 기업대상)
- 2020년 교육부 장관 표창(사회맞춤형 산학협력 선도전문대학(LINC+) 육성 및 발전 공로)

세금 신고, 환급 플랫폼 '삼쩜삼'을 운영하는 텍스테크 스타트업

자비스앤빌런즈

2022 선정

대표자
김범섭

위치
서울특별시 강남구 테헤란로 332

설립 연도
2015년 8월

홈페이지
jobis.co

문의
partner@jobis.co / 02-555-4344

상장 여부
비상장

시장 진출한 해외 국가
-

주요 사업
세무·회계 지원 서비스, 간편 종합소득세 신고 도움 서비스

●
창업자의 경력

김범섭 자비스앤빌런즈 대표는 스타트업 업계에서 '스타' 창업자로 통한다. 2012년 명함 앱 '리멤버' 운영사인 드라마앤컴퍼니를 세운 뒤 2018년 네이버에 지분을 매각한 경험이 있어서다. 그 전엔 위젯 스타트업인 위자드웍스에 몸담기도 하고, 컴퍼니빌더인 패스트트랙아시아에선 최고기술책임자(CTO)를 맡기도 했다. 처음부터 창업가를 꿈꾼 건 아니었다. KAIST에서 항공우주공학을 전공한 김 대표는 KT에 입사해 일종의 투자 심사역을 맡아 스타트업계 사람들을 만났고, 대기업 조직보다 스타트업 문화가 더 맞는다는 생각이 들기 시작했다. 이때 내 사업을 해봐야겠다고 마음먹었다.

●●
창업 배경

스타트업 업계에서 경험을 쌓은 그는 불현듯 대학원생 시절의 '영수증 처리'가 떠올랐다. 스타트업 대표가 돼도 세무사가 건네주는 책자에 일일이 손으로 영수증을 붙여야 한다는

사실이 "한심했다"는 게 그의 얘기다. 이런 일을 정보기술(IT) 분야로 가져오면 승산이 있겠다 싶었다. 인력을 고용해 영수증 정보를 입력해주는 사업을 시작했다. 자비스앤빌런즈가 출발하는 순간이었다.

●●●
비전 및 목표

세금 역사에서 하나의 발자취를 남기는 게 목표다. 벤치마킹한 회사는 미국 나스닥 상장사인 인튜이트다. 시가총액 160조원인 인튜이트는 삼쩜삼과 비슷한 세금 환급 솔루션 '터보텍스'를 내놨는데, 미국 국세청(IRS)을 고객사로 두고 있다. 삼쩜삼 서비스를 이용한 고객들이 그 전으로는 절대 돌아가지 못하는 일종의 '마일스톤'이 된다는 포부다.

●●●●
주요 제품 또는 서비스

삼쩜삼 아르바이트, 프리랜서, 크리에이터, 플랫폼 종사자

등 긱워커 및 'N잡러'를 위한 간편 종합소득세 신고 및 환급 도움 서비스. 직접 신고하기엔 세무를 잘 몰라 부담스럽고, 전문 세무 업체에 맡기기엔 액수가 작아 수지가 맞지 않는 금융 사각지대 사람들을 주로 겨냥했다. 간편인증을 통해 세금 환급 예상 금액부터 실제 환급까지 원스톱으로 제공한다. 세금 환급은 3개월 이내에 완료되고, 수수료는 무료부터 수입 금액에 따라 차등 적용된다.

자비스 중소 사업자들의 회계 업무를 AI를 통해 도와주는 경리 업무 서비스. 잔액, 매출, 매입 등의 입출고 관리뿐만 아니라 미수금, 미지급금 내역 확인, 영수증 관리, 급여 관리 등을 지원한다. 국내에선 유일하게 4대 보험금 고지 내역 자동 반영 기능을 제공하고 있다.

●●●●● 핵심기술

각종 세금 신고 시 내역과 진행 상황을 투명하게 확인하고 자료들을 간편하게 제출할 수 있게 하는 플랫폼을 갖췄다. 연말정산 과정을 문답형으로 제시해 편의성을 높였다. 또 영수증을 관리할 땐 앱 내에서 촬영을 하면 AI가 자동으로 사용자, 금액, 증빙별 필터링을 해준다. 또 자비스 이용 시 사업자가 자사의 자금 흐름을 대시보드로 한눈에 파악할 수 있는 기능을 제공한다. 그 밖에 AI가 회사의 금융정보 내역을 자동으로 취합하고 보기 좋게 정리해 다양한 형식의 리포트를 제공해주기도 한다. 삼쩜삼의 기본 원리는 원천징수를 통해 미리 낸 세금을 돌려주는 데에 있다. 소득을 지급하는 사업자에서는 '원천징수' 의무가 있어 세금(사업소득자 기준 3.3%)을 제외하고 급여를 지급한다. 이때 원천징수를 통해 미리 낸 세금이 실제 내야 할 세금보다 많다면 환급액이 발생하는데, 이 환급액은 종합소득세 신고를 해야만 돌려받을 수 있다. 회사는 최대 5개년까지 숨어 있는 환급액을 무료로 조회하고 돌려받을 수 있게 했다.

●●●●●● 향후 계획

자비스앤빌런즈는 비(非)세무 영역으로 무대를 확장할 계획이다. 지난 7월엔 아르바이트 급여 계산 앱 '하우머치'를 인수했다. 하우머치가 보유한 긱워커(임시직) 대상 서비스 운영 노하우에 삼쩜삼의 기술적 노하우를 더해 긱워커 전문 일자리 매칭 사업을 시작할 예정이다. 기존 아르바이트 구인구직 플랫폼과 차별화된 형태의 서비스를 출시한다는 목표다.

투자 유치

시리즈 B 브릿지
384억원

수상 이력

● 2021년 JY네트워크 올해의 우수브랜드대상 '인공지능세무회계' 부문 1위

부동산 개발 과정에서 수익 극대화를 위한 AI 솔루션 개발 업체

제너레잇

대표자
신봉재

위치
서울특별시 노원구 동일로174길27,
서울창업디딤터 307호(공릉동)

설립 연도
2020년 6월

홈페이지
zenerate.ai

문의
help@zenerate.ai / 0507-1373-0532

상장 여부
비상장

시장 진출한 해외 국가
미국

주요 사업
경영 컨설팅업

● 창업자의 경력

신봉재 제너레잇 대표는 미국 하버드대에서 건축 석사학위를 취득했다. 미국에서 대규모 복합 건물 개발과 주거 프로젝트를 진행한 경험이 있는 건축가 출신이다. 미국 캘리포니아 공대에서 박사학위를 취득하고 삼성화재에서 머신러닝 기반 예측 모델링을 개발한 정가혜 최고기술책임자(CTO)와 함께 2020년 5월 국내에 법인을 설립했다. 창업 전인 2017년 미국에서 팀을 만들어 빌딩 디자인 자동화에 대한 연구와 개발을 했다. 2019년에는 미국 서던캘리포니아대학 기숙사 프로젝트에 해당 솔루션을 적용했다. 미국건축사협회가 주최한 행사 등 다수의 관련 콘퍼런스에서 관련 기술을 인정받기도 했다.

●● 창업 배경

제너레잇은 2018년 정가혜 CTO가 합류하면서 주력 서비스를 빠르게 고도화했다. 2019년에는 소프트웨어 개발 인력이 본격적으로 팀에 참여했다. 신 대표는 "법인 설립 전에 이 일을 시작할 당시에 부족한 부분을 공부해서 혼자서 만들 것인가, 아니면 부족함을 채워줄 뛰어난 사람을 찾아서 같이 만들 것인가 고민이 많았다. 후자를 택했고 지금 돌이켜보면 혼자서 절대로 할 수 없는 일이었다"라고 설명했다.

●●● 비전 및 목표

신 대표는 한 인터뷰에서 "기존의 건물 디자인 방식을 바꾸는 솔루션을 많은 사람에게 제공하는 것이 우선적인 목표다. 이를 통해 세계 시장에서 가장 영향력 있는 관련 웹 플랫폼을 만들고 싶다. (자사의) 빌딩 디자인 솔루션을 통해 반복적이고 소모적인 일에 시간과 비용을 아끼고, 사람의 능력으로는 찾을 수 없는 최적의 대안을 제공하는 것"이라고 설명했다.

●●●● 주요 제품 또는 서비스

주력 서비스인 프롭핏은 빌딩 디자인 자동화와 AI 기술을 이

용해 건축 개발 프로젝트의 사업성을 극대화하는 솔루션이다. 사람이 하던 일을 자동화해 신속하게 관련 업무를 처리할 수 있도록 돕는다. 건축물은 형태와 크기, 공간 구성 등에 따라 임대 수익과 비용이 달라진다. 관련 전문가가 몇 가지 대안을 제시하는 것과 달리 수백만 가지 경우의 수를 고려해 최고의 대안을 제공한다. 예를 들어 특정 공간에 어떻게 아파트를 지어야 분양 수익이 가장 높을지 분석한다. 공유 오피스의 경우에는 몇 인실을 얼마나 만들어야 하는지 알려준다. 공간 자체를 어떻게 배치할 때 최고 임대 수익을 올릴 수 있는지 등도 AI가 분석해 제공한다.

●●●●●
핵심기술

AI로 100만 개 이상의 부동산 수익 극대화 방안을 만들어 고객이 원하는 조건에서 최고 솔루션을 제공한다. 관련 전문가가 생각하지 못한 더 좋은 대안을 제시하는 것도 가능하다. 제너레잇은 미국 서던캘리포니아대학 기숙사 프로젝트에서 건물의 학생 수용 인원 6%, 임대 수익 8%를 각각 올리는 성과를 올렸다. 해당 건물은 30년간 300억원이 넘는 추가 수익을 올릴 수 있게 됐다.

제너레잇이 부동산·개발·투자·운영사들과 수행한 프로젝트는 20개 이상이다. 지난 3월 기준으로 1000억원 이상 프로젝트 기준으로 자사의 솔루션을 적용한 결과 평균 12%, 최소 30억원 이상 수익이 증가했다고 회사 측은 설명했다.

신 대표는 국내 한 언론사와 인터뷰에서 "제너레잇의 사업 아이템은 사람이 구상하고 계산한 것보다 더 큰 수익성을 낼 수 있는 건물 디자인을 AI가 찾는 것이어서 사업성이 우수하다"고 설명했다.

●●●●●●
향후 계획

제너레잇은 지난 3월 40억원 규모 프리 A 투자 유치를 계기로 회사 경쟁력을 높일 계획이다. 이번 투자에는 DSN인베스트먼트, SL인베스트먼트, 대교인베스트먼트, 아시아에프엔아이(아시아F&I) 등이 참여했다. 올해 미국 시장에 부동산 개발 사업성 검토 웹 솔루션을 출시해 관련 사업을 확대 중이다. 연내 미국 주요 도시의 관련 데이터베이스(DB)도 구축한다는 계획이다. 미국의 공동주택 사업성 검토 시장 규모는 58억달러로 추정된다. 신 대표는 한 인터뷰에서 "궁극적으로 도시 주택 공급 부족 문제 해결에 기여하겠다"고 밝혔다.

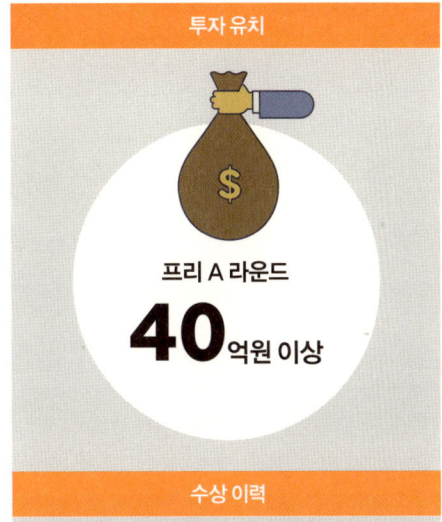

투자 유치

프리 A 라운드
40억원 이상

수상 이력

● 프롭테크 게임체인저 공모전 수상

설명 가능한 AI 기반 면접 솔루션 운영

제네시스랩

2022 선정

대표자
이영복

위치
서울특별시 중구 명동길 73, 5층

설립 연도
2017년 1월

홈페이지
home.genesislab.ai

문의
contact@genesislab.ai / 0507-1311-0922

상장 여부
비상장

시장 진출한 해외 국가
-

주요 사업
AI 면접 솔루션 개발

창업자의 경력

이영복 제네시스랩 대표는 오클랜드 컴퓨터공학과를 졸업한 후 KAIST 전기및전자공학부에서 석사 학위를 취득하며 안면인식 기술을 연구했다. 2009년부터는 삼성전자에서 비주얼 디스플레이부문 리서치 엔지니어로 근무했다. 2014년에는 기업용 메신저 서비스 '잔디'를 운영하는 토스랩을 창업해 운영하기도 했다. 2017년 제네시스랩을 창업했다

창업 배경

토스랩을 통해 안면인식을 공부했던 개인 경험을 살리고자 했다. 취업과 채용, 진학 등에서 활용할 수 있는 AI 영상 면접 솔루션은 안면인식 기술력이 사업을 좌우하는 사업 아이템이었다. 데이터를 유료로 확보하거나 논문 및 학계의 공공데이터를 이용해 표정을 인식하는 기술을 개발했지만, 기술을 어떤 형태로 이용해 기업가치를 키우면서도 긍정적 영향력을 끼칠 수 있을지 숙고하다가 면접이라는 영역을 떠올렸다.

비전 및 목표

국내 구직시장은 근본적 문제를 안고 있다는 것이 이 대표 진단이다. 전반적으로 기업에 맞는 인재를 세밀히 찾는 것이 아니라, 역량이 떨어지는 인물을 소거하는 데 초점을 맞추고 있다는 것이다. 구직자들도 자신이 면접을 어떻게 준비하고 있는지 객관적 진단이 어렵다고 분석했다.
자체 서비스 '뷰인터'를 통해 면접을 연습하고 피드백을 받아 구직자는 효율적인 준비를 해내고, 채용 기업은 최적의 인재를 뽑을 수 있는 환경을 만들겠다는 것이 제네시스랩의 목표다. AI 분석 기능을 고도화해 채용 과정의 공정성을 높이고, AI 면접 시장의 점유율을 넓혀 채용 문화를 바꾸겠다는 포부를 갖고 있다.

주요 제품 또는 서비스

AI 면접 솔루션 '뷰인터HR'를 개발한다. AI를 기반으로 면접자의 자기소개서부터 영상면접, 인적성검사까지 분석해 채

용 여부에 참고할 수 있는 결과를 제공하는 서비스다.

데이터에 기반한 AI 분석의 영역은 자기소개서 분석, 소프트 스킬 평가, DX BEI 평가, 직무기술서 평가, 인적성 검사 등으로 구분된다. 자기소개서에서는 문법 오류와 표절 여부, 역량 등을 검사하고, 면접자의 영상을 분석해 커뮤니케이션 스킬과 태도를 평가한다. 회사가 요구하는 인재상의 대표 역량을 추출해 면접자의 태도 및 스킬과 비교한다. 면접자의 영상면접 내용과 직무기술서의 유사성도 판단한다.

문서부터 영상까지 면접자에 대한 다양한 역량과 모습을 분석해 회사가 요구하는 인재인지 판단을 내리도록 도와준다.

●●●●●
핵심기술

얼굴감지 및 얼굴 랜드마크 감지 얼굴 감지기가 식별한 얼굴 이미지에서 얼굴 랜드마크를 감지하는 기술이다.

연령/성별 추정 FFT 이미지, 연령 및 성별을 동시에 분류하는 GNS 기반 생성기-식별자 네트워크를 개발했다.

머리 자세 추정 CNN 기반 머리 자세 추정 기술.

시선 추정 눈의 이미지가 주어졌을 때 사람이 어디를 보고 있는지 예측하는 기술이다.

영상 기반 얼굴 표정 인식 영상 프레임별로 얼굴에 있는 감정 정보를 7가지로 분류한다.

채용 점수 예측 자동으로 점수를 평가해 HR 전문가와 면접 대상자를 인터뷰 영상으로 지원한다.

표정 전달 외모와 정체성을 유지하면서 얼굴에 소스 얼굴 모양과 표정을 합성할 수 있는 컴퓨터 비전 기술.

스피치 투 페이스 입력된 음성 정보에 따라 영상 속 입 움직임을 합성하는 컴퓨터 비전 기술.

●●●●●●
향후 계획

'설명 가능한 AI' 기능을 고도화해 AI 면접의 공신력을 끌어올릴 계획이다. AI가 구직자를 어떤 기준으로 떨어뜨렸는지 설명이 어려운 점은 AI 면접 솔루션이 가진 한계점으로 꼽혀왔다. 제네시스랩은 미국 국가표준기술연구원(NIST)이 발표한 요건을 기반으로, 지원자가 어느 구간에서 점수를 얻거나 잃었는지 추적하는 방식을 고도화하고 있다. 누적 투자금을 기반으로, 헬스케어 분야로 사업 확장도 고려하고 있다. 비대면 우울증 진단 등을 AI가 해내는 것이 새 목표다.

투자 유치

시리즈 B 라운드
200억원 이상

특허, 논문, 보고서 등 지식재산권 보유 현황

- 기계학습을 이용한 면접준비 서비스를 제공하는 방법, 시스템 및 컴퓨터-판독가능 매체 (1020190001804/2019.01.07)
- 기계학습을 이용한 온라인 면접을 제공하는 방법, 시스템 및 컴퓨터-판독가능 매체 (1020190005319/2019.01.15)
- 기계학습모델을 이용하여 면접영상에 대한 자동화된 평가를 제공하는 방법, 시스템 및 컴퓨터-판독가능 매체 (1020200085057/2020.07.10)
- 기계학습모델을 이용하여 면접영상에 대한 자동화된 평가를 위한 심층질문을 도출하는 방법, 시스템 및 컴퓨터-판독가능 매체 (1020200085062/2020.07.10)
- 기계학습 모델을 이용하여 복수의 프레임으로부터 특징정보를 도출하는 시스템, 방법, 컴퓨터 판독가능매체, 및 면접준비 서비스를 제공하는 방법(1020200024346/2020.02.27)
- 면접영상 자동평가모델을 관리하는 방법, 시스템 및 컴퓨터-판독가능 매체 (1020210113282/2021.08.26)
- 기계학습에 기초한 비언어적 평가 방법, 시스템 및 컴퓨터-판독가능 매체 (1020210077437/2021.06.15)
- 기계학습을 이용한 온라인 면접을 제공하는 방법, 시스템 및 컴퓨터-판독가능 매체 (1020210060087/2021.05.10)
- 기계학습모델을 이용한 자동화된 피평가자분석 시스템, 방법, 및 컴퓨터 판독가능매체 (1020170156158/2017.11.22)

AI 유전정보 해석 시스템을 기반으로 질병 예측

제노플랜코리아

대표자
강병규

위치
서울특별시 서초구 강남대로 465, 교보타워 21B

설립 연도
2014년 4월

홈페이지
genoplan.com

문의
io@genoplan.com / 02-508-1279

상장 여부
비상장

시장 진출한 해외 국가
일본, 싱가포르, 말레이시아, 인도네시아

주요 사업
유전자 분석 서비스

창업자의 경력

강병규 제노플랜코리아 대표는 보스턴의학대학원에서 의과학(Medical Science)을 전공한 뒤 삼성 유전체 연구소에서 유전체 분석 전문연구요원으로 일했다. 그리고 '알공'이라는 사회적기업을 창업했다. 알공은 사회적으로 취약한 환경에 있는 아이들을 위한 심리 카운슬링과 영어·수학 같은 온·오프라인 교육을 제공하는 회사다.

창업 배경

강병규 제노플랜코리아 대표는 첫 창업 당시 미국에서 빠르게 성장하는 유전자 분석 기업인 '카운실(Counsyl)'을 알게 됐다. 카운실은 자녀에게 유전될 수 있는 특정 유전 질환 관련 돌연변이가 있는지 알아보는 '보인자' 검사를 통해 심각한 희귀 질환 아이가 태어나는 것을 사전에 예방하는 기업이다. 이에 매료된 강 대표는 아시아에도 이런 서비스를 제공하고자 제노(Geno, 유전)+플랜(Plan, 가족 계획)을 창업했다. 제노플랜은 알공처럼 사회적기업 형태는 아니지만, 유전 정보를 통해 사회적인 문제를 해결하기 위해 설립됐다.

비전 및 목표

제노플랜은 누구나 자신의 유전자 정보에 접근하고 활용할 수 있는 세상을 만들어 의료정보 격차의 문제를 해결하는 것을 비전으로 삼고 있다. 2024년까지 한국과 일본에서 소비자 유전자 분석 시장 점유율 1위를 달성하는 게 목표다.

주요 제품 또는 서비스

일상생활 및 건강관리 분야(Direct-to-consumer 유전자 검사) 해외 진출국을 대상으로 질병의 발병 위험도, 신체적 특성, 약물대사, 조상찾기 분야에 대한 세계에서 가장 많은 500항목 이상의 정보를 제공한다. 암 30항목, 일반 질환 199항목, 신체적 특성 213항목, 약물대사 61항목 등 다양한 분야 정보를 취급한다.

의료 분야(NGS 기술을 기반으로 한 확장보인자서비스 (Expanded Carrier Screening)) 임신 계획이 있는 부부에게 미국병리학회와 미국산부인과학회에서 권장하는 검사. 열성희귀질환이나 X염색체 연관 유전 질환에 의해 발생할 수 있는 유전 변이를 검사. 자녀에게서 발생할 가능성이 있는 질환을 예방하기 위한 검사다. 열성 유전질환 325개를 한꺼번에 검사할 수 있는 방법을 개발했다.

●●●●● 핵심기술

기존 전장유전체 연관분석(GWAS)은 유럽인을 대상으로 진행된 결과가 많아 동아시아인을 대상으로는 제대로 작동하지 않는다는 문제가 있었다. 회사는 유럽 대상 GWAS 결과물을 기반으로 동아시아인에도 적용될 수 있도록 하는 범인종적 다중유전자위험지수(PRS)를 개발했다. 또 랜덤 포레스트를 기반으로 설명 가능한 병원성 예측 모델을 만들어냈다. 기존 병원성 예측 모델은 좋은 성능을 보여주더라도 기존 모델들이 낸 결과들은 어떤 특성들이 유의미한 특성으로 이용됐는지 확인하기가 어려워 진단에서 주요한 역할로 활용되지 못했다. 제노플랜은 랜덤 포레스트 모델을 통해 병원성 예측 모델을 설계해 특성들의 중요성을 구해 신뢰성 문제를 해결했다. PCR 검사 결과 조기 예측 기술도 확보하고 있다. 검사에 소요되는 시간을 줄이기 위해 PCR을 통해 증폭하는 DNA나 RNA의 양을 미리 예측하는 기술이다. 증폭하는 DNA나 RNA의 초기 패턴을 분석해 PCR 결과를 예측한다. 그 밖에 단백질의 3차원 구조나 화학적 성질과 같은 특성 없이 오직 임상 데이터나 공통 데이터 등을 학습 데이터로 사용해 예측 모델을 개발한다.

●●●●●● 향후 계획

제노플랜은 유전체 정보와 AI 기술을 바탕으로 누구나 쉽게 유전자 정보를 해석하고 그에 맞춰 건강관리를 하는 세상을 꿈꾼다. 현재의 '질환 관리' 패러다임에서는 병원 중심의 가치사슬 위에서 유전자검사가 이뤄지지만 다가올 '건강 관리'라는 패러다임에서는 건강한 사람들이 중심이 되는 보건의료모델이 정립될 것으로 예상한다. 이를 위해 '생애 전 주기' 기술발전 로드맵과 서비스 계획을 갖고 있다. 각 요소들에 AI를 적용해 기존 통계 기반 기술의 한계를 극복할 계획이다.

투자 유치

시리즈 C
390억원 이상

특허, 논문, 보고서 등 지식재산권 보유 현황

- 실시간 PCR을 이용한 진단 결과를 예측하기 위한 방법 및 장치(1020200078121/2020.06.26)
- 유전 알고리즘을 이용하여 자식 세대의 유전체 정보를 생성하는 방법 및 장치 (1020220075922/2022.06.22)
- 유전체 정보를 이용하여 커플을 매칭하는 방법 및 장치(1020220075898/2022.06.22)

Web3.0 시대의 블록체인 기반 'AI를 위한 인터넷 인프라' 지원 업체

커먼컴퓨터

2022 선정

대표자
김민현

위치
서울특별시 서초구 매헌로8길 47 희경빌딩B동 405호

설립 연도
2018년 5월

홈페이지
comcom.ai

문의
sooyong.bang@comcom.ai / 010-8647-0331

상장 여부
비상장

시장 진출한 해외 국가
해외 진출 준비 중

주요 사업
블록체인 프로토콜 기반 AI 개발 인프라 플랫폼 운영

창업자의 경력
KAIST 전산학과를 졸업하고 구글코리아 최연소 개발자로 일했다. 구글에서 소프트웨어(SW) 엔지니어로 2009년부터 약 8년을 일했으며 개발자 커뮤니티 '텐서플로' 등에서 활동하기도 했다. 당시 컨테이너 기반 AI 개발 인프라의 중요성을 체득했다. 같은 구글 출신의 서동일 수석 SW 엔지니어, 네이버 출신 윤성화 블록체인 엔지니어 등이 함께 일하고 있다.

창업 배경
AI 개발을 위한 블록체인 프로토콜 기술을 자체 개발하고자 했다. AI 개발·분석에는 대규모 컴퓨팅 인프라가 필요하지만, 상당수 업체가 비용과 시간 문제로 어려움이 컸다. 김민현 대표는 이를 현재 '웹 2.0'의 인터넷 프로토콜(통신규약) 기술의 한계로 규정했다. 그는 대규모로 컴퓨팅 자원을 실시간으로 공유하는 플랫폼을 구상했다. 새로운 세대의 웹 표준인 '웹 3.0'의 블록체인 프로토콜 기술을 바탕으로 개방형 웹에서도 구글 내부와 같은 AI 개발 플랫폼을 구현할 수 있는 백엔드(서버) 영역 인프라를 만들고자 했다.

비전 및 목표
자체 개발한 'AI 네트워크' 블록체인 메인넷(독립형 블록체인 플랫폼)을 통해 1만5000개 이상의 그래픽처리장치(GPU)를 연결해 10만 명 이상의 AI 서비스 기획자나 개발자가 이를 자유롭게 활용할 수 있는 환경을 만드는 것이 목표다. AI 네트워크의 데이터 저장공간을 이용해 AI 대체불가능토큰(NTF) 프로젝트도 1만 개 이상 운영되도록 할 예정이다. 최종적으론 블록체인을 통해 AI를 구성하는 코드나 모델의 오픈소스를 누구나 연결시킬 수 있는 형태를 구현할 계획이다.

주요 제품 또는 서비스
AI 네트워크는 AI 제작을 위한 블록체인 기반 프로토콜이다.

누구나 AI 개발에 필요한 공통요소인 모델, 데이터, 그리고 컴퓨팅 자원을 자유롭게 모듈 형태로 결합하여 사용할 수 있다. 이미 네트워크에서 운영 중인 AI 모듈들은 서비스 형태로 바로 활용할 수도 있으며, 최소한의 수정만으로 최적화도 가능하다. 공개형 및 폐쇄형 웹 영역에서도 마치 구글 내부와 같은 개발 환경을 구현하도록 지원한다. 'Ainize'는 AI 간편 개발을 위한 올인원 플랫폼으로 최신 머신러닝 모델 훈련부터 그래픽처리장치(GPU) 기반의 대규모 '쥬피터 노트북' 프로그램까지 제공한다. 두 플랫폼 기술을 결합한 'AI NFT' 솔루션도 운영하고 있다.

핵심기술

AI 네트워크는 서버가 없는 컴퓨팅 인프라를 위한 실시간 상태 관리 블록체인이다. 세계 최초의 '협업 지능'을 구현한 블록체인으로 현재 500여 개의 그래픽처리장치(GPU)와 300여 개의 최신 공개 모델이 연결된 메인넷이 운영되고 있다. 비동기성과 비상태성은 핵심 특징이다. 다양한 컨테이너 기반 API를 여러 소유자들이 조합해서 쓸 수 있는 '조합가능성'도 뛰어나다. 연산 체계 역시 250바이트 이하로 경량화되어 있기 때문에 대규모 블록체인을 신속하게 기록할 수 있다. 데이터베이스(DB) 상태는 '트리 구조'로 저장되는데, DB를 여러 하위 트리로 쉽게 분할할 수도 있다.

'Ainize'는 컨테이너 기반 서비스형 AI(AIaaS)다. 'AIN 워커 에이전트'를 통해 여러 개의 프로그램 묶음 단위가 하나의 추상화 체계에서 작동할 수 있다. '텐서플로', '파이토치' 등이 사전에 설치된 개발자를 위한 개발 환경을 제공하며, '쥬피터 노트북' 프로그램을 통해 대화형 프로그래밍도 가능하다. 비전공자를 위한 '노코드' 기반 AI 학습도 진행할 수 있다.

향후 계획

웹 3.0 시대 'AI를 위한 인터넷'을 구현할 예정이다. 다양한 AI 모듈들과 데이터가 라이브 형태로 공유되어 누구나 노코드를 기반으로 AI를 만들 수 있게 하려 한다. AI 네트워크 블록체인엔 초거대 언어모델 'GPT-3' 개발사 '오픈AI'를 넘어서는 최대 규모 AI 플랫폼을 제작할 예정이다. AI를 개발하는 데 공통적으로 요구되는 80%의 오픈소스는 AI를 위한 인터넷을 통해 찾을 수 있고 메타버스 상에서 NFT와 결합될 수 있는 AIaaS 플랫폼으로서 입지를 확고히 할 계획이다.

투자 유치

시리즈 B

누적 **165** 억원

특허, 논문, 보고서 등 지식재산권 보유 현황

- 소셜 네트워킹 서비스에서 콘텐츠 및 광고를 거래하는 시스템 및 방법 (1020180140018/2018.11.14)
- 블록체인 기반의 작업 요청 및 결과물의 거래 방법 및 시스템(1020190000984/2019.01.04)
- 피투피 클라우드 컴퓨팅 시스템 및 그 시스템에서 소스코드를 실행환경과 연결하고 실행하는 방법 (1020190025984/1020190105138/ 2019.03.06/2019.08.27)
- 전자 장치의 디스플레이 상의 사용자 인터페이스를 통해 보상을 제공하는 방법 및 시스템(1020190047485/PCT/ KR2020/005388/2020.04.23)
- 블록체인 기반 서버레스 컴퓨팅 시스템 및 방법 (1020190110550/2019.09.06)
- AI Network-blockchain for serverelss computing(미국 62 928,538/2019.10.31
- 소셜 네트워킹 서비스에서 사용자들의 활동 보상과 광고 거래를 실행하는 시스템 및 방법 (1020190146242/PCT/KR2019/015590/ 2019.11.14)

총 특허 24건 출원, 상표 25건 출원

수상 이력

- 2019년 'Oracle Innovation Challenge(오라클 이노베이션 챌린지 프로그램)' 우승

클라우드 기술 기반의 날씨 앱 '케이웨더'를 운영하는 기업

케이웨더

2021·2022 2년 연속 선정

대표자
김동식

위치
서울특별시 구로구 디지털로26길5(구로동)

설립 연도
1997년 6월

홈페이지
kweather.co.kr

문의
khelp@kweather.co.kr

상장 여부
비상장

시장 진출한 해외 국가
해외 진출 준비 중

주요 사업
날씨와 환경 데이터의 분석 서비스 및 관련 제품 제공

● 창업자의 경력

김동식 케이웨더 대표는 한양대 기계공학 학사와 매사추세츠공과대(MIT) 기계공학 석사학위를 취득했다. MIT 수석연구원을 거쳐 미국 경영컨설팅 회사 아서디리틀(ADL)에 입사해 경영컨설턴트가 됐다. 1997년 케이웨더를 창업해 20년 넘게 대표직을 수행 중이다.

●● 창업 배경

ADL 컨설턴트 시절 기상협회의 컨설팅 과제를 맡으면서 기상정보가 기업 경영에 점점 더 큰 변수로 떠오르고 있다는 것을 알게 됐다. '기상 데이터를 사업으로 연결하는 방법이 없을까' 고민하던 1997년 민간예보사업제도가 도입됐다. 이 제도는 민간사업자로 하여금 특정 수요자가 필요로 하는 기상정보를 맞춤형으로 제공할 수 있게 한 것이다.
김 대표는 기상 정보 제공 사업을 하는 케이웨더를 세워 1호 민간 기상사업자가 됐다. 창업 약 5년 만에 고객사 4000여 개를 확보했다. 김 대표는 기상산업연합회, 기상사업자협의회 등 회장도 역임하며 기상 산업계를 이끌었다. 케이웨더는 2010년대 중반부터 그간 사업으로 확보한 기상 빅데이터와 인공지능(AI) 기술로 공기질 케어 솔루션까지 사업을 넓히고 있다.

●●● 비전 및 목표

케이웨더는 '위 에어 유(We Air You)'라는 비전을 갖고 있다. 고객의 공간을 청정하게 관리하겠다는 뜻이다. 국가 관측망과 1만여 개 사체 관측망을 통해 고객이 숨 쉬는 위치의 가장 정확한 날씨와 미세먼지 정보를 제공하려 한다. 나아가 고객이 생활하는 실내 공간을 청정·위생 쉼터로 만들고자 한다. 처음 민간기상 시장을 개척했듯 공기 시장도 업계에 표준을 제시하는 선구자 역할을 하겠다는 게 김 대표의 포부다.

주요 제품 또는 서비스

공기지능 컨설팅, 공기질 측정진단, 공기개선 서비스, 공기 모니터링·분석·제어 플랫폼(Air365).

핵심기술

1만여 개의 자체 관측망을 통해 확보한 기상 데이터와 지형도, 인구이동 등 데이터를 AI 기술로 분석해 날씨, 공기질 등을 분석하고 있다. 날씨 경영 AI 예측 서비스에 기상 데이터와 수요기업 제품 판매 데이터 등 분석 기술과 딥러닝을 통한 날씨·판매 예측 기술이 들어갔다.

대기질 관측 장비의 측정망이 구축되지 않은 음영 지역의 미세먼지도 AI를 통해 추정한다. 공기오염도를 분석하는 알고리즘인 LUR 모델과 딥러닝을 사용한 혼합 모형으로 이를 가능케 했다.

케이웨더는 어린이집, 노인요양시설, 사무실 등 공간 맞춤형 AI 청정 공기 운영 솔루션도 운영 중이다. AI 소프트웨어(SW)가 적용된 플랫폼으로 공기청정기 등의 풍량 단계를 자동으로 조절하는 기술이 들어간다.

향후 계획

세계적으로 확산되고 있는 스마트시티 산업과 공기 사업 간 연계를 적극 추진할 계획이다. 스마트시티 내 실내 공간을 쾌적하게 만들기 위해 공기 관리가 필요하다. 세계시장 진출에도 주력하고 있다. 싱가포르 등 동남아 시장을 우선 공략하려 한다.

투자 유치

시리즈 B
105억원

특허, 논문, 보고서 등 지식재산권 보유 현황

- 공기 쉼터(1020200117689/2020.09.14)
- 환기 청정기(1020200010432/2020.01.29)
- 지능형 환기 청정 시스템 및 그의 동작 방법 (1020190008047/2019.01.22)
- 다지점 공기질 관리 시스템 (1020180056928/2018.05.18)
- AI 제어 기반 고효율 통합공조장치 (1020200022630/2020.02.25)
- 실내 공기질 개선을 위한 지능형 공기조화기 제어 시스템 및 제어 방법 (1020190109795/2019.09.04)
- 실내공기질 분석 서비스를 위한 빅데이터 획득 및 분석 방법(1020170083527/2017.06.30)

수상 이력

- 2014년 대한민국 산업포장
- 2006년 제1회 대한민국 기상정보대상 대통령상
- 2002년 세계 기상의 날 과학기술부 장관 표창
- 2001년 디지털 대상 인터넷서비스 부문 중소기업청장상 수상

클라우드 서비스가 가능한 웹 기반 AI 폐암 검진 솔루션 제공 기업

㈜코어라인소프트

2021·2022
2년 연속 선정

대표자
김진국(좌), 최정필(우)

위치
서울특별시 마포구 월드컵북로6길 49

설립 연도
2012년 9월

홈페이지
corelinesoft.com

문의
sales@corelinesoft.com / 02-571-7321

상장 여부
비상장

시장 진출한 해외 국가
글로벌시장 진출했음

주요 사업
AI 폐암 검진 솔루션

● 창업자의 경력

김진국 대표는 2001년 KAIST 연구소에서 최정필 공동대표와 이재연 CTO와 함께 의료 영상 솔루션을 연구했다. 이후 주요 기업에서 연구개발, 기획 업무를 맡았고, 해외에서 비즈니스 경험을 쌓았다. 2012년 의료 영상 솔루션 전문 개발을 위해 코어라인소프트를 설립했다.

●● 창업 배경

김진국 대표를 비롯한 창립 멤버들이 의료 영상 소프트웨어 사업을 시작한 것은 약 20년 전인 2001년이다. 창업 멤버인 김진국, 최정필 공동대표와 이재연 CTO 모두 KAIST 전기 및 전자공학부 출신이다. 세 사람은 나종범 KAIST 명예교수 랩에서 박사로 함께 일했다. KAIST 졸업 후 지도교수와 함께 3차원 의료영상 SW 전문 벤처를 설립, 처음으로 창업에 뛰어들었다. 이 회사는 인피니트에 인수됐다. 인피니트로 자리를 옮긴 세 사람은 5년간 인피니트에서 근무한 후, 2012년 9월 세 사람의 두 번째 회사인 코어라인소프트를 설립했다. 창업 계기에 대해 김 대표는 "기술개발을 하다 보면 기술로서만 남는 것이 아니라 어딘가에 기술이 쓰였으면 좋겠다는 생각이 든다"며 "이는 많은 엔지니어들의 꿈이기도 하다"고 설명했다.

2016년 무렵 AI를 도입하기도 했다. 당시 코어라인소프트가 개발하던 영상분석 SW는 의료 영상을 분석하여 질병의 조기 진단과 분류가 가능했다. 그러나 영상처리 알고리즘의 한계로 인해 자동화에 어려움이 있었고, 수정을 위한 수작업에 많은 시간과 비용이 들었다. 이때 AI 기술로 영상 분석 알고리즘을 새로 개발, 돌파구를 찾아냈다. 이로써 코어라인소프트가 AI 기업으로 거듭났다.

●●● 비전 및 목표

의료영상 시장에서 AI 기반의 새로운 뷰 플랫폼(View Platform)을 구축하는 것을 목표로 한다. 코어라인소프트는

일방적으로 공급자가 제공하는 플랫폼이 아닌, 사용자와 같이 만들어나갈 수 있는 새로운 플랫폼을 만들 계획이다. 차세대 의료영상 시장에서 최고 수준의 AI 기반 의료 영상 자동 분석 및 처리 기술을 바탕으로 치료와 관리 분야뿐만 아니라 궁극적으로 진단, 예방, 치료와 관리 영역에 기여하고자 한다.

주요 제품 또는 서비스
AVIEW Modeler 의료용, 3D 프린팅용, 3D 모델링 커뮤니케이션 소프트웨어.
AVIEW Research 연구용 데이터 관리 및 전처리 소프트웨어.

핵심기술
의료영상 분석 및 처리를 위한 딥러닝 기반 인공지능 엔진기술, CT 영상에서의 다기관 분할 AI 기술 및 병변 검출 AI 기술 등이 있다. 그중에서도 병원에서 솔루션을 간편하게 활용할 수 있도록 하는 'Thin Client Service' 기술은 타사가 보유하지 못한 코어라인소프트의 핵심기술이다. 이 기술은 클라우드 서버를 통해 병원에서 기기와 상관없이 환자의 데이터를 간편하게 확인할 수 있게 해준다. 복잡한 계산은 서버에서 하고 클라이언트는 다양한 단말기를 통해 확인만 하면 된다. 유지, 보수, 보안 측면에서도 유리하다.

향후 계획
폐질환에서 심장질환을 아우르고, 나아가 암 질환을 포함해 모든 진단을 분석 및 진단할 수 있는 솔루션을 완성할 계획이다. 김 대표는 "올해 선보였던 클라우드 기반 연구용 플랫폼 에이뷰 리서치(AVIEW Research)가 긍정적 반응을 얻었던 것처럼 향후에도 다양한 질환 및 사용 환경에 따른 솔루션을 지속적으로 제시할 계획"이라며 "이로써 글로벌 AI 의료 기업으로 나아갈 것"이라고 말했다.

투자 유치

시리즈 C
260억원

특허, 논문, 보고서 등 지식재산권 보유 현황
- 로브 기준으로 폐혈관을 정량화하는 방법 (1020180064258/2018.06.04)
- 의료용 인공신경망의 분석 결과를 평가하는 의료용 인공신경망 기반 의료영상 분석 장치 및 방법(1020190091525/2019.07.29)
- 로컬 서버 장치 및 그의 데이터 중계 방법 (1020150076492/2015.05.29)
- 인터랙티브하게 폐 로브를 분할하는 사용자 인터페이스를 제공하는 의료영상을 디스플레이하는 시스템 및 방법 (1020160077348/2016.06.21)
- 영상 가이드 골절 정복 수술의 컴퓨터 지원 시스템 및 방법(1020170059292/2017.05.12)

수상 이력
- 2021년 머니투데이 주관 코리아이노베이션 'IT서비스혁신대상' 수상, 의료영상 분야 AI 솔루션
- 2020년 AVIEW Neuro-CAD 혁신의료기기 지정
- 2020년 4-In the Lung Run 폐암 검진 프로젝트 공식 솔루션 공급자 선정, EU 8개국 참여 폐암 검진 프로젝트
- 2019년 AVIEW Modeler FDA 승인
- 2019년 제1회 중소벤처기업진흥공단 이사장상

소프트웨어·애플리케이션 개발 등 응용소프트웨어 개발 및 공급 업체

콴다(매스프레소)

2021·2022 2년 연속 선정

대표자
이용재(좌), 이종흔(우)

위치
서울특별시 강남구 선릉로428, 17층(대치동)

설립 연도
2015년 6월

홈페이지
mathpresso.com/ko

문의
support@mathpresso.com / 02-322-9433

상장 여부
비상장

시장 진출한 해외 국가
약 50개국 진출

주요 사업
인공지능 학습 플랫폼

● 창업자의 경력
창업을 위해 인천 과학고 동기 동창이 의기투합했다. 이용재 대표는 서울대 전기공학과를 졸업했다. 이종흔 대표는 한양대 융합전자공학부를 졸업하고 연세대 공학경영 석사를 수료했다.

●● 창업 배경
서울대 전기공학과를 졸업한 이용재 대표가 인천 과학고 동기인 이종흔 공동대표와 2015년 콴다를 창업했다. 대학 재학 시절 과외 경험을 통해 지역 교육 격차를 몸소 실감한 이종흔 대표의 경험이 밑바탕이 됐다. 서울 강남에서는 학생 한 명이 여러 명의 과외 선생님에게 배우는 반면, 인천에 사는 학생들은 상대적으로 좋은 선생님을 찾기 힘들었다. 이에 착안해 스마트폰으로 모르는 수학 문제를 선생님에게 질문할 수 있는 서비스를 구상하기 시작한 것이다.
이후 2년여간 시범 운영을 거쳐 2017년 10월에 정식 출시한 서비스는 5개월여 만에 국내 구글 플레이스토어와 애플 앱스토어에서 교육 부문 인기 1위 앱에 올랐다.
콴다(Qanda)는 질문과 답변을 뜻하는 'Q&A'를 영문 그대로 풀어쓴 이름이다.

●●● 비전 및 목표
가장 효과적인 맞춤형 교육을 추구하고 있다. 현실은 그 반대다. 선생님은 항상 옆에 있어줄 수 없고, 일대일 교육은 모든 학생이 누릴 수 없기 때문이다. 이 문제를 해결하기 위해, 콴다는 소프트웨어로 맞춤형 교육 구현에 초점을 맞췄다.
전 세계 교육 콘텐츠를 나누고 연결하는 것도 또 다른 비전이다. 가장 효과적인 교육을 전 세계 모두가 누리도록 하기 위해서다. 이용재 대표는 "수십만 원짜리 과외를 하지 않아도 누구나 값싸게 온라인 교육 콘텐츠를 누릴 수 있게 하겠다"고 말했다. 궁극적으로는 스포티파이, 넷플릭스 같은 교육 콘텐츠 플랫폼으로 성장하는 것이 목표다.

주요 제품 또는 서비스
콴다 월간 활성 사용자 수 1200만 명 이상인 인공지능 기반 맞춤형 학습 플랫폼.

핵심기술
콴다의 핵심기술은 독자적인 광학문자인식(OCR) 기술과 검색엔진이다. 문자와 복잡한 수식은 물론 도형이나 그래프 같은 그림까지 인식해 데이터화하는 고도의 기술력이 필요하다. 콴다는 현재까지 31억 장에 달하는 문제 데이터베이스(DB)를 바탕으로 세계 최고 수준의 OCR 기술로 동일한 문제와 해설을 가장 정확하고 빠르게 찾아낸다.

여기에다 '콴다 선생님'이라 불리는 유저들의 풀이뿐만 아니라 일·이차 방정식부터 미적분까지 수식 계산 문제를 AI가 자동으로 풀 수 있을 정도로 앱을 고도화하고 있다.

이 같은 인식 기술에는 분류화가 매우 중요한데, 전 세계에서 가장 체계적이고 엄밀한 문제 분류 체계를 가진 한국이 제일 잘할 수 있는 분야라는 게 이 대표의 설명이다.

그는 "한국에서만 매달 중·고등학생의 절반인 150만 명 이상이 하루에 1000만 건씩 문제 질문을 올려 구축한 방대한 데이터베이스가 콴다의 기술력과 선순환을 만들고 있다"면서 "수학 과목만 해도 2000여개의 유형으로 분류해 학생에게 효과적이고 개인화된 학습 콘텐츠를 제공할 수 있다"고 말했다.

향후 계획
콴다의 비전을 스포티파이, 넷플릭스 등과 같은 '교육 콘텐츠 플랫폼'으로 본다. 무료 혹은 저렴한 멤버십 비용으로 누구나 온라인 교육 콘텐츠를 누릴 수 있게 문턱을 낮춰 궁극적으로 전 세계 각국의 교육 격차를 완화하는 것은 물론 세분화하고, 개인화해 이전과 다른 교육 생태계를 만들어가는 것이 큰 그림이다. 이를 위해 우선 개인별 학습 수준·능력을 AI로 분석해 맞춤형으로 커리큘럼을 짜주는 개인화 서비스를 개발할 예정이다.

투자 유치

시리즈 C 총투자 유치
1220억원 이상
(구글에서도 투자 유치·금액 비공개)

특허, 논문, 보고서 등 지식재산권 보유 현황
- 가중치 기반의 유사 문제 필터링 방법 (1020190164595/2019.12.11)
- 이미지에 포함된 텍스트 인식 장치, 텍스트 인식 방법 및 텍스트 인식 방법을 실행하기 위한 프로그램을 기록한 기록매체 (1020170175042/2017.12.19)
- 학습 서비스 제공 방법 및 그 장치 (1020170175038/2017.12.19)

수상 이력
- 20개국 교육 차트 1위 (일본, 태국, 베트남, 인도네시아 등)
- 'GSV EdTech 150' 선정

AI 기술 고도화에 필요한 데이터를 수집하고 가공하는 AI 학습 데이터 플랫폼 기업

㈜크라우드웍스

2021·2022 2년 연속 선정

대표자
박민우

위치
서울특별시 강남구 테헤란로309, 5층 (역삼동, 삼성제일빌딩)

설립 연도
2017년 4월

홈페이지
crowdworks.kr

문의
contact@crowdworks.kr / 02-6954-2960

상장 여부
비상장

시장 진출한 해외 국가
계획 중

주요 사업
AI 학습 데이터 수집 및 가공

창업자의 경력
계명대 컴퓨터공학과 석사를 마치고 1996년 현대정보기술 연구소에서 근무했다. 이후 1998년 에이젠텍을 공동 창업하고 2000년에 메타와이즈 창업을 거쳐 2017년 크라우드웍스를 창업했다.

창업 배경
박민우 대표는 AI 스타트업만 다섯 번 창업한, 업계에 소문난 '4전5기 CEO'다. 여러 차례의 도전 끝에 향후 도래할 AI 시대에서 '데이터 라벨링'이 큰 화두가 될 것으로 내다보고 크라우드웍스를 창업했다. AI 기술이 빠른 속도로 발전하고 있는 상황에서, AI의 필수 기술인 데이터 라벨링을 미리 확보해 놓자는 복안이었다.
데이터 라벨링은 AI 기술을 고도화하는 데 필요한 데이터를 인공지능이 학습할 수 있도록 수집, 가공하는 작업을 말한다. 박 대표가 창업 전 라벨링 플랫폼을 내놓은 업체는 아마존의 '아마존 터크' 정도가 유일했다. 그러나 이 회사 데이터의 정확도는 60~70% 수준에 그쳤다. 박 대표는 창업 이후 자체 개발한 검수 제도를 통해 '신뢰도 100%의 데이터 라벨링 플랫폼'을 만들었다.

비전 및 목표
'AI & 휴먼 리소스 플랫폼'이라는 회사의 비전 아래 데이터 라벨링 등을 통해 인간과 AI 기술이 협업할 수 있는 생태계를 조성하는 게 목표다. 이를 통해 플랫폼 노동의 새로운 패러다임까지 제시하겠다는 구상이다.

주요 제품 또는 서비스
크라우드웍스 크라우드 소싱 방식으로 AI 기술을 위한 학습 데이터 생산 및 가공 업무를 중개하는 플랫폼.

핵심기술

크라우드웍스는 국내 데이터 라벨링 업체 중 가장 많은 인력을 보유하고 있다. 이를 통해 대량의 데이터를 여느 업체보다 빠른 속도로 구축할 수 있다는 설명이다. 온라인 크라우드소싱 플랫폼에 최초로 전수 검수 시스템을 도입한 것도 특징이다. 데이터의 신뢰도는 99.9%에 달한다. 폭넓은 산업 데이터도 장점이다. 회사는 자율주행, 의료, AI 스피커, 챗봇, 증강현실(AR), 헬스케어, 교육, 법률, 마케팅 등 AI가 활용되는 대부분의 산업군에 빅데이터를 구축했다.

향후 계획

AI 데이터 업체 최초로 2022년 코스닥에 상장하겠다는 게 크라우드웍스의 가장 큰 목표다. 코스닥 상장을 계기로 향후 증가할 AI 데이터 수요에 더 적극적으로 대응하겠다는 구상이다.

투자 유치

누적 투자 금액

320억원 이상

특허, 논문, 보고서 등 지식재산권 보유 현황

- 인공지능 학습데이터 생성을 위한 크라우드소싱 기반 프로젝트의 작업자 맞춤형 작업 가이드의 자동 제공 방법(1020200090025/2020.07.21)
- 학습데이터 생성을 위한 크라우드소싱 기반 유사 프로젝트의 작업 단가 역전 조정을 통한 작업자 유입 조절 방법(1020200082678/2020.07.06)
- 인공지능 학습데이터 생성을 위한 크라우드소싱 기반 프로젝트의 검수자의 검수 수행에 대한 적정 검수 비용 지급 방법 (1020200082078/2020.07.03)
- 인공지능 학습데이터 생성을 위한 크라우드소싱 기반 프로젝트의 문장 유사도를 이용한 감정 라벨링 방법(1020200072034/2020.06.15)

수상 이력

- 2021년 한국데이터산업진흥원 데이터 품질대상 최우수상
- 2021년 디지털 뉴딜 우수사례 과학기술정보통신부 장관상
- 2021년 신용보증기금 제6기 혁신아이콘 선정
- 2021년 과학 정보통신 유공자 대통령 산업포장

AI 자산관리 로보어드바이저

㈜크래프트테크놀로지스

2021·2022
2년 연속 선정

대표자
김형식

위치
서울특별시 영등포구 국제금융로 10 IFC Three 30층 3040호

설립 연도
2016년 1월

홈페이지
qraftec.com

문의
qraft@qraftec.com / 02-487-8555

상장 여부
비상장

시장 진출한 해외 국가
국내 기업 최초로 뉴욕 증시에 AI ETF 상장

주요 사업
로보어드바이저

● **창업자의 경력**
김형식 대표는 서울대 전자공학부를 졸업하고 대학원에서 경제학을 전공했다. 대학원을 졸업할 무렵이던 2006년 퀀트 전략으로 자금을 운용하기 시작했다. 2007년 글로벌 금융위기 이후 관련 알고리즘의 수명이 짧아지면서 수익을 유지하기 어려워졌다.
김 대표는 그때부터 시장에 맞는 전략을 빠르게 추출할 수 있는 인공지능(AI)을 활용한 투자를 시작했고, 2016년 크래프트 테크놀로지스를 세워 AI 엔진을 기반으로 한 서비스를 금융사 등에 제공하고 있다.

●● **창업 배경**
김형식 대표는 학사는 전자공학, 석사는 경제학을 전공했다. 그는 병역특례로 들어간 회사에서 뉴스 트레이딩 시스템을 개발하면서 투자업계에 관심을 두게 됐다. 이후 마음 맞는 친구들과 투자사를 차려 큰돈을 벌기도 했다. 이후 2016년 공학(AI)과 금융(주식)을 결합한 서비스에 도전하고자 창업을 결심했다.

●●● **비전 및 목표**
당시 알고리즘 트레이딩 프로그래밍은 한계가 있었다. 주식시장이 비교적 단순하던 2000년대 초·중반까지는 좋은 성과를 얻었지만 날이 갈수록 주식시장의 복잡도가 높아지자 대안이 필요했다. 딥러닝 매매 프로그램을 생각해낸 계기다. 주가, 환율, 경기지수 등 과거 시장 데이터를 입력해 학습시킨 AI를 개발했다. 스스로 학습하는 딥러닝을 적용해 유연하게 대응할 수도 있었다. 새로운 시장 상황에서도 새롭게 자가 학습이 가능하기 때문이다.

●●●● **주요 제품 또는 서비스**
크래프트로보어드바이저(자산관리 인공지능 로보어드바이

저) 크래프트테크놀로지스는 2019년 국내 기업 중 처음으로 미국 뉴욕 증권거래소(NYSE)에 AI ETF를 상장시켰다. 현재 S&P500 지수를 추종하는 QRFT, AMOM, NVQ, HDIV 등 4개 종목이 NYSE에서 거래되고 있다. AMOM ETF는 2020년 9월 테슬라 주식을 포트폴리오 중 8% 수준으로 투자하고 있었는데 시장이 과열된 것을 파악했다. 테슬라 주식이 급락하기 직전 주식을 전량 매도하는 결정을 내리기도 했다.

핵심기술

기존 투자 소프트웨어 프로그램은 만들어진 패턴에 데이터를 넣어 결과를 도출하는 방식이다. ETF에 적용한 AI는 방대한 양의 데이터를 바탕으로 패턴 자체를 도출하는 방식이다. 크래프트테크놀로지스는 AI로 변수가 많은 시장에서 안전하게 초과수익 달성이 가능한 패턴을 포착하는 데 주력한다. 금리나 환율, 재무 데이터 등에 따라 흘러가는 많은 데이터는 어떤 형식으로든 분명 주가와 관계가 있다. 하지만 사람이 일일이 파악하기는 어렵다. AI는 이런 업무를 처리할 수 있다. 현재 데이터가 미래 주가에 관계있을 수도 있고, 아예 없을 수도 있다. 하지만 금융상품에서 AI는 확률적으로 50~60%만 맞춰도 좋은 수익이 나오는 것으로 나타났다. 반복적인 데이터 활동을 파악해 AI가 이런 데이터를 학습하면 좋은 수익으로 이어진다.

향후 계획

크래프트는 AI 기술 경험과 노하우를 바탕으로 직접투자가 확대되는 시장 상황을 염두에 두고 있다. 실제로 최근 다양한 금융 기관 등과 협업해 시장 상황에 맞는 상품을 기획하고 있다. 궁극적으로 AI로 자산을 배분하고 운용하는 종합적인 서비스를 제공할 계획이다.

투자 유치

시리즈 C
1700억원

특허, 논문, 보고서 등 지식재산권 보유 현황

- 환율을 예측하는 방법 및 서버 (1020190178562/2019.12.30)
- 강화 학습을 기반으로 자산 포트폴리오를 생성하는 장치 및 방법 (1020200004041/2020.01.13)
- 증권 거래를 위한 주문 집행을 수행하는 서버 및 방법(1020190093191/2019.07.31)
- 인공지능에 기초하여 자산의 가격을 예측하는 장치, 방법 및 컴퓨터 프로그램 (1020190093178/2019.07.31)

수상 이력

- 2020년 매경 핀테크 어워드 2020 최우수상 수상
- 2019년 중소기업 콘퍼런스 중소기업 대상

인공지능(AI) 기반 의료영상 솔루션을 개발하는 스타트업

클라리파이

2022 선정

대표자
김종효

위치
서울특별시 종로구 이화장1길 11
(이화동, 영광빌딩B동) 2-4층

설립 연도
2015년 2월

홈페이지
claripi.com

문의
claripi@claripi.com / 02-741-3014

상장 여부
비상장

시장 진출한 해외 국가
미국, 유럽, 아시아

주요 사업
소프트웨어 개발 및 공급

창업자의 경력

AI 기반 의료진단 솔루션을 제공하는 클라리파이는 김종효 서울대병원 교수와 박현숙 의료 사업 전문가가 2015년 공동 창업한 회사다. 김종효 대표는 전자공학(의공학) 박사 출신으로 현재 서울대 의과대학 및 융합과학기술대학원 교수를 겸임하고 있다. 그는 오랜 기초연구를 통해 클라리파이의 핵심 기술인 AI 기반 CT 노이즈 제거 솔루션을 개발했다. 박현숙 사장은 유방암 진단 영상장비(Mammography) 제조사인 ㈜메디퓨처의 영업이사로 활동했다.

창업 배경

정밀·예측 의학시대가 본격화되면서 의료영상 검사의 활용이 늘고 있다. 방사선량이 높은 표준선량으로 찍은 CT 영상은 잡음이 적어, 화질이 좋지만 인체에 해롭다는 딜레마가 있다. 또, 대규모 데이터베이스에 근거한 정량적 판별에 대한 수요도 커 지고 있다. 클라리파이는 지능형 빅데이터 컴퓨팅 기술과 의료 영상기술을 현대 의료 영상검사의 딜레마를 해결하는 혁신 솔루션을 공급하기 위해 설립됐다.

비전 및 목표

의료진의 판독을 돕고 의료기 제조사에는 융합형 혁신제품을 제공해 글로벌 의료기기 시장에서 K-의료기기를 선도한다.

주요 제품 또는 서비스

ClariCT.AI 초지선량 CT영상 잡음제거 및 화질향상 솔루션.
ClariACE AI CT영상 조영증강 솔루션.
ClariPulmo AI 폐질환 분석 솔루션.
ClariSigmam AI 유방밀도 측정솔루션.
ClariAdipo AI 대사증후군 내장지방 측정솔루션.
ClariICH AI 뇌영상분석 솔루션.
ClariHepato AI 간지방 측정솔루션.

ClariSarco AI 근육량 근감소증 측정솔루션.

●●●●●
핵심기술

클라리파이의 CT 잡음제거 솔루션 'ClariCT.AI'는 기존의 저선량 CT에 비해 선량을 훨씬 낮춘 초저선량 CT를 촬영하고 여기에서 발생하는 '영상 노이즈'는 딥러닝 기술로 제거해 저선량 CT에 비해 동등 이상의 수준으로 화질을 향상하는 기술이다. 이는 환자 안전과 판독 성능을 모두 만족시키는 신기술로 차세대 폐암 검진과 예측진단에 활용될 기대를 모은다. 타사 제품과 달리 어떤 CT 장치에도 호환되는 AI 기술이라는 점에서 범용성 또한 넓다.

이 솔루션에는 클라리파이 특허 기술로 개발된 Clarity Engine이 적용돼 고품질의 뛰어난 화질개선 효과를 제공한다. AI가 수백만 가지의 잡음 패턴을 학습해 원사진을 최대한 보존하면서 강력한 잡음 저감 성능을 발휘하는 방식이다. 기존에 주로 사용되던 IR잡음제거 방식보다 2배 이상 잡음제거 성능이 우수한 것으로 나타났다. 정밀진단이 가능할 뿐 아니라 안전성 문제로 대두되던 방사선 피폭량도 인체에 안전한 수준으로 줄였다. 회사는 이 솔루션을 사용하면 기존 CT 촬영에 비해 방사선의 양을 최소 4분의 1 이하로 줄일 수 있다고 설명한다.

회사는 이 기술을 기반으로 다양한 질병 진단 분야의 AI 의료영상 진단 보조 솔루션을 출시하고 있다. 2021년에는 파생 제품인 COVID19·폐렴 폐기종 진단용 ClariPulmo, 유방 밀도 측정용 ClariSigmam, 대사증후군, 내장 지방 측정용 ClariAdipo를 출시했으며 인증을 취득했다.

ClariPi의 AI 솔루션 제품들은 미국 마이크로소프트의 뉘앙스, 영국 블랙포드 등 글로벌 디지털 헬스케어 전문기업과 공급계약을 체결했고, 독일 지멘스, 바이엘 등과도 공급계약 체결을 진행 중이다.

●●●●●●
향후 계획

클라리파이는 자체 기술을 적용해 골밀도 측정 및 골다공증 예측 진단이 가능한 ClariOsteo, 심혈관 칼슘 측정이 가능한 ClariCardio 제품 등으로 사업을 확장할 예정이다. 올해부터는 본격적인 상장 준비에 나설 예정이며 이르면 2023년 하반기 코스닥 시장에 기술특례 상장을 목표로 사업을 진행 중이다.

투자 유치

시리즈 B 단계 투자 유치 마무리

70억원

(누적투자금 190억원 이상)

특허, 논문, 보고서 등 지식재산권 보유 현황

- 의료영상의 병변 특징에 따른 영상처리 장치 및 방법(1020210096565/2021.07.22)
- 딥러닝 기반 가속촬영 MR 이미지 화질 복원 장치 및 방법(1020210011052/2021.01.26)
- 딥러닝 기반 CT 이미지 잡음 저감 장치 및 방법(1020180123786/2018.10.17)
- 딥러닝 기반의 조영 증강 CT 이미지 대조도 증폭 장치 및 방법(1020210014378/2021.02.01)
- 3D 지도 기반의 이동 물체 경로 안내 방법 및 장치(1020190004879/2019.01.14)
- 이동 중인 무인 항공기에서 연속 촬영된 항공 이미지를 이용한 물체 높이 계산 방법(1020210019209/2021.02.10)

핵심 기술에 관한 15건의 특허등록 완료 (국내10, 미국5), 추가 17건의 특허출원 상태 (국내 7, 미국 2, 유럽 3, PCT 4, 일본 2)

수상 이력

- 2022년 보건복지부장관 주관 4차 산업혁명 보건의료산업 융복합 상
- 2021년 대한의학영상정보학회 주관 CT 기반 폐기종 수치정량화 및 인공지능기술 챌린지 대상
- 2021년 중소벤처기업부장관 주관 중소기업기술혁신대전 우수상
- 2021년 한국발명진흥회 주관 우선구매 우수발명품 선정
- 2021년 과학기술정보통신부장관 주관 혁신제품 지정

인공지능(AI) 기반 문화기술 스타트업

클레온

2022 선정

대표자 진승혁	**문의** contact@klleon.io / 070-4354-1906
위치 서울특별시 중구 소월로2길 30, 18층	**상장 여부** 비상장
설립 연도 2018년 4월	**시장 진출한 해외 국가** 일본, 미국
홈페이지 klleon.io	**주요 사업** 딥러닝 기술을 활용해 영상을 합성해주는 서비스, AI 가상인간 제작

창업자의 경력

진승혁 클레온 대표는 1993년생의 젊은 창업가다. 세종과학고를 조기졸업한 뒤 한양대에서 융합전자공학을 전공했다. 대학생 시절이던 2013년 중고 대학 서적 거래 플랫폼을 만들어 창업가의 길로 뛰어들었다. 2015년엔 인테리어 디자인 스타트업 '그리다집'을 창업해 연 50억원대의 매출을 거두기도 했다. 클레온이 세 번째 창업이다.

창업 배경

진승혁 대표가 클레온을 창업하는 데는 엉뚱한 상상이 계기가 됐다. 인터넷 강의를 보다가 지루해진 그는 '강사가 연예인이라면 집중이 잘 되지 않을까'라는 생각을 했다고 한다. 시작은 단순했지만 진 대표는 기술을 통해 소통을 혁신하겠다는 생각을 갖고 회사를 시작했다. '컬처테크'라는 서비스의 본질답게 딥러닝(심화학습) 기술로 전 세계 사람들이 함께 즐길 수 있는 문화를 만들어가겠다는 신념을 갖고 있다.

비전 및 목표

클레온의 첫 번째 비전은 고도의 딥러닝 기술을 대중화하는 것이다. 누구나 기술을 쉽게 즐길 수 있게 만든다는 목표다. 또 기술을 이용해 새로운 문화적 가치를 만들길 기대하고 있다. 기술이 사회적으로 선한 영향력을 미치게 하고, 악용을 예방하는 방향으로 발전시켜 나가는 것도 클레온의 비전이다.

주요 제품 또는 서비스

카멜로 실시간 영상 공유 SNS. 촬영 없이 영상 콘텐츠를 쉽게 제작할 수 있는 게 특징이다. 또 원하는 얼굴을 조합해 가상 얼굴을 만들고 원하는 목소리를 영상에 입혀 캐릭터를 만들 수 있다.

클론 원하는 가상인간과 대화할 수 있는 챗봇 서비스. 1장의 사진으로 원하는 얼굴을 생성할 수 있고, 30초의 음성으로 목소리를 만들어낼 수 있다.

클링 자동 영상 더빙 SaaS 솔루션. 입모양까지 언어에 맞춰서 구현할 수 있다.

버추얼 휴먼 기업들을 대상으로 각 브랜드 이미지에 딱 맞는 외모, 체형, 목소리를 갖춘 버추얼 휴먼과 관련 콘텐츠까지 제작해주는 서비스. 경쟁사 대비 비용을 50% 이상 절감했다는 설명이다.

핵심기술

클레온이 보유한 핵심 기술들은 분야별로 얼굴, 목소리, 몸으로 나뉜다. 얼굴 분야에서는 사진 한 장을 이용해 다른 사진이나 영상 안의 특정 인물을 원하는 얼굴로 바꿀 수 있는 기술을 갖췄다. 또 빛과 조명에 상관없이 얼굴 변환이 가능하도록 기술을 개발했다. 경량화를 통해 빠른 속도로 변환을 구현할 수 있다. 다양한 이미지의 특징을 서로 분리된 벡터 공간에 인코딩되도록 자체적으로 생성한 모델을 개발했다. 목소리 분야에서는 적대적신경망네트워크(GAN)의 불안정성 문제와 모드 붕괴 문제를 해결해 높은 화질에서도 자연스럽게 입모양을 생성할 수 있다. 추가 학습 없이 1장의 사진 만으로 입모양 합성이 가능한 게 장점이다.

또 37fps의 속도로 고화질 결과물을 생성한다. 몸 분야에서는 전신 사진 한 장만으로 3차원(3D) 모델링을 통한 움직임 합성이 가능한 기술을 개발 중이다. 원하는 사람의 전신 영상을 사용해 체형 생성 딥러닝 모델을 학습하고, 체형 및 동작 파라미터를 변경해 체형이나 움직임을 바꿔 합성할 수 있다. 현재 개발 단계다.

체형을 인식할 수 있는 SMPL(Skinned Multi-Person Linear Model) 기술을 활용해 영상 속 인물의 체형을 더 날씬하게 혹은 더 크게 만드는 것이 가능하다는 설명이다.

향후 계획

향후 본격적인 해외 시장 공략에 나설 예정이다. 미국에는 이미 법인이 설립됐다. 일본 도요시마나 싱가포르 국립과학박물관 등과 협업하며 해외 시장의 문을 두드리고 있다. 특히 4개 국어를 사용하는 싱가포르에서는 번역 분야에서 경쟁력을 가질 수 있을 것으로 보고 있다.

투자 유치

프리 A까지
40억원 이상

특허, 논문, 보고서 등 지식재산권 보유 현황

- MASKER: Masked Keyword Regularization for Reliable Text Classification 논문 발표(2020.12)
- 국제표준특허 MPAI-MMC 라이선스 등록(2021.12)

수상 이력

- 2022년 일본 ILS 해외기업 중 1위
- 2021년 국제기술표준특허 전략지원 사업 선정
- 2021년 'Try Everything' IR 피칭 경연대회 1위
- 2021년 LG CONNECT IR 피칭 경연대회 3위
- 2021년 CES 혁신상 2개 수상
- 2020년 코리아스타트업센터 선정

자율주행 로봇 서비스 전문 스타트업

클로봇

2022 선정

대표자
김창구

위치
경기도 성남시 분당구 성남대로925번길 16, 7층 701호

설립 연도
2017년 5월

홈페이지
clobot.co.kr

문의
sales.manager@clobot.co.kr

상장 여부
비상장

시장 진출한 해외 국가
-

주요 사업
시스템 소프트웨어 개발 및 공급업

● **창업자의 경력**

김창구 대표는 서울대에서 기계공학과 학사 및 석사 학위를 받았다. 그는 2005년부터 2013년까지 8년간 한국과학기술연구원(KIST) 프런티어 로봇사업단 시스템통합(SI)팀에서 엔지니어로 근무했다. 2008년 세계 최초 2족 보행 감성 로봇 개발, 2009년 국내 최초 지능형 로봇 개발, 2011년 지능형 로봇 '실벗'을 출시하며 로봇 분야 전문가로 성장했다. 그러다 2013년 KIST가 기술 출자한 신기술 창업 전문 기업 로보케어를 만들면서 당시 프런티어사업단에서 근무하던 8명의 연구원과 함께 직장을 옮겼다. 이후 독자적인 서비스 프로바이더 사업을 해 보고 싶어 함께 일하던 연구원 두 명과 2017년 지금의 클로봇을 창업했다.

●● **창업 배경**

2016년 당시 바둑 알고리즘 알파고의 등장으로 4차 산업혁명이 화두로 떠오르면서 하드웨어와 결합한 AI, 데이터 기반 융합 서비스의 중요성이 인식됐다. 김 대표는 글로벌 기업들이 장악한 디바이스 로봇 시장이 아닌 서비스 로봇 시장에서 가능성을 봤다고 한다. 당시 서비스 로봇은 시장의 초입 단계로 특정한 강자가 없는 상황이었다.

●●● **비전 및 목표**

자율주행 서비스 프로바이더

●●●● **주요 제품 또는 서비스**

크롬스(클라우드 기반 로봇관제 솔루션), 카멜레온(실내 자율주행 솔루션),

●●●●● **핵심기술**

클라우드 기반의 로봇 관리 시스템 '크롬스(CROMS)'는 기존의 지능형 로봇 관리 시스템과 달리 제조사와 로봇운영체제에 의존성을 갖지 않은 솔루션이다.

크롬스의 특징은 다수의 이동(Mobile) 로봇을 일괄적으로 통합 관리, 모니터링, 원격 운영 가능서비스 제공 등이다. 지도 기반의 모바일 로봇 관리가 가능해 로봇 지도 관리, 이동 관리 등이 용이하다. 실내 자율주행 솔루션 '카멜레온(Chameleon)'은 모바일 로봇에서 산업 장비까지 다양한 기기에 적용할 수 있는 솔루션으로 쉽고 빠르게 주행 성능이 보장된 자율주행 로봇을 구현할 수 있다.

좁은 통로나 예측이 어려운 장애물이 존재하는 환경인 병원, PC방 등에서도 자율주행 로봇을 운영할 수 있도록 주행 성능 고도화를 목표로 딥러닝 기술과 고정밀 위치 추정 기술(SLAM)을 적용했다.

향후 계획

클로봇은 소프트웨어 기술과 서비스를 중심으로 양질의 로봇 서비스 플랫폼을 확보해 시장을 확대해 나갈 예정이다. 김 대표는 한 언론 인터뷰에서 기술력을 기반으로 로봇 시장 내 성장을 도모해 중장기적으로 로봇 스타트업에 상징적인 매출 1000억원을 달성하겠다는 포부를 밝혔다. 궁극적으로는 다양한 서비스 로봇과 소프트웨어(SW)를 통합해 구축형과 함께 RaaS(Robot as a Service)의 임대 형태로 서비스를 제공하는 게 목표다.

해당 분야에 필요한 로봇 하드웨어, 서비스, 소프트웨어를 통합하고, 기업의 기존 인프라와 연계해 활용성을 높이겠다는 취지다. 향후 글로벌 시장에도 현지 회사와 협업을 통해 SW 및 서비스를 공급하는 방식으로 진출할 예정이다.

투자 유치

시리즈 B 단계 투자 유치 마무리

95억원

(누적투자 금액 170억원 이상)

특허, 논문, 보고서 등 지식재산권 보유 현황

- 다수의 이동로봇들 간의 교통 상황을 고려한 주행 관리 서버 및 방법 (1020200073977/2020.06.18)
- 이동체 장치의 자동 주행 제어 방법 및 서버 (1020210033281/2021.03.15)
- 시나리오 기반 작업을 수행하는 이동로봇 및 이의 작업 기반 이동경로 생성 방법 (1020200060097/2020.05.20)

수상 이력

- 2021년 로봇신문 주관 올해의 대한민국 로봇기업 로봇 소프트웨어 부문 수상
- 2019년 성남상공회의소 주관 성남상공대상 기업창업 대상
- 2017년 미래창조과학부 주관 챌린지 데모데이 장려상

자율주행 종합 솔루션 개발업체

토르드라이브

2021·2022
2년 연속 선정

대표자
계동경

위치
한국: 서울특별시 영등포구 선유로 165, YP센터 4층
미국: 1435 Vine St., Cincinnati, OH 45202

설립 연도
2015년 12월

홈페이지
thordrive.ai

문의
info@thordrive.ai

상장 여부
비상장

시장 진출한 해외 국가
미국 현지 설립

주요 사업
자율주행 소프트웨어

●
창업자의 경력
서울대에서 전기공학을 전공하고 서울대 지능형자동차연구실에서 자율주행 콜택시 '스누버' 개발 총책임을 맡았다. 2015년 12월 서승우 서울대 교수와 토르드라이브를 공동 창업했다.
계동경 대표는 오픈 이노베이션 방식을 채택해 자율주행차를 제작하는 데 주력하고 있다. 자율주행 판단 및 경로 생성, 제어 및 인식, 3차원 고정밀 지도 등 자율주행 관련 핵심기술을 개발했다. 서울대, 현대모비스, 이마트, 인천국제공항공사, 미국 신시내티공항 등과 협력하고 있다.

●●
창업 배경
국내 최초의 도심형 자율주행차 '스누버'를 개발한 서울대 지능형자동차연구실 소속 6명이 2016년 설립했다. 전기공학을 전공한 계 대표는 서울대 캠퍼스 내 자율주행 콜택시 서비스 스누버 개발을 총괄한 경험과 기술에 대한 자신감을 기반으로 토르드라이브를 창업하였다.

●●●
비전 및 목표
자율주행 기술을 통한 끊김 없는 모빌리티의 실현.
"We make seamless mobility through autonomous mobility"

●●●●
주요 제품 또는 서비스
T-DRIVE 이동체의 자율주행을 책임지는 검증된 소프트웨어 및 하드웨어 솔루션.
T-PLUG 모빌리티 운영 환경의 디지털 트윈 솔루션.

●●●●●
핵심기술
T-DRIVE는 라이다, 카메라, 레이더 등 다양한 센서와 GPS,

인공지능 기술을 기반으로 사물 인식과 측위, 주행 판단, 경로 생성 및 제어를 실시간으로 수행한다.

특히 복잡한 시내 도로와 이면도로에서 주행하기 위한 경로 생성용 AI 기술은 한국과 미국 도심 지역에서 무사고 주행 15만㎞를 달성하며 검증됐다. GPS 음영구역에서도 동작하는 고정밀 측위 기술과 함께 토르드라이브의 대표 기술로 꼽힌다.

2018년 미국 캘리포니아 팰로앨토에서 글로벌 유통업체인 '에이스 하드웨어'와 자율주행 배송 서비스를 개시했다. 이듬해엔 서울 여의도에서 이마트와 함께 국내 처음으로 자율주행 배송 서비스를 선보였다. 지난해엔 실내 무인 자율주행차를 인천국제공항 제1, 2 여객터미널에서 운영하기 시작했다. 2021년 현재 도심에서의 자율주행 서비스 제공에서 더 나아가 미국 신시내티 국제공항에서 무인 자율주행 지상작업 기재(Ground Support Equipment)를 운영하는 등 항공 물류 분야까지 자율주행 기술 적용 분야를 넓혀나가고 있다.

●●●●●●
향후 계획

2025년까지 북미 및 아시아지역에서의 공항이나 항만 등 물류시장 대상 선제적 공략을 통해 자율주행 모빌리티 제품의 양산화를 선보일 계획이다.

투자 유치

시드~시리즈 A
310억원

특허, 논문, 보고서 등 지식재산권 보유 현황

- 라이다 센서를 위한 보호 커버 장비 (1020220058775/2022.05.13)
- 모양이 복잡하거나 크기가 큰 물체를 정확하게 인식할 수 있는 센서 융합 인식 시스템 및 그 방법 (1020210062288/2021.05.13)
- 복수의 이종 센서의 융합을 위한 데이터 처리 시스템 및 방법(1020200112791/2020.09.04)
- 자율주행을 위한 브레이크제어모듈 (1020200149235/2020.11.10)
- 자율주행을 위한 효율적인 맵 매칭 방법 및 그 장치(1020190166900/2019.12.13)
- 물체 탐지 장치 및 방법 (1020160057185/2016.05.10)
- 구간적 다항식을 기반으로 한 곡선 근사 방법 (1020160034580/2016.03.23)

체세포를 3D로 실시간 관찰할 수 있는 현미경 제조 기업

㈜토모큐브

2021·2022 2년 연속 선정

대표자
홍기현

위치
대전광역시 유성구 신성로155 4층

설립 연도
2015년 8월

홈페이지
tomocube.com

문의
info@tomocube.com / 042-863-0107

상장 여부
비상장

시장 진출한 해외 국가
미국, 유럽, 아시아 등 26개 국가

주요 사업
AI 기반 홀로토모그래피 현미경 제조 및 바이오 진단

창업자의 경력

토모큐브는 박용근 최고기술책임자(CTO)가 홍기현 최고경영자(CEO)와 함께 설립했다. 박용근 CTO는 2010년 하버드-MIT 연합 의공학 대학원에서 의학물리 및 의학공학 박사 과정을 마치고 KAIST에 교수로 합류했다.
그의 연구실의 중점 연구 주제는 '인간의 질병에 대한 이해, 진단 및 치료를 위한 레이저 광학'이었다. 이 그룹은 현재 QPI(Quantitative Phase Imaging)로 알려진 중요한 분야인 홀로그래피를 기반으로 하는 레이블 없는 이미징 기술을 개발했다.

창업 배경

박용근 CTO가 창업을 꿈꾸던 시기, 그는 당시 MIT에서 박사 학위를 받은 뒤 광학계 연구 분야에서 유망하다고 평가받는 젊은 과학자였다. 하지만 시장에서의 반응은 냉랭했다. 창업 배경 기술이 어렵다는 이유로 박용근 CTO는 창업 제안을 다수 거절당했다. 그러다 홍기현 CEO를 만나면서 창업이 물꼬를 트게 됐다.
당시 블루포인트 파트너스에서 파트너로 근무 중이었던 홍기현 CEO는 KAIST에서 산업경영학을 전공하고 검사장비 제조업체를 설립한 뒤 국내는 물론 해외에서 두 번이나 회사를 매각한 성공 경험이 있었다. 분야에 대한 전문 지식과 비즈니스 경험으로 기술에 대한 이해가 있었기 때문에 가능한 일이라고 토모큐브는 설명한다. 그렇게 코어 기술을 보유한 박용근 CTO와 비즈니스 경험이 풍부한 홍기현 CEO가 만나 창업을 하게 된다. 1년 동안 기술 검증에 나섰고, 2015년 현미경 시제품을 완성한 뒤 그해 8월 토모큐브를 창업했다.

비전 및 목표

토모큐브는 형태학적 세포 분석 분야에서 세계 1위 자리를 차지하기 위해 고군분투하고 있다. 궁극적으로는 데이터를 학습한 AI가 이 분야에서 모든 분석·진단을 스스로 담당하

는 알고리즘을 접목하는 것이 목표다.

●●●● 주요 제품 또는 서비스

HT-2 홀로그래피 현미경으로 세포와 미생물을 3D로 실시간 관찰할 수 있다. 전처리 과정 없이 세포를 실시간 관찰할 수 있는 3D 홀로그래피 현미경 기술과 AI를 이용한 바이오 영상 분석 기술력을 융합하여 AI 현미경을 개발했다.

●●●●● 핵심기술

토모큐브의 '홀로토모그래피(Holotomography·HT)'는 라벨 없는 정량적 이미징 기술로 세포와 조직을 연구하는 새로운 방법이다. HT 기술은 세포와 조직을 이미징하고 분석하기 위한 라벨 없는 3D 정량 이미징 솔루션을 제공한다. 고정, 형질감염 또는 염색을 포함한 준비를 사용하지 않고 살아 있는 세포, 세포 소기관 및 조직 구조의 역학과 메커니즘의 세부 사항을 볼 수 있다.

'토모큐브 AI'도 핵심기술로 꼽힌다. 토모큐브 AI는 AI 기술로 미시 세계를 보다 빠르고 효율적으로 볼 수 있게 한다. AI가 단일세포를 인식하는 활동을 모방할 수 있도록 훈련된다. 이러한 과정을 통해 개별 세포와 세포 내 소기관을 빠르게 식별하고, 이를 시각적으로 처리해 연구자들이 효율적으로 활용할 수 있도록 AI를 개발하는 것이다.

궁극적으로 토모큐브는 이미지 데이터를 재조립하고 분석해 미시 세계의 세포 행동과 역학을 예측하는 AI 개발을 목표로 하고 있다.

●●●●●● 향후 계획

현재 개발 중인 혈액 분석기의 국내외 임상을 진행하고, 패혈증을 비롯한 감염질환 진단을 위한 세균 분류와 동정을 2시간 안에 수행할 수 있는 장비를 개발할 계획이다. 기업상장(IPO) 절차도 준비하고 있다.

2022년도 4분기에 상장심사 청구를 목표로 한다. 상장 시기는 2023년으로 예상된다. 홍 대표는 "복잡한 시약 사용과 오랜 샘플 준비 시간을 요구하는 바이오 분석 분야에서 AI 현미경을 이용한 데이터 기반 정밀 고속 분석과 진단이 가능하도록 하고 싶다"고 말했다.

투자 유치

시리즈 C 투자 완료
442억원

특허, 논문, 보고서 등 지식재산권 보유 현황

- 3차원 정량적 위상 이미징을 이용하여 미생물들을 식별(1020217032964/2021.10.13)
- 3차원 굴절률 영상과 인공지능을 이용한 세포의 세부 분류 구분 방법 및 장치 (1020200034536/2020.03.20)
- 기계학습 알고리즘을 활용한 신속한 3차원 단층촬영의 정규화 방법 및 장치 (1020200020158/2020.02.19)
- 3차원 굴절률 영상과 딥러닝을 활용한 비표지 방식의 3차원 분자 영상 생성 방법 및 장치 (1020190139992/2019.11.05)
- 3차원 정량 위상 영상 측정과 딥러닝을 이용한 신속 비표지 혈액암 진단 방법 및 장치 (1020190070491/2019.06.14)

수상 이력

- 2019년 '신용보증기금 제1기 혁신아이콘 기업'으로 선정
- 2018년 제9회 홍진기 창조인상 수상
- 2017년 '3차원 홀로그램 현미경' 49주차 iR52 장영실상 수상
- 2017년 한국생산기술연구원 주관 올해의 10대 기계기술 수상

인공지능(AI) 영상 검색 기술 스타트업

트웰브랩스

2022 신규

대표자
이재성

위치
서울특별시 중구 세종대로 14,
1인미디어콤플렉스5층 507호

설립 연도
2020년 3월

홈페이지
twelvelabs.io

문의
support@twelvelabs.io

상장 여부
비상장

시장 진출한 해외 국가
미국

주요 사업
AI 소프트웨어 연구개발업, 시스템 소프트웨어 연구개발업, 소프트웨어 개발 및 공급업

창업자의 경력
미국 아마존과 삼성전자에서 인공지능(AI) 소프트웨어 엔지니어로 근무한 이재성 대표가 국군 사이버작전사령부에서 함께 복무한 분대원들과 의기투합해 시작했다. 이 대표와 더불어 이승준 최고기술책임자(CTO), 김성준 개발총괄은 복무 당시 전 세계 면웹 및 다크웹에 올라와 있는 수많은 데이터를 실시간으로 검색 가능한 형태로 변환(인덱싱)하며 주요 위협 요소 등을 자동으로 모니터링하고 대응하는 AI 소프트웨어를 직접 개발해 사령관 표창을 받았다.

창업 배경
국군 사이버작전사령부에서 전 세계의 방대한 데이터를 다루고, 주요 위협 요소들을 모니터링하는 과정에서 수많은 영상들을 이해하고 필요한 정보를 찾아낼 수 있는 방법이 없다는 한계를 느껴 영상검색 AI 기술 연구를 시작했다. 영상 내에는 어떠한 내용이 포함되어 있는지는 현존하는 기술들을 활용해서는 파악하기 어려웠던 것이다. 사이버작전사령부 근무 당시 AI 기술에 관심이 많았던 이 대표와 공동창업자들은 틈만 나면 서로 모여 밤을 새가며 관련 논문들을 읽고, 토론을 벌였다. 그 과정에서, 이들은 영상의 시대가 도래하는데 반해 영상 관련 AI 기술이 기초적인 수준에 머물러 있다는 사실에 기술의 필요성에 확신을 갖게 됐다.

비전 및 목표
세상에서 가장 강력한 영상이해 인프라를 제공해 개발자들이 세상을 인간처럼 보고, 듣고, 이해할 수 있는 영상 기반의 서비스를 만들 수 있게 도와준다는 미션을 가지고 있다. 세상을 온전히 인간처럼 이해하는, 즉 영상을 이해하는 AI를 개발해 소프트뱅크의 손정의 회장이 이야기하는 인류 역사상 가장 중대한 순간이 될 '특이점(AI가 인간의 지능을 뛰어넘는 기점)'을 앞당기고자 한다. 전 세계의 영상 기반 서비스를 제공하는, 혹은 제공하고자 하는 기업들이 서비스를 새로운 형태로 고도화해 나갈 수 있도록 도와주며 기존의 영상 기반 산업의 판도를 바꾸고자 한다.

주요 제품 또는 서비스
영상 검색 API 대규모 영상 데이터베이스 내에서 이용자가 원하는 장면을 빠르고 정교하게 찾아주는, 클라우드 기반의 개발자용 영상검색 솔루션. 단 몇 줄만의 코드로도 강력한 영상 검색 기능을 구현할 수 있다.

핵심기술
인공지능(AI) 영상 검색 기술 영상 내 객체 간의 관계와 시간의 흐름을 유추하여 맥락(context)를 이해할 수 있다. 또한, 음성 내용부터 등장 인물, 행동, 등의 시각적 정보, 그리고 영상 내 글자 등의 다양한 유형의 정보들을 종합적으로 인식하여 이를 기반으로 정교한 검색을 가능하게 한다. 예를 들어, 넷플릭스의 영화 데이터베이스 내에서 이용자가 "이정재가 초록색 츄리닝을 입고 카메라 앞에서 웃고 있는 장면"이라고 치면, 영화 '오징어게임' 내에서 원하는 그 장면을 정확하게 찾아주는 형태이다. 이외에도, 방대한 양의 데이터를 KB 단위의 임베딩으로 바꿀 수 있게 해주는 벡터화 기술은, 인공지능이 방대한 양의 데이터를 처리하면서도 원하는 장면을 1초 내외로 빠르게 찾아낼 수 있게 해준다.

향후 계획
대규모 영상 이해 파운데이션 모델을 만들어서 이를 기반으로 원하는 영상 내 장면을 찾아주는 검색 뿐 아니라 자연스럽게 영상을 자동 요약하고 추천해주는 기능부터 텍스트를 기반으로 새로운 영상을 생성해주는 작업까지 가능하게 하려고 한다. 현재 클로즈드 베타 형태로 미국 내 다양한 수요기관과 파일럿 프로젝트들을 진행하고 있다. 이 중 몇 기업은 유료 고객으로 전환해 영상검색 API 솔루션을 적극적으로 활용, 도입하고 있다. 곧 미국 내 추가 신규투자 소식을 발표할 예정이며, 이를 바탕으로 R&D를 더욱 확대하고, 미국 내 사업개발 팀을 확장해 시장 개척 및 고객 확보에 더욱 박차를 가하고자 한다. 또한, 2023년 상반기에는 대규모 오픈 베타를 실시해 누구나 자유롭게 API 솔루션 사용을 신청하여 자유롭게 테스팅해보고 도입할 수 있도록 할 예정이다.

투자 유치

시드 1

70억원

(500만 달러)

특허, 논문, 보고서 등 지식재산권 보유 현황

- 악성 코드 수집 방법 및 시스템 (1020200066483/2020.06.02)
- VIDEO RETRIEVAL METHOD AND APPARATUS (63/317,359, 2022-03-07, 미국 출원)
- VIDEO RETRIEVAL METHOD AND APPARATUS BASED ON KEY FRAME DETECTION (17/883,483, 2022-08-08, 미국 출원)
- VIDEO RETRIEVAL METHOD AND APPARATUS USING POST PROCESSING ON SEGMENTED VIDEOS (17/883,489, 2022-08-08, 미국 출원)
- VIDEO RETRIEVAL METHOD AND APPARATUS USING VECTORIZING SEGMENTED VIDEOS (17/883,493, 2022-08-08, 미국 출원)
- VIDEO RETRIEVAL METHOD AND APPARATUS USING VECTORIZED SEGMENTED VIDEOS BASED ON KEY FRAME DETECTION (17/883,494, 2022-08-08, 미국 출원)

수상 이력

- 2021년 MS(마이크로소프트) 주관 영상 인식 대회 '밸류 챌린지' 1위 수상
- 2021년 마이크로소프트(MS) 및 국제컴퓨터비전학회(ICCV) 주최 AI 영상인식 대회 '밸류 챌린지 2021' 영상검색(video retrieval) 부문 우승
- 2022년 글로벌 시장조사기관 CB인사이트 선정 세계 100대 AI 기업 선정

자율주행 로봇 개발

㈜트위니

2021·2022 2년 연속 선정

대표자
천영석(좌), 천홍석(우)

위치
대전광역시 유성구 가정북로 90

설립 연도
2015년 9월

홈페이지
twinny.ai

문의
contact@twinny.ai / 042-716-1558

상장 여부
비상장

시장 진출한 해외 국가
-

주요 사업
물류로봇

창업자의 경력

트위니는 쌍둥이 형제인 천홍석·영석 공동대표가 2015년 8월 설립한 자율주행 로봇 전문 기업이다. 트위니라는 회사 이름도 쌍둥이를 뜻하는 영어 단어 '트윈(Twin)'에서 따왔다. 천홍석 공동대표는 고려대학교를 졸업한 뒤 KAIST에서 석·박사 과정을 마쳤다. 자율주행 이동 로봇 연구를 주제로 박사학위를 취득했다. 천영석 공동대표는 고려대를 졸업한 뒤 중소벤처기업진흥공단에서 8년 동안 기금 운용과 재정 관리를 담당한 경험이 있다.

창업 배경

최근 산업현장 곳곳에서 물류 무인화 수요가 늘어나는 추세다. 주 52시간 근로제와 최저임금 인상, 직원 고령화 등에 대한 부담 때문이다. 트위니는 이런 무인화 수요를 겨냥해 자율주행이 가능한 물류 운송 로봇을 개발한 벤처기업이다. 이 회사 로봇 '나르고'는 서울 성수동에 있는 현대글로비스 신사옥에 시범 배치돼 우편물 등을 실어나르고 있다. 천영석 트위니 대표는 한국경제신문과 인터뷰에서 "공장과 물류센터는 물론 물품 운반 업무가 많은 병원, 공항 등으로 물류 무인화 수요가 확대되고 있다"며 "각종 물류센터와 종합병원에서도 구매 문의가 잇따른다"고 말했다. 트위니는 제품 경쟁력을 인정받아 2020년 중소벤처기업부로부터 아기 유니콘으로 선정됐다. 아기 유니콘에 선정된 지 1년 만인 지난 7월에는 예비 유니콘에 선정되는 쾌거를 이루었다. 물류산업과 같은 3D 분야 인력 부족을 대체할 기술개발과 공유경제 산업 등 분야로 확장 가능할 것으로 예상된다는 이유였다. 예비 유니콘은 기업가치 1000억~1조원인 스타트업으로, 중기부는 100억원의 특별 보증을 지원한다. 트위니는 회사 설립 이후 6년 만에 예비 유니콘 반열에 올랐다.

비전 및 목표

트위니가 자체 개발한 소프트웨어를 기반으로 만든 '자율주행로봇 플랫폼(TARP)'을 자율주행로봇 업계의 운영체제(OS)로 성장시키는 것이 목표.

●●●●
주요 제품 또는 서비스
나르고 다양한 물품의 효율적 운반을 도와주는 자율주행 운송로봇.
더하고 자율주행+대상추종기술 복합로봇.
따르고 대상추종형 운송로봇.

●●●●●
핵심기술
기존 물류로봇은 표식이나 QR코드를 토대로 위치를 인식해 움직인다. 트위니의 운송로봇 나르고는 마커나 QR코드 없이 이동할 수 있는 게 차이점이다. 로봇 본체에 부착된 3차원(3D) 라이다를 기반으로 장애물을 구분하는 등 스스로 주변 지도를 그리면서 경로를 찾아간다. 라이다는 레이저 펄스(빛)로 대상을 탐지해 3D 공간 정보를 인식하는 광학장비다. 천 대표는 "3D 라이다 센서는 사물의 높이와 깊이 등을 데이터로 계산해 연산량이 많고 이로 인해 느려질 수 있는 게 단점"이라며 "나르고는 자체 개발한 알고리즘을 통해 연산량을 크게 줄였다"고 설명했다. 그러면서 "마커 등을 설치하기 위한 인프라 비용을 아낄 수 있는 게 나르고의 장점 중 하나"라고 덧붙였다.
로봇 서버를 건물 엘리베이터 서버와 연동하면 로봇이 직접 엘리베이터를 호출하는 것도 가능하다. 대상 추종형 물류 로봇인 '따르고'도 선보였다. 따르고는 물류 현장에서 작업자를 정확히 인식한 후 작업자를 따라다니며 물건을 운반하는 로봇이다.

●●●●●●
향후 계획
트위니는 아파트를 비롯한 주택에서 쓸 수 있는 택배용 로봇을 선보일 계획이다. 택배 트럭이 배송지 근처에 도착하면 택배 기사 대신 물류 마지막 단계인 문전 배송을 담당하는 로봇을 개발하고 있다. 트위니는 코스닥시장에서의 기업공개(IPO)를 추진하고 있다.

투자 유치

시리즈 B까지
240억원

특허, 논문, 보고서 등 지식재산권 보유 현황

- 동적 환경에서의 전방위 이동로봇을 위한 서클 리스트 기반의 장애물 회피(제어로봇시스템학회/2011.12)
- Circle List Based Obstacle Avoidance of Mobile Robots in Dynamic Environments (제어로봇시스템학회/2009.09)
- 움직이는 원통형 물체를 잡는 매니퓰레이터를 위한 레이저 거리계 기반의 서보시스템 (제어로봇시스템학회/2008.03)

수상 이력

- 2022년 과학기술진흥유공 국무총리표창(천홍석 대표)
- 2022년 중소기업 유공 대통령표창(천영석 대표)
- 2021년 국토교통부 제29회 물류의 날 기념 국토부 장관 표창 수상
- 2021년 중소벤처기업부 선정 예비유니콘(기업가치 1000억~1조 원 미만의 혁신기업) 20개 기업 선정
- 2021년 제3회 중소기업 스타트업 대상 벤처기업협회 회장상 수상
- 2020년 중소벤처기업부 선정 아기유니콘(기업가치 1000억원 미만의 혁신기업) 40개 기업 선정
- 2017년 제9회 중소중견기업 혁신대상 헤럴드 대표이사 사장상 수상

AI 기반 자산관리 서비스 및 AI 자산관리 로보어드바이저 운영

㈜파운트

2021·2022
2년 연속 선정

대표자
김영빈

위치
서울특별시 중구 한강대로 416 서울스퀘어

설립 연도
2015년 11월

홈페이지
fount.co

문의
contact@fount.co / 02-2038-0263

상장 여부
비상장

시장 진출한 해외 국가
2021년 10월 파운트가 개발한 상장지수펀드(ETF) 2개가 뉴욕증권거래소(NYSE)에 상장됐다. 국내 자산운용사가 직접 미국 ETF에 진출한 첫 사례다.

주요 사업
로보어드바이저

창업자의 경력
1983년생인 창업자 김영빈 대표는 서울대 경제학과와 같은 대학 법학전문대학원을 졸업했다. 이후 2012년부터 2014년까지 보스턴 컨설팅 그룹에서 시니어 컨설턴트로 근무했다. 동료 5명과 창업에 나섰다. 세계 3대 투자자로 꼽히는 짐 로저스로부터 엔젤투자를 받은 것으로도 유명하다. 파운트의 투자 고문까지 맡은 짐 로저스는 사업 관련해 조언하는 멘토 역할을 하고 있는 것으로 알려졌다.

창업 배경
김영빈 대표는 한국경제신문과 인터뷰에서 "지금까지 금융 투자를 보조하는 서비스가 미흡했기 때문에 대부분 투자자들이 부동산에 자금을 '몰빵'했다고 생각한다"며 "로보어드바이저 자산관리 서비스가 대중화되면 자산의 쏠림 현상도 완화될 것"이라고 말했다.

그는 또 한국 금융의 AI 경쟁력이 선진국에 뒤처지는 원인에 대해 금융권 특유의 보수적인 문화를 들었다. 그는 "대형 금융사들은 핀테크 스타트업보다 먼저 AI 연구개발(R&D)을 시작했지만 제대로 지속하지 못했다"며 "소속 임직원은 '실패를 용납하지 않는 분위기가 가장 큰 걸림돌'이란 하소연을 많이 했다"고 전했다. AI 기술은 오류를 거듭하면서 고도화되는데, 단기 성과가 저조하면 프로젝트를 중단하거나 조직을 축소하는 일이 반복된다는 것이다.

비전 및 목표
로보어드바이저 서비스를 고액 자산가가 아닌 사람에게 제공하고자 한다. 은행 등 기존 금융회사를 통하지 않고 금융 소비자에게 직접 자산관리 서비스를 제공하는 것도 목표다.

주요 제품 또는 서비스
파운트는 우리은행, 삼성생명, 메리츠증권 등 20개 금융사

에 로보어드바이저 솔루션을 공급하고 있다. 100억원 이상을 들여 자체 개발한 AI 엔진 '블루웨일'은 수조 개의 세계 각국 경제 데이터 및 시장 지표를 조합해 5만2000개가 넘는 시나리오 결과로 산출한 '파운트 마켓스코어'를 기반으로 글로벌 경기 흐름에 유기적으로 대응한다.

2018년에는 개인투자자 대상의 AI 자산관리 서비스도 내놨다. 개인별 성향에 따라 펀드, 상장지수펀드(ETF), 연금 등을 나눠 담은 포트폴리오에 최소 10만원부터 투자할 수 있다. 2021년 상반기 기준 회원수는 26만명을 넘어서며 2018년 말보다 100배 이상 성장했다. 같은 기간 기준으로 관리자산(AUM)도 6.4배 늘어난 8740억원을 기록했다.

핵심기술

AI 알고리즘 블루웨일은 세계 각국의 경제 데이터와 시장지표 499개를 조합해 5만여 개의 시나리오를 분석한다. 이를 바탕으로 글로벌 경기를 예측하는 '파운트 마켓스코어'라는 지표를 산출한다.

우리은행과 유진투자증권 등 국내 금융기관 19곳에 파운트의 로보어드바이저 솔루션을 제공하고 있다. 파운트의 솔루션을 이용하는 운용 금액은 10조원 정도다.

AI 로보어드바이저 앱 파운트는 AI 기술을 기반으로 개인의 투자 성향에 따라 맞춤형 포트폴리오를 추천해주는 서비스다. 최소 10만원부터 국내외 시장에 투자가 가능하다. 고액 자산가만 쓸 수 있었던 전담 PB(개인 금융 전문가) 서비스의 대중화를 이끌고 있다는 평가다.

향후 계획

AI로 개인투자자 맞춤형 상품을 발굴해 고객이 수익을 계속 낼 수 있도록 노력할 계획이다. 2021년 10월 400억원 투자 유치금을 바탕으로 일명 '마이데이터 시대'를 대비할 예정이다. 정보기술(IT) 및 금융 인력 채용을 확대하고 AI 기반 빅데이터 정제, 머신러닝 등 기술력도 강화한다. 김 대표는 "이번 투자로 성장을 위한 에너지원이 충전된 만큼 부스트업할 수 있도록 구성원들이 서로 시너지를 낼 수 있는 최선의 의사결정으로 스피드 경영에 집중할 것"이라고 밝혔다.

투자 유치

시리즈 A까지
700억원

특허, 논문, 보고서 등 지식재산권 보유 현황

- 자산 포트폴리오 관리 시스템을 이용한 포트폴리오 관리 방법(2020.02)

수상 이력

- 2020년 제20회 모바일 기술대상 국무총리상 수상
- 2020년 금융위원회 선정 혁신금융서비스로 지정
- 2019년 제43회 국가생산성대회 산업통상자원부 장관상
- 2018년 제18회 대한민국 디지털 경영혁신 대상

AI 신약 개발사

팜캐드

2022 선정

대표자
권태형(좌), 우상욱(우)

위치
부산광역시 동구 중앙대로 331, 12층

설립 연도
2019년 3월

홈페이지
pharmcadd.com

문의
info@pharmcadd.com / 051-564-5688

상장 여부
비상장

시장 진출한 해외 국가
인도, 미국

주요 사업
의학 및 약학 연구개발업

● **창업자의 경력**

권태형 대표는 성균관대 경제학과를 졸업했으며 팜캐드 설립 전 반도체 기업인 아인스(Eins) 부사장 및 IT 기업 아이크래프트 등에서 CFO를 맡았던 전문 경영인이다. 우상욱 대표는 지난 20여 년간 계산생물물리학과 응집물질물리학을 연구한 물리학·구조분석 전문가로 지금까지 관련분야에서 50편 이상의 연구논문을 발표했고, 회사 설립 이후에도 8편 이상 발표하는 등 혁신신약 개발 분야에서 꾸준한 연구활동을 이어가고 있다. 2005년 아이오와 주립대학교에서 이론응집물질물리학으로 박사학위를 취득한 후 노스캐롤라이나대학교 채플힐에서 박사 후 연구원으로 근무했다.

●● **창업 배경**

팜캐드는 권태형 대표이사와 부경대 물리학과 교수인 우상욱 대표이사가 공동 창업했으며, 우 대표의 20여 년간의 연구성과를 바탕으로 2019년 3월 부산을 본사로 설립했다. 기존 약물 개발에 소요되는 시간과 비용의 단축 뿐만 아니라 물리학, 양자역학 등을 이용한 약물 및 단백질에 대한 구조적 접근을 통해 신약 개발의 새로운 패러다임을 열어가고 있다.

●●● **비전 및 목표**

AI 신약 개발 플랫폼 파뮬레이터(Pharmulator)와 AI mRNA 백신 플랫폼 팜백(PharmVAC)을 개발 및 상용화하여, 신약 개발의 성공확률을 높인다. 꾸준한 연구개발을 통해 지속적인 기술 진보를 실현하여 인류의 건강한 삶에 기여하고, 임직원들의 행복한 삶을 위해 성과와 이윤을 공정하게 나누는 정직한 기업을 만들어 나가고자 한다.

●●●● **주요 제품 또는 서비스**

파뮬레이터 물리학과 양자역학 기반의 AI 신약 개발 플랫폼. 약물과 타깃 단백질 간 상호 결합력을 매우 정밀하게 예측할 수 있어 통상 4~5년 걸리는 비임상 진입까지의 기간을 절반 이상 단축시켜 준다. 생체 환경을 보다 정교하게 구현하기 위해 분자 간 상호작용의 결합자유에너지, 분자동역학 계산에 양자역학을 적용했다. 크게 다섯 가지 모듈로 구성돼 있다. 각각의 모듈은 단백질 3차원 구조예측, 분자동력학 시뮬레이션, 양자계산, 독성예측, 약물창출 등을 수행한다.

팜백 생체분자인 RNA 구조예측, CG 시뮬레이션, 약물전달시스템(DDS) 디자인 및 최적화, RNA 서열 최적화 기술을 융합한 mRNA 백신개발 플랫폼이다. 팜백의 생체분자 구조 예측과 RNA 서열 최적화 기술을 활용하여 열역학적으로 구조가 안정된 mRNA 서열 도출에 성공했으며, 현재 아이진㈜의 양이온성 리포솜 기술과 팜캐드에서 도출한 mRNA를 이용하여 코로나 백신을 완성하고 임상시험을 진행 중이다.

핵심기술

팜캐드에서 자체 개발한 AI 신약 개발 플랫폼은 신약 설계 단계에서 후보물질에 대한 양자역학 계산 및 단백질과의 상호작용, 세포 내 분자의 동역학을 시뮬레이션해 계산함으로써 최대한 유효한 후보물질을 개발할 수 있다. 파뮬레이터의 각 모듈은 팜캐드에서 진행하는 여러 신약 개발 파이프라인에 따라 적합하게 연결되어 최선의 결과가 도출되도록 하며, 특히 각 모듈들은 매우 유기적으로 활용할 수 있어서 새로운 파이프라인을 쉽고 유연하게 구축할 수 있다.

특히, 최적의 AI 신약 개발 플랫폼을 구현하기 위한 인적, 물적 연구 인프라를 확보하고 있다. IDC에 최신, 다수의 GPU 서버를 구축, 컴퓨팅파워를 확보했으며, 데이터 측면에서는 외부 공개된 데이터와 양자계산 및 자체 연구의 결과로 생성된 in-house 데이터를 전처리하는 전담조직을 통해 매일 자체적인 데이터를 축적하고 있다. 바이오, IT 전공의 Data Scientist로 이루어진 전담조직을 통해 AI의 지속적인 성능 개선과 더불어 후보물질 도출을 위한 프로젝트 시간을 기존 대비 획기적으로 단축시키고 있다.

향후 계획

기술성평가 준비를 완료한 상태다. 시장 상황을 고려해 IPO(기업공개) 시점을 정한다는 계획이다. 국내외 제약 바이오 기업들과 DDS 및 항암백신 분야 컨소시엄을 만들어 항암백신 프로젝트를 진행할 계획도 있다.

투자 유치

시리즈 B
245억원

특허, 논문, 보고서 등 지식재산권 보유 현황

- 빅데이터를 이용한 신약 후보 물질의 독성 산출 장치 및 방법(1020200118321/2020.09.15)
- 인공 지능(AI)을 이용한 단백질 구조 추정 장치 및 방법(1020200064166/2020.05.28)
- 단백질 구조 추정 장치 및 방법 (1020190137599/2019.10.31)
- 분자 동역학 기반의 단백질 구조 추정 장치 및 방법(1020190139781/2019.11.04)

수상 이력

- 2022년 과학의 날 기념 과학기술정보통신부 주최 과학기술진흥유공 정부포상 국무총리표창 수상
- 2021년 과학기술정보통신부, 특허청 주최 ICT 특허경영대상 최고상 국가지식재산위원회 민간위원장상 수상
- 2021년 중소기업기술혁신협회(이노비즈협회) 주최 이노비즈데이 기술혁신 유공자 포상에서 중소벤처기업부 장관상 수상

국내 최초의 AI콜센터 기술상용화 스타트업

포지큐브

2022 선정

대표자
오성조(사진), 김은직

위치
서울특별시 강남구 테헤란로14길 16, 11층

설립 연도
2017년 5월

홈페이지
posicube.com

문의
pedro@posicube.com

상장 여부
비상장

시장 진출한 해외 국가
-

주요 사업
소프트웨어 개발 및 공급업

● 창업자의 경력

포지큐브를 창업한 오성조 대표창업자는 2000년 삼성전자에 입사해 무선사업부에서 근무했다. 삼성에서 17년간 삼성페이 등 각종 프로덕트를 담당한 모바일 전문가로 이름을 알렸다. 2017년 만들어진 포지큐브는 오 대표를 비롯해 삼성 빅스비 상품 총괄을 맡았던 김은직 이사, 삼성 녹스 시스템 개발자 출신 이수익 이사 등 약 8명의 삼성전자와 계열사 출신이 의기투합해 만들었다. 이들은 일상생활에 활용할 수 있는 범용 AI는 실제 시장의 수요를 만족시키기엔 한계가 있다고 판단했다. 모바일 애플리케이션 중 하나로 사용되는 AI를 넘어 비즈니스에 바로 적용할 수 있는 도메인 특화 AI를 만들겠다는 결심으로 뜻을 모았다.

●● 창업 배경

오 대표는 무선사업부에서 일하며 통신이나 전화 등에 관심을 가졌다. 챗봇이나 ARS 등 전화 상담을 대체하는 서비스가 나왔지만, 고객의 불편함은 여전하다고 생각했다. 문의 전화를 걸면 용건을 처리하기 위해 안내 음성을 듣고 여러 번 숫자 버튼을 눌러야 하거나 연결이 될 때까지 대기해야 하는 것 등이 대표적이다.

그는 AI 기술을 활용해 이런 불편함을 해결하고자 했고, 직접 기획한 'AI 통합상담 서비스'로 2018년 중소벤처기업부의 민간 투자주도형 기술 창업지원 제도인 '팁스(TIPS)'에 선정됐다. 이후 지원금을 받아 약 2년 반 동안 서비스 개발에 집중해 2019년 AI 고객 응대 '로비(robi)T' 서비스를 선보였다.

●●● 비전 및 목표

차세대 비즈니스 모델로 대화형 AI와 비전 AI 기술을 융복합한 가상휴먼 서비스인 '로비X' 제공.

주요 제품 또는 서비스

포지큐브가 개발한 대화형 AI 서비스 로비T는 국내 최초로 사람이 했던 전화 기반 고객 응대를 AI가 대신하며, 비전 AI 서비스 '로비V'는 AI 기반 OCR 기술로 신분 인증 및 각종 문서 인식 서비스를 제공한다.

핵심기술

포지큐브의 로비 리셉션은 음성 인식 AI 기술을 기반으로 한다. 로비 리셉션에서 얻는 녹취록이나 고객사가 보유한 녹취록, AI 공공 데이터 등을 기반으로 동의어, 유의어, 반의어, 문장 순서 변형 등을 학습해 한 문장당 1만5000개 이상의 문장을 자동 생성해 자연스러운 문장을 구사할 수 있다.
STT(음성 인식)부터 TTS(텍스트 음성 변환)까지 모든 대화 응답을 0.8초 안에 처리하는 기술력도 보유하고 있으며 사람처럼 추임새를 내기 때문에 서비스 측면에서 거부감도 적다. 대화 의도를 스스로 분석해 97% 이상의 정확한 답을 주는 게 특징이다.
이처럼 AI 상담원이 빠른 속도로 답을 할 수 있는 것은 포지큐브가 보유한 Dynamic EOS(End of Speech) 탐지 기술 덕분이다. 기존의 음성 AI 시스템에 비해 발화종료 판단 시점을 짧게 줄여 응답 대기 시간을 최소화해 음성데이터를 실시간 스트리밍으로 STT에 전달할 수 있게 한다. 또, 자회사 인슈어랩스를 통해 AI 텔레마케팅도 선보이고 있다. 포지큐브가 만든 AI 상담원 '로비'는 카드사 고객 중 마케팅 정보 활용을 동의한 손님에게 전화해 보험 상품을 소개한다.

향후 계획

보험사와 증권사 등 금융시장 및 공공기관 등 기존 고객사에 이어 제조, 유통, 커머스, IT 등 사업 범위 확장을 구체화하고 있으며, 넓혀나갈 예정이다.
나아가 기존의 대화형 AI와 비전 AI 기술을 결합해 실제 사람처럼 서로 마주보고 대화할 수 있는 AI 가상휴먼 서비스를 제공함으로써 사용자와 소비자를 연결하는 차세대 비즈니스 모델을 개발한다는 구상이다.

투자 유치

시리즈 B 이후 브릿지

149억원 이상

(누적투자 금액)

특허, 논문, 보고서 등 지식재산권 보유 현황

- 기관의 인공지능 서비스 제공 시스템
  (1020190059446/2019.05.21)
- 스피치 인식 장치의 동작 방법
  (1020190029455 /2019.03.14)
- 스피치 인식 장치(1020190029523/2019.03.14)
- 인공지능 기반의 가상 호스트 캐릭터를 이용한 대화형 고객 응대 서비스 제공 시스템 및 방법
  (1020180144057/2018.11.21)
- 노쇼 고객 대응 시스템 및 방법
  (1020180025089/2018.03.02)

데이터센터 및 기업 서버용 AI 반도체 개발

㈜퓨리오사에이아이

2021·2022 2년 연속 선정

대표자
백준호

위치
서울특별시 강남구 도산대로145 14층 (신사동, 인우빌딩)

설립 연도
2017년 4월

홈페이지
furiosa.ai

문의
contact@furiosa.ai

상장 여부
비상장

시장 진출한 해외 국가
계획 중

주요 사업
데이터센터 및 기업 서버용 AI 반도체

● **창업자의 경력**

백준호 퓨리오사에이아이 대표는 1996년 서울대 전기정보공학부 입학 후 미국 조지아공대에 편입했다. 졸업 후 글로벌 반도체 기업 AMD에서 그래픽처리장치(GPU) 설계를 담당했다. 국내에서는 삼성전자 메모리사업부에서도 재직했다.

●● **창업 배경**

시스템 반도체에 대한 확신이 있었다. 백준호 대표가 AMD·삼성전자에서 엔지니어로 일하며 가진 생각이다. 재학 당시만 해도 핵심기술이 아니던 인공지능(AI) 분야가 서서히 각광받기 시작했던 점도 창업을 결심하게 된 배경이다.

창업 초기부터 함께한 퓨리오사에이아이 핵심 개발진과 백 대표는 AI 반도체가 오히려 스타트업이 잘할 수 있는 분야로 생각했다. 기존 반도체와는 접근법이 다르기 때문이다. 인텔이 수년 전부터 AI 반도체에 조 단위 투자를 진행해왔지만,

결국 이스라엘 스타트업 '하바나랩스'를 2조원이 넘는 금액에 인수한 이유기도 하다.

비전 및 목표
퓨리오사는 영화 〈매드맥스: 분노의 도로〉에 나오는 여전사다. 독재자 '임모탄 조'에 맞서 동료들을 탈출시키는 용맹한 캐릭터다. 퓨리오사처럼 거대한 시스템반도체 시장에서 역경을 이겨내고 우위를 점하겠다는 포부를 비전과 함께 기업명에 담아냈다.

주요 제품 또는 서비스
워보이(Warboy) 인공지능(AI) 반도체.

핵심기술
워보이는 인간의 뇌를 모방했다. 인공신경망 칩 내부에 심고, 뇌의 판단 기능을 수학적으로 구현한 소프트웨어(SW)를 결합했다. 기술적으로 고난도 분야다.

워보이는 글로벌 AI 반도체 벤치마크 대회인 'MLPerf'에서 엔비디아 'T4' 반도체를 앞섰다. 이미지 분류와 객체 검출 처리 속도 면에서 앞선 성능을 기록한 것이다.

워보이는 특히 사진과 영상 데이터를 분석해 원하는 정보를 빠르게 찾아 분류할 수 있는데, 퓨리오사에이아이가 보유한 '풀스택(Full-stack)' 반도체 설계력이 여기에 담겼다. 반도체 개발에 필요한 하드웨어(HW)부터 SW까지 모든 것을 직접 개발할 수 있는 원천기술을 보유했다는 뜻이다.

향후 계획
현재 워보이의 시제품을 제작해, 자율주행이나 스마트 리테일 등 여러 분야에서 샘플 테스트를 거치고 있다. 조만간 본격적인 워보이 상용화에 돌입한다. 삼성전자 파운드리를 통해 양산될 계획이다.

워보이 다음 단계로 서버용 AI 칩을 출시할 계획이다. NLP, Vision, Recommendation 등 핵심 AI 모델들을 주요 타깃으로 한다. 2023년 상반기 출시를 예고하고 있다. 이를 위해 개발팀 규모를 크게 확장하고, 연구개발(R&D) 비용을 늘려나갈 예정이다.

투자 유치

시리즈 B
누적 **900**억원

특허, 논문, 보고서 등 지식재산권 보유 현황
- 뉴럴 네트워크 프로세서 (1020180131156/2018.10.30)
- 뉴럴 네트워크 프로세서 (1020180059775/2018.05.25)

수상 이력
- 2020년 과학기술정보통신부 '차세대 지능형 반도체 기술개발 사업' 서버 분야 주관기관 선정

초거대 AI 개발 플랫폼을 제공하는 업체

프렌들리에이아이

대표자
전병곤

위치
서울특별시 관악구 관악로 1, 138동 514호

설립 연도
2021년 1월

홈페이지
friendli.ai

문의
sujin@friendli.ai / 02-889-8020

상장 여부
비상장

시장 진출한 해외 국가
-

주요 사업
소프트웨어 개발 및 공급업

창업자의 경력
전병곤 대표는 국내 최고의 AI 전문가 중 한 명이다. 서울대학교 공과대학 컴퓨터공학부 교수로 재직 중이다. 서울대 전자공학과 학사·석사, 미국 스탠퍼드대 컴퓨터 공학 석사, 미국 캘리포니아대 컴퓨터 공학 박사 등의 학위를 받았다. 마이크로소프트(MS), 인텔, 야후 등의 연구원으로 근무했다. 지난 2020년 미국 컴퓨터 학회인 'SIGOPS'에서 명예의 전당에 올랐다. 전 대표의 일명 '클론클라우드(CloneCloud)' 연구는 지난 10년간 컴퓨터 시스템 분야에서 발표된 논문 중 가장 영향력 있는 연구로 선정되기도 했다. 한국인 최초로 지난해 유럽 컴퓨터 시스템 학회에서 수상했다.

창업 배경
최근 AI 산업계에서는 의미 있는 기술을 만들어내는 데 기본적으로 필요한 데이터 규모가 커지고 있다. 대규모 데이터를 활용하거나 많은 매개 변수를 분석하는 AI 모델의 등장은 큰 규모를 감당할 수 없는 기업들의 기회를 닫아 버렸다. 전 대표는 이런 상황에서 대규모 AI 모델을 쉽고 빠르게 사용할 수 있도록 산업화하면 더 많은 이용자를 도울 수 있다고 생각했다. 프렌들리에이아이는 대규모 AI를 개발하는 전 과정을 자동화하는 서비스 등 다양한 가치 AI 기술을 고객에게 제공한다. 큰 규모의 AI 모델을 어떤 기업이든 사용할 수 있도록 하고자 한다.

비전 및 목표
누구나 전문 지식이나 경험이 없어도 대규모 AI 모델을 쉽게 개발해서 빠르게 이용할 수 있도록 돕는 AI 개발 플랫폼을 구축하는 것이 프렌들리에이아이의 목표다. 'Make large-scale AI simple'이라는 구호가 회사의 비전을 압축적으로 보여준다. 프렌들리에이아이는 대규모 AI 개발을 편하고 빠르게 만들어주는 플랫폼으로 이용자의 불편을 줄이고 보다 많은 사람이 AI와 일할 수 있도록 돕는다.

주요 제품 또는 서비스

AI 모델 개발에는 많은 자원과 긴 협업 기간이 필요하다. 하지만 AI 개발 플랫폼인 '페리플로우'는 그 과정이 길지도, 고통스럽지도 않다. 페리플로우와 결합한 수많은 최적화·자동화 기술은 AI 모델의 학습부터 배포까지 사용자가 최소한의 시간과 재원만으로도 가장 특화된 모델을 개발할 수 있도록 한다. 많은 양의 자원을 소모하고 다수의 전문 인력을 보유해 대규모 AI 모델을 개발하거나 혹은 다른 기업에서 만든 모델을 사용하는 것에 벗어나게 도와준다. 자신만의 데이터로 편리하고 빠르게 대규모 AI 모델을 개발해 이용할 수 있다.

핵심기술

페리플로우는 AI 모델 개발에서 학습, 배포, 관찰까지 전 과정을 자동화한다. 사용자는 한 번의 간단한 설정만으로 AI 개발 환경을 구축하고 여러 클라우드 공간 사이를 자유롭게 넘나들 수 있다. 페리플로우는 분산 학습 및 대규모 AI 개발에 특화된 플랫폼이다. 클라우드상에서 어떤 데이터든 효율적으로 고성능 AI 모델을 개발할 수 있다.

프렌들리에이아이는 지난 6월 페리플로우로 대규모 딥러닝 언어 모델 'GPT-FAI13B'를 개발하기도 했다. 'GPT-FAI 13B'는 약 800GB의 데이터 세트를 이용하고 약 130억 개의 매개변수를 연산에 활용해 다양한 언어 작업을 수행할 수 있는 대규모 언어 모델이다. 전 대표는 "자체 핵심 서비스인 페리플로우가 있었기에 GPT-FAI 13B 같은 대규모 모델을 빠른 시간 내 적은 비용으로 개발할 수 있었다"고 밝혔다.

향후 계획

프렌들리에이아이는 지난 7월 세계 최고 수준의 초거대 AI인 'GPT-3'와 같은 생성 모델의 효율을 끌어올리는 오르카 시스템을 개발했다. 전 대표는 "초거대 AI 모델을 잘 활용하기 위해선 데이터 수집 및 모델 학습뿐만 아니라 모델 사용 시 시스템의 효율을 최대한 끌어올리는 것이 중요하다"며 "이번 연구가 초거대 모델이 다양한 제품에 실제로 널리 활용될 수 있는 계기가 되길 기대한다"라고 밝혔다.

올해 안에 페리플로우 서비스 정식 버전을 출시하는 것도 목표다. 다음 버전 개발도 시작할 계획이다. 미국 시장에 진출하는 등 다양한 분야의 고객사도 확보할 방침이다.

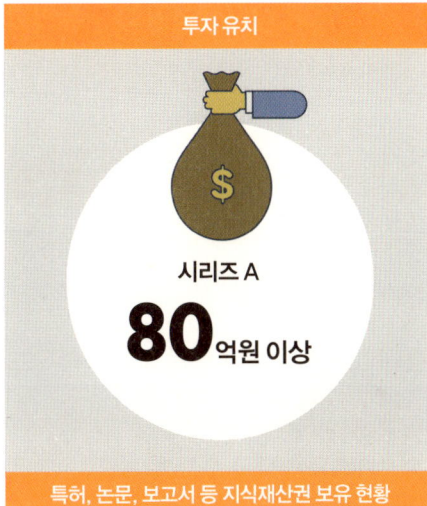

투자 유치

시리즈 A
80억원 이상

특허, 논문, 보고서 등 지식재산권 보유 현황

- 논문 : Kwon, Woosuk, et al. "Nimble: Lightweight and parallel gpu task scheduling for deep learning." Advances in Neural Information Processing Systems 33(8343-8354/2020)

AI · 생명공학 · 수의학 기반 축산농가 가축 관리 서비스 제공

한국축산데이터㈜

2021·2022
2년 연속 선정

대표자
경노겸

위치
서울특별시 강남구 역삼동 테헤란로 305 21층

설립 연도
2017년 11월

홈페이지
aidkr.com

문의
aidkr@aidkr.com / 02-6956-1120

상장 여부
비상장

시장 진출한 해외 국가
마국, 인도, 말레이시아 등

주요 사업
스마트 축산사업, 헬스케어

● 창업자의 경력
한국축산데이터는 데이터분석 전문가인 경노겸 대표가 서울대와 KAIST 출신 바이오 및 수의학 전문가 2명과 공동으로 2017년 설립한 회사다. 경 대표는 KAIST 경영공학부 대학원을 졸업한 뒤 서울대 생물정보학 박사과정을 거쳤다. 한국전자통신연구원과 알리안츠자산운용에서 일했고, 금융·헬스케어 분야에서 8년간 빅데이터 분석 전문가로 활약했다. 경 대표와 공동 창업자들은 바이오기업 쿨리오를 통해 만났다.

●● 창업 배경
KAIST 경영대학 경영공학 석사과정을 마친 빅데이터 분석 전문가인 경노겸 대표는 '낙후된 산업은 있어도 낙후된 비즈니스는 없다'는 생각으로 1차산업에 주목해왔다. 경 대표는 식량 부족 문제가 도래할 것이라고 경고하는 가운데 식량 부족은 축산농가 위기로까지 이어질 수 있음을 파악하고 국내 농가의 품질을 높여야 한다는 생각에서 한국축산데이터를 시작했다. 여기에 경 대표의 빅데이터 분석 경험이 더해졌다. 바이오 데이터 분석기술이 사람에게만 유용하게 활용할 수 있는 것이 아니라, 가축에 적용해 가축 헬스케어 시스템을 만들어냈다.

●●● 비전 및 목표
데이터에 기반한 디지털 헬스케어 솔루션과 건강한 축산물 유통으로 1차산업의 질적 향상에 기여한다는 것이 큰 목표다. 가축을 건강하게 기르고, 농장의 생산성을 높여 소비자에게 양질의 축산물을 공급하는 선순환 구조를 만들고자 한다.

●●●● 주요 제품 또는 서비스
팜스플랜 데이터 기반 축산농가 가축 관리 서비스.

핵심기술

한국축산데이터의 '가축 디지털 헬스케어 프로그램(팜스플랜)'은 농가에 설치한 폐쇄회로TV(CCTV)로 가축의 움직임을 관찰한다. 인공지능(AI) 기술을 통해 가축 행동 데이터와 체중 등을 측정할 수 있다. 정기적인 가축 혈액검사로 면역력 등 건강 관련 지표를 수집하고, 문제가 발견되면 소속 수의사가 데이터 기반의 맞춤형 대처 방법을 농가에 제공한다. 농가로부터 수수료를 받는 형태로 수익을 얻는다.

경 대표는 "질병 확산에 조기 대응할 수 있어 가축에 쓰는 항생제 사용량이 줄어들고, 폐사하는 가축도 감소했다"고 설명했다. 실제 팜스플랜을 도입한 농가는 매월 항생제 사용량이 80%까지 줄었고, 생산성은 30% 이상 높아진 것으로 알려졌다. 회사는 이 같은 성과를 바탕으로 사료회사, 가축 약품회사 등 축산 관계자와의 협업을 강화해 가축 관리 마리수를 70만 마리까지 늘렸다. 처음엔 글로벌시장 규모가 큰 돼지용 헬스케어 프로그램을 개발했지만 올해부터 소와 닭도 솔루션 프로그램을 개발해 쓰고 있다.

향후 계획

한국축산데이터는 돼지뿐만 아니라 소, 닭 등 다양한 축종의 팜스플랜 제휴 농장을 확대하려고 한다. 팜스플랜 농장 축산물 브랜드 '팜스플랜 미트' 경쟁력도 강화할 예정이다. AI, 생명공학 연구 인력의 대규모 채용에도 나선다. 인도, 미국 등 해외 대형 축산 시장을 겨냥한 디지털 헬스케어 솔루션 보급 확대에도 회사 역량을 집중할 계획이다. 경 대표는 "국내를 넘어 세계 축산업의 디지털 혁신을 견인하는 글로벌 축산 헬스케어 기업으로서 도약하는 것이 목표"라고 강조했다.

투자 유치

시리즈 B
200억원

특허, 논문, 보고서 등 지식재산권 보유 현황

- 수의 경험 지식 및 전문 정보를 이용한 가축 진단을 위한 자동 소견생성 시스템 (102248586/2021.01)
- 축산 데이터 분석 기반 농가 상태 진단 시스템 (102165891/2020.10)
- 그룹별 축산물 생애 정보 제공 시스템 (102100737/2020.04)
- 스마트 디바이스의 일정 등록을 지원하는 캘린더 서비스 시스템 (101954320/2019.02)

수상 이력

- 2022년 영국 글로벌 기업가 프로그램(GEP) 축산분야 아시아 최초 선정
- 2021년 'K-글로벌@실리콘밸리 2021' 피칭대회 국내외 동시 1위
- 2021년 제24회 농림축산식품 과학기술대상 대통령표창 수상
- 2020 올해의 D.N.A 우수사례 선정
- 2020년 그린뉴딜 유망기업 100 선정
- 미국 투자 지원 프로그램 '버추얼 피치 컴피티션' 2위 입상

AI 토털 건강관리 제공 헬스케어 스타트업

휴레이포지티브

2022 선정

대표자
최두아

위치
서울특별시 강남구 강남대로 308, 7층

설립 연도
2005년 6월

홈페이지
huray.net

문의
contact@huray.net / 02-514-0406

상장 여부
비상장

시장 진출한 해외 국가
캐나다 자회사 설립, 일본 업체와 협력 중

주요 사업
소프트웨어 개발 및 공급, 전자상거래 등

창업자의 경력

최두아 대표는 2000년 연세대 경영학과를 졸업하고 동료와 함께 첫 창업을 했다. 멀티미디어 콘텐츠 전문 기업을 창업해 TV 드라마에 나오는 주인공의 소품에 관한 설명이나 구매 과정을 안내하는 솔루션을 제공했다. 획기적인 아이디어라고 생각했지만 고배를 마셨고 2007년 네이버에 멀티미디어 검색 서비스 팀장으로 자리를 옮겨 2년간 대기업 생활을 했다. 이후 2010년 정보통신기술(ICT) 적용이 가장 더딘 헬스케어 사업에서 가능성을 보고 창업에 도전했다.

창업 배경

당시 인터넷기업 다음에서 근무하던 박재범 전 공동대표가 헬스케어 IT 분야에서 창업을 제안했다. 창업 아이템을 고민하던 중 미래학자 정지훈 박사로부터 미국에서 PHR(Personal Health Record, 개인 건강기록)이 뜨고 있는데, 우리나라엔 아직 없다는 이야기를 들었다. 아이템을 검토해보면서 헬스케어 산업이 ICT 융합과 함께 개인 맞춤형 서비스로 바뀔 것으로 확신했고 서비스 기획, 판매에 자신이 있던 최 대표는 솔루션만 개발하면 승산이 있을 것이라고 판단했다. 이에 2010년 3월에 건강관리 서비스 회사를 설립했다. 정지훈 박사, 박재범 대표와 함께 3명이 공동창업자였다. 매일 스마트폰에 담긴 PHR을 들고 다니다가 필요할 때마다 자신의 건강을 관리할 수 있을 것으로 기대했다.

비전 및 목표

디지털 헬스케어 스타트업 선두 주자로서 쌓아온 경험과 독보적인 기술을 이용해 더 많은 사람의 건강과 일상을 책임지는 기업이 되고자 한다.

주요 제품 또는 서비스

휴레이포지티브는 건강관리를 위한 서비스 시스템 구축은

물론 서비스 운영, 콘텐츠 제작 등 건강관리 토털 서비스 '스위치 ON'을 제공하고 있다. 2018년부터 삼성화재와 함께 출시한 당뇨병 환자를 위한 보험상품 연계형 건강관리 서비스 '마이헬스노트'도 개발했다. 이제는 임직원 건강 관리 시장까지 확대해 KB, 삼성전자 등 유수의 기업에 EAP 서비스를 제공하고 있다. 이외에도 B2C 서비스인 '마이너스플러스'를 제공한다. 이 서비스는 디지털 체지방계와 연동해 체중과 근육량을 체계적으로 관리할 수 있는 모바일앱이다.

●●●●●
핵심기술

휴레이포지티브는 만성질환자의 건강 데이터를 분석해 맞춤 상담 프로토콜(식사, 복약, 운동 등)을 제공하는 관리 솔루션을 개발했다. 삼성화재, 현대해상 등에 당뇨병 고객 건강관리 서비스를 제공하고 있다. 당뇨병 환자가 혈당과 콜레스테롤, 혈압 같은 건강수치를 잘 지키고 있는지 파악해주고 잘 지키지 않을 경우 경고 메시지를 보낸다. 복약이 잘 이뤄지고 있는지, 혈당을 낮추기 위해 어떤 운동을 해야 하는지 등 당뇨병 관리에 도움을 주는 정보를 제공한다. 입력된 건강기록을 바탕으로 강북삼성병원 당뇨전문센터의 자문을 받아 맞춤 상담 서비스를 받아 볼 수 있으며 회사가 자체 설계한 상담 프로토콜로 임상 연구에서 혈당 감소 효과를 입증하기도 했다. 지난해 세계적 학술지인 네이처의 자매지 〈사이언티픽 리포트(Scientific Reports)〉에 임상 연구 결과 논문이 게재됐다. 이외에도 임신성 당뇨, 소아당뇨, 천식, 아토피 등으로 서비스 확장을 진행 중이다.

●●●●●●
향후 계획

최두아 대표는 한 인터뷰에서 "국내 당뇨병 분야의 최고 기업으로 성장한다는 게 목표"라며 "17년 동안 쌓아 온 노하우를 바탕으로 벤처 창업을 목표로 하는 사람들에게 도움을 줄 것"이라고 밝힌 바 있다. 이외에도 '데이터 헬스'를 본격화할 예정이다. 10년 이상 수집한 이용자의 건강 데이터를 토대로 다른 헬스케어 및 건강기능식품 업체와 협력할 수 있게 될 예정이다. 그는 "대형 식품회사들은 만성질환 환자를 위한 맞춤형 건강식 시장을 키우려고 하고 있고 제약회사들은 디지털신약(앱·게임 등으로 하는 치료)을 기존의 먹는 약과 병행하는 서비스를 준비하고 있다"며 "이러한 헬스 사업에서 중요한 건 축적된 데이터"라고 강조했다.

투자 유치

시리즈 C 단계 투자 유치 중
200억원 이상
(누적투자 금액)

특허, 논문, 보고서 등 지식재산권 보유 현황

- 생활 습관 자가 관리에 관한 서비스 제공방법과 이를 위한 서버 및 사용자 단말기 (1020170175977/2017.12.20)
- 유전자 검사 결과 생성 방법 및 장치 (1020130099763/2013.08.22)
- 개인 정보 간 관련성을 판단하는 방법 및 장치 (1020130058139/2013.05.23)
- 건강 관리를 위한 사용자별 맞춤서비스 제공방법 및 서버(11020170174455/2017.12.18)
- 당뇨 대상자에 대한 생활습관 분석정보 제공시스템(1020170174454/2017.12.18)
- 당뇨병 관리를 위한 영양소 관리 시스템 (1020200186077/2020.12.29)
- 환자의 의료데이터를 기초로 한 맞춤형 의료 서비스 제공 시스템 (1020200186080/2020.12.29)
- 주거약자 건강관리 시스템(Residential weak person health care system) (1020200186076/2020.12.29)
- 환자의 의료데이터를 기초로 한 질병 예측 시스템 (020200186079/2020.12.29)
- 당뇨병 관리를 위한 모니터링 시스템 (1020200186078/2020.12.29)
- 식사기록 분석을 통한 건강 관리 방법 (1020210081515/2021.06.23)
- 외식패턴의 분석에 따른 건강 관리 방법과 서버 및 휴대용 단말기 (1020170175976/2017.12.20)
- 시약 키트의 이미지를 통한 감염병 진단 방법 및 장치(1020150142123/2015.10.12)

세계 최초 AI 수술 플랫폼 개발 업체

휴톰

2022 선정

대표자
형우진

위치
서울특시 마포구 독막로 279 상장회사회관 6층

설립 연도
2017년 1월

홈페이지
hutom.io

문의
contact@hutom.io / 02-6956-0426

상장 여부
비상장

시장 진출한 해외 국가
-

주요 사업
의료용 AI 솔루션 개발

창업자의 경력
형우진 휴톰 대표는 지난 2005년 국내 최초 '로봇 위암 수술'을 집도한 외과의사이자 암 전문가다. 세브란스병원 위장관외과장, 연세대 의대 외과학교실 교수 등을 거친 인물이다. 한국외과로봇수술연구회장과 대한복강경위장관연구회 장직도 맡았다. 로봇 수술과 위암 수술 분야 최고 권위자로 꼽힌다.

창업 배경
암 수술 전문가인 그는 정보기술(IT)로 수술의 정확성을 높일 수 있는 방안에 대해 고민했다. 한 번 개복하기도 쉽지 않은 암 수술을 더 신속하게 끝낼 수 있도록 인공지능(AI)을 통해 연습하거나, 내비게이션 기능과 함께 정밀한 수술을 할 수 있는 플랫폼이 필요했다. 휴톰이 보유한 환자 맞춤형 수술 시뮬레이터나 AI 수술보조 내비게이션, 수술 영상 분석 프로그램 등은 모두 형 대표가 의사로서 현장서 필요하다고 느꼈던 솔루션들을 우선적으로 상용화한 제품들이다.
"수술을 잘하는 의사든, 못하는 의사든 환자가 수술을 잘 받을 수 있도록 하겠다"는 것이 형 대표 취지기도 하다. 암 수술 이후 지역 간 합병증 발생률 차이는 약 5배에 달한다는 통계가 있다. 합병증을 최소화해 환자의 생존율을 끌어올리는 것이 그의 기대이기도 하다.

비전 및 목표
휴톰의 사명은 'Human Touch in Medicine'의 약자다. 제대로 된 의학 기술로서 환자에게 다가가겠다는 포부다. 세계 최대 헬스케어 기업 존슨앤드존슨과 같은 성장세를 꿈꾸고 있다. AI 수술 시스템은 글로벌에서도 상용화 사례가 극히 드물지만 높은 시장성을 갖고 있다는 것이 형 대표 분석이다. 디지털 수술 시장을 키워 의사와 환자 모두에게 안전한 수술 환경을 제공하고, 최종적으로 사회적 비용을 감소시키겠다는 것도 그가 가진 비전이다.

●●●● 주요 제품 또는 서비스

ViHUB 최초의 AI 기반 수술 비디오 허브. 4K 3D 입체 비디오 녹화, 가장 큰 시스템 스토리지, AI 편집, 10.1인치 풀 터치 디스플레이 패널, FTP 및 NAS를 통한 데이터 전송이 가능하다. 수술 영상 자동 분석 및 불필요한 부분 편집을 AI가 대신해주기도 한다.

RUS 1차 일반외과용 외과용 내비게이션 플랫폼. 2D CT 영상을 3D 해부학적 재구성, 폐복막 모델링, 항구 배치 계획(내시경 및 기구 위치, 포트 거리 측정), 다양한 관점(내시경 보기, 포커스 보기, 탐색 보기), 북마크, 스냅 사진 기능이 있다. 세계 최초 복부 팽만 예측 모델을 탑재한 3차원(3D) 해부 모델 엔진, 수술 기구용 3D 모델링, 환자별 최적화된 카메라 및 수술 기구 배치가 가능하다.

SurgGram 수술 영상 분석 및 검토를 위한 인텔리전스 플랫폼. 수술 단계 인식, 이벤트 감지(외과적 출혈, 비수술적 사건), 악기 움직임 분석, 외과 보고가 가능하다. 초당 30프레임(회)으로 기록된 주석 데이터에 대해 1000건 이상의 수술을 기반으로 한 딥러닝 기술을 갖고 있다.

●●●●● 핵심기술

RUS에는 복부팽창(기복) 예측 모델링을 포함해 동맥·정맥 정합, 자동 장기·혈관 분할 등의 핵심 기술이 내장되어 있다. 복부팽창 예측 모델링과 동맥·정맥 정합 기술은 휴톰만이 보유하고 있는 기술이다. 자동 장기·혈관 분할 기술은 실제 수술과 동일한 환경을 위해 환자 고유의 정보를 통해 기존 CT에서 제공하지 않는 기복 모델을 생성해 의사에게 제공한다. 동맥·정맥 정합은 정확한 혈관 배치를 확인하기 위해 정맥과 동맥의 위치를 AI가 보정해 주는 프로그램이다. RUS는 2021년 9월에 세브란스 병원에서 시작한 안전성 및 유효성 평가 임상시험을 진행 중에 있다. 아울러 올해 하반기에는 11개 대형 병원에서 다국적 임상을 진행할 예정이다.

●●●●●● 향후 계획

신장암·폐암·대장암·간암 등으로 범위를 확장할 예정이다. 올해 연말에는 신장암 수술에 대한 제품화가 시작될 예정이다. 폐암은 내년도를 계획하고 있다. 다수의 글로벌 기업과 협의를 통해 제품의 도입 범위도 늘리겠다는 목표다.

투자 유치

시리즈 B 라운드
260억원

특허, 논문, 보고서 등 지식재산권 보유 현황

- 3D 시뮬레이션을 활용한 수술로봇의 동작 정보를 획득하는 방법 및 프로그램 (1020200076109/2020.06.23)
- 선행학습기반 전이학습 방법 및 장치 (1020200052723/2020.04.29)
- 영상 내의 객체 레이블링 제공 방법 및 이를 위한 장치 (1020200117942/2020.09.14)
- 사용자 인터페이스 기반의 수술과정 분석 제공 방법 및 서버 (1020210145359/2021.10.28)
- 수술 시뮬레이션 정보 생성방법 및 프로그램 (1020180058608/2018.05.23)
- 수술결과에 대한 피드백 제공방법 및 프로그램 (1020180058609/2018.05.23)
- 수술보조 영상 표시방법, 프로그램 및 수술보조 영상 표시장치 (1020180061326/2018.05.29)
- 수술 중 혈관 내비게이션 방법 및 시스템 (1020200043786/2020.04.10)
- 어노테이션 평가 방법 및 장치 (1020200154648/2020.11.18)
- 수술영상을 기초로 수술시간을 예측하는 방법 및 장치 (1020180145157/2018.11.22)

수상 이력

- 2021년 MICCAI 2021 EndoVision HeiSurF 세분화 챌린지 우승자
- 2020년 POST-한국 스타트업 테크 인큐베이터 프로그램 선정
- 2020년 Big3 혁신성장 중소기업 벤처기업 선정
- 2020년 AI 기술사업화 지원사업 선정
- 2020년 한국의료기기개발기금 사업 선정

AI를 활용해 신약을 개발하는 업체

히츠

2022 선정

대표자
김우연

위치
서울특별시 강남구 테헤란로 124, 902호
(역삼동, 삼원타워)

설립 연도
2020년 5월

홈페이지
hits.ai

문의
contact@hits.ai / 02-6953-0317

상장 여부
비상장

시장 진출한 해외 국가
-

주요 사업
인공지능 신약 개발

창업자의 경력

김우연 대표는 현재 한국과학기술원(KAIST) 화학과 교수다. 포항공과대학교(POSTECH)에서 물리화학 박사 학위를 받았다. 독일 막스플랑크연구소의 연구원 등도 지냈다. 2020년에 국내 물리화학 분야에서 탁월한 연구 업적을 낸 만 45세 미만 젊은 연구자에 대한화학회가 수여하는 '젊은 물리화학자상'을 받았다.
지난 3월에는 한국제약바이오협회가 김 대표를 인공지능(AI) 신약개발지원센터장에 선임하기도 했다. AI신약개발지원센터는 AI 신약 개발 생태계를 조성하고 관련 기술개발 및 전문인력 교육 등을 지원하며 제약바이오산업의 국제경쟁력을 높이기 위해 2019년 출범했다.

창업 배경

김 대표는 한 언론사와 인터뷰에서 "실험 중심의 전통적인 제약바이오 산업은 고비용-고위험 구조를 벗어나지 못하는 대표적 분야다. 시행착오에 의존하기 때문에 수없이 반복하는 실험 과정에서 많은 비용과 시간이 소모되는 것. 디지털 기술의 핵심은 계산과학, 인공지능, 클라우드 컴퓨팅 등을 활용해 약물 후보 물질의 특성을 빠르고, 정확하게 예측해 원하는 약물의 구조를 단시간에 설계할 수 있다"고 창업 배경을 설명했다.

비전 및 목표

신약 개발 전 과정의 디지털화다. 김 대표는 한 인터뷰에서 "고도화된 디지털 기술을 적용해 실험적인 시행착오를 줄인다면 비용과 위험을 동시에 줄여 신약개발 성공률을 높일 수 있다"며 "사회적으로 문제가 될 수 있는 동물실험 또는 환자를 대상으로 하는 임상실험을 최소화할 수 있으며 이 과정에서 신약개발의 새로운 문화를 창조하고 새로운 가치도 창출하는 것이 우리의 비전"이라고 밝혔다.

주요 제품 또는 서비스

히츠 플랫폼은 정확한 약물과 단백질 상호작용 예측을 바탕으로 소수의 유망한 초기 후보물질을 선별한다. 약물 후보물질 발굴 비용과 시간을 줄이고 성공률을 높인다.

핵심기술

히츠의 경쟁력은 짧은 시간에 신뢰할 수 있는 결과를 도출할 수 있다는 것이다. 1년 가까이 걸리는 유효 물질 및 선도 물질 도출을 2주 이내로 확보할 수 있는 플랫폼을 구축했다. 보통 AI 활용에서 지적되는 낮은 예측 신뢰도를 물리 법칙을 활용하는 방식으로 해결했다는 평가다. 선도 물질 최적화 과정은 제약사의 의약화학자들이 실제 작업하는 방식을 모방했다. 전체 과정을 자동화해 효율성도 높였다. 클라우드 환경에 플랫폼을 구축해 비용 절감과 다수의 과제를 동시에 수행할 수 있다는 것도 장점이다. 히츠는 검증된 기술을 바탕으로 LG화학, 테라젠바이오, 보령제약, 일동제약, 종근당, HK이노엔 등과 파트너십을 맺고 실제 약물 개발을 협업 중이다.

김 대표는 국내 한 언론사와의 인터뷰에서 "신약 개발은 보통 10~15년이 걸리는 매우 복잡한 과정을 거친다. 타깃 발굴 단계로 시작해서 약물 후보 물질 발굴 및 최적화, 전 임상과 임상 1, 2, 3상 등 각 단계별로 서로 다른 문제를 풀게 된다. 단백질 구조를 예측하거나 약물 후보 물질 발굴 및 최적화 단계에 활용할 수 있는 데이터는 보통 오픈 소스로 이용한다. 히츠는 이런 데이터를 활용해 사업을 영위하고 있어 각종 데이터 규제로 인한 제약은 없다"고 설명했다. 이어 "신약 개발 시간이 단축되면 많은 질병들의 치료제가 빨리 나올 수 있을 것이라고 기대한다. 그 과정 속에서 의료 데이터들이 쌓여 데이터 관리 시스템이 중요해질 것"이라고 덧붙였다.

향후 계획

히츠는 지난 2월 55억원 규모의 시리즈 A 투자 유치에 성공했다. 한국투자파트너스, 키움인베스트먼트, 캡스톤파트너스, 스틱벤처스, 컴퍼니케이파트너스 등이 투자했다. 김 대표는 "히츠는 올해 하반기 인공지능 기반 신약 개발 웹플랫폼 '원 플랫폼'을 선보일 예정"이라며 "'원 플랫폼' 출시를 계기로 쉽고 효율적인 신약 개발 문화를 업계 전반에 확산하겠다"고 밝혔다.

투자 유치

시리즈 A 라운드

65억원 이상

특허, 논문, 보고서 등 지식재산권 보유 현황

- 분자 단편 기반 분자 생성 딥러닝 모델을 이용한 분자 설계 방법 및 분석장치
  (1020210134902/2021.10.12)
- 물리 기반 심층 신경망 모델을 이용한 분자 특성 예측 방법 및 분석 장치
  (1020210126835/2021.09.27)

수상 이력

- 2021년 도전! K-스타트업 2021 특허청장상 수상

AI 기반 개인 맞춤형 수학과외 서비스

튜링

2022 신청

대표자 최민규
위치 서울특별시 강남구 테헤란로 415, 4층 401호
설립 연도 2018년 11월 23일
홈페이지 teamturing.com
문의 business@teanturing.com / 070-4281-4869

상장 여부 비상장
시장 진출한 해외 국가 -
주요 사업 AI 기술을 활용해 중고교생 대상 개인 맞춤형 수학교육 서비스 제공

● 창업자의 경력
서울대 화학생물공학부 및 전기전자정보공학부를 복수전공(학사)했다.

●● 창업 배경
최민규 대표는 어렸을 때부터 사업을 마음에 품고 있었다. 그는 '본질에 집중하자'는 말을 마음에 새기고 있다. 좋은 서비스를 만들어 소비자를 만족시키고 좋은 회사가 되어 살아남고 성장하는 게 최 대표가 생각하는 본질이다.

●●● 비전 및 목표
AI로 모든 학생이 개인화된 교육을 누릴 수 있게 하는 기업

●●●● 주요 제품 또는 서비스
수학대왕 AI 기반 온라인 수학 교육 서비스. AI가 학생의 실력을 진단한 뒤 수학 문제와 강의를 추천해준다. 개인별 분석 리포트, 대치동 학원강사 해설, 개념 강의 등도 서비스한다.

●●●●● 핵심기술
개인화된 교육 서비스 제공 기술과 AI 기술이 튜링의 핵심이다. 개인화된 교육 서비스를 제공하는 장치 기술과 관련, 수강자의 학업 수준을 분석해 강의 콘텐츠를 생성해 제공하는 제어부와 강의 콘텐츠를 저장하는 메모리부로 나뉜다. 또한 학생의 실력을 빠르게 진단·분석하고 머신러닝을 통해 목표를 달성하기 위한 최적의 문제와 강의를 추천하는 것이 가능한 AI 기술을 확보하고 있다.

●●●●●● 향후 계획
현재 축적 중인 데이터를 바탕으로 AI 연구개발에 집중하고 있다. 사용자들이 효율적이고 편리하게 학습할 수 있는 환경(UX·UI)을 구축한 제품만 살아남을 수 있기 때문이다.

특허, 논문, 보고서 등 지식재산권 보유 현황 & 수상 이력
- 개인화된 교육 서비스 제공 방법 및 장치 (1020210073705/2021.6.7)
- 2020년 신용보증기금의 영-스타트업 보증 기업에 선정
- 2020년 팁스(TIPS) 선정

투자 유치
시리즈 A 단계 투자 유치 마무리
70억원
(누적투자 금액 85억원 이상)

자율주행 솔루션 개발

Phantom AI

2021·2022
2년 연속 선정

대표자 조형기(좌), 이찬규(우)
위치 미국 실리콘밸리 US CA Burlingame 197 Airport Blvd 94010
설립 연도 2016년 11월
홈페이지 phantom.ai
문의 info@phantom.ai

상장 여부 비상장
시장 진출한 해외 국가 진출
주요 사업 자율주행

● 창업자의 경력
조형기 대표는 선문대와 연세대 대학원을 거쳐 카네기멜론대에서 자율주행 연구 박사를 마쳤다. 이후 테슬라 오토파일럿 개발팀 초기 멤버로 활동한 바 있다. 이찬규 대표는 한양대학교 기계자동차공학부와 UC버클리 박사를 수료하고 현대차그룹 ADAS 시스템인 '고속도로 주행보조 시스템(HDA)' 연구개발에 참여했다.

●● 창업 배경
자율주행차 관련 규제가 가장 적고 인재 채용과 자금조달에서 유리한 환경을 가지고 있는 미국 캘리포니아에서 창업했다. 테슬라가 자체 알고리즘을 개발하고 양산하는 과정에 참여하면서 창업에 대한 자신감을 키웠고 가능성도 발견했다.

●●● 비전 및 목표
'긴급제동시스템(AEB) 등의 장치 대중화'가 첫 번째 목표다.

●●●● 주요 제품 또는 서비스
머신러닝 기반의 장애물 감지 시스템인 '팬텀비전(PhantomVision)', 플랫폼 독립 물체추적 시스템인 '팬텀퓨전(PhantomFusion)', ADAS 제어 시스템인 '팬텀드라이브(PhantomDrive)'.

또 인공지능 및 기하학적 기술을 바탕으로 조건부 없는 자율주행 4단계 능력 실현에도 주력하고 있다. 센서 가격을 낮출 수 있는 기술력을 갖추고 다양한 형태의 자동차에 기술을 제공한다는 목표다.

●●●●● 핵심기술
카메라, 레이다, 라이다를 활용한 첨단 운전자 보조 시스템(ADAS). 4단계 자율주행 시스템 기술. 운전자가 거의 개입하지 않아도 도로 주변의 차량 흐름이나 신호를 감지하는 레벨 4 수준의 자율주행 기술력을 갖추고 있다. 완전 무인차 단계를 의미하는 레벨5의 바로 아래 단계 기술이다.

●●●●●● 향후 계획
2022년 양산을 목표로 현재 자율주행 1단계, 2단계의 첨단 운전자 보조 시스템(ADAS) 기술을 개발하고 있다. 3단계 이상의 진보된 기능들은 2023년 양산이 목표다.

투자 유치
시리즈 A
310억원

EPILOGUE

세계 속 코리아 AI 스타트업을 위해 세 개의 화살을 준비하자

*by*_ 안현실 한국경제신문 AI경제연구소장

'2022 코리아 AI 스타트업 100'은 AI 스타트업 100을 통해 인공지능(AI) 생태계 전체에 역동성을 불어넣자는 게 근본 취지다. AI를 보편적 혁신 인프라로 하는 4차 산업혁명 시대의 모든 스타트업은 AI 스타트업이라고 불러도 무방하다. 달리 표현하면 AI 스타트업이 모든 산업의 스타트업으로 확산돼 갈 것이란 얘기다. 이는 곧 AI가, AI 스타트업이, 4차 산업혁명을 이끌어가는 새로운 기업가정신의 핵심 엔진이 될 것이라는 전망으로 이어진다.

산업의 판을 바꾸는 AI 스타트업은 한 국가에, 특정 시장에 국한돼서는 성공하기 어렵다. 미국과 중국이 AI를 둘러싸고 치열하게 경쟁하는 이유도 여기에 있다. 시장과 기술을 선점하는 쪽이 행사하는 '룰 세터(rule setter)'가 누가 되느냐에 글로벌 성패가 달렸다. 반도체 갈등도 결국 그 연장선상에 있다. 한국이 미국과 중국 사이에서 전략적 파트너가 되려면 AI 스타트업이 처음부터 글로벌 시장으로 향해야 한다. 창업 초기 단계부터 글로벌 시장을 목표로 하는 '본 글로벌(born global)'로 가야 한다는 의미다.

코리아 AI 스타트업이 세계 속의 AI 스타트업으로 통하려면 글로벌 경쟁력을 가져야 한다. AI 스타트업이란 새로운 기업가정신이 한국 자본주의를 구하려면, 정부와 국회, 국민은 이들에게 무슨 무기를 쥐여줘야 할 것인가.

1. 과거와 다른 복합위기, 어떻게 돌파할 것인가

먼저, 지금의 복합위기에 대한 정확한 이해가 요구된다. 인플레이션과 금리 인상, 미국과 중국의 충돌, 러시아의 우크라이나 침공 등의 지정학적 충돌, 에너지 불안 등은 모두 외생변수인가. 결코 그렇지 않다. 복잡계 적응시스템 관점에서 보면 경제주체 간 상호작용이 '창발성'이라는 과정을 통해 시스템을 새로이 업데이트하고, 새로운 시스템은 '피드백'과 '선택'의 과정을 통해 경제주체들에게 새로운 영향을 미친다. 그리고 이는 다시 경제주체 간, 경제주체와 환경 간 상호작용 과정을 통해 시스템의 새로운 변화로 이어진다. 이 관점에서 보면 엄밀한 의미에서 외생변수는 없다. 모두 내생변수로 봐야 맞는다. 내생적 관점에서 위기를 바라보고 진단하고 전략을 강구해 나가야 생존과 성장에 유리하다는 얘기다. 그렇다면 경제주체들은 이런 리스크 환경에서 어떻게 대응해 나갈 것인가. 2016년 〈하버드 비즈니스 리뷰(HBR)〉는 '불확실성 관리'란 소주제 아래 '기업 생존의 생물학(the biology of corporate survival)'이란 제목의 논문을 실었다. 이 논문은 리스크 환경의 세 가지 구조적 특징(structural features)과 세 가지 경영적 열쇠(managerial levers)를 제시하고, 기업이 제대로 대응하지 못하면 어떤 위협에 직면하게 되는지를 적시한 바 있다. 복합위기 속에서 생존과 성장을 걱정하는 기업은 경청해 볼 만한 지침들이다.

먼저 리스크 환경의 구조적 특징과 기업이 직면하는 위협을 보자. 첫째, 사람, 아이디어, 혁신과 대응의 다양성(diversity)을 의미하는 이질성(heterogeneity)이다. 기업이 이질성을 흡수하지 못하면 산업 외부로부터의 갑작스러운 변화가 자신의 비즈니스 모델을 무력화시키는 위협(collapse risk)에 처하게 된다. 둘째, 비즈니스 시스템 내부의 단위 간, 비즈니스 시스템 간 느슨한 관계를 의미하는 모듈화(modularity)다. 이를 갖추지 못하면 비즈니스나 경제의 한 파트가 충격을 받을 때 순식간에 기업 전체가 도미노처럼 붕괴하는 위협(contagion risk)에 처하게 된다. 셋째, 비상시 버퍼링(buffering)을 만들어낼 수 있는 역량(redundancy)이다. 이런 역량이 없으면 자연재해, 테러, 정치적 소용돌이 등 드물지만 이런 일이 한 번 발생할 때 기업은 엄청난 충격을 받게 된다(fat-tail risk).

과거와 다른 리스크 환경은 다른 경영적 접근을 요구한다. 이에 적응하지 못하는 기업은 당연히 위협에 처하게 된다. 첫째, 무슨 일이든 일어날 수 있다고 가정하고 불확실성을 줄이는 쪽으로 가야 한다는 것이다. 시그널을 수집하고, 변화의 패턴을 읽어내고, 앞으로 닥칠 결과를 상상해보고, 선제적 조치를 취하라는 것이다. 그렇지 않으면 사업환경이 예측하지 못한 쪽으로 갑자기 바뀌는 '불연속 위협(discontinuity risk)'에 직면하게 된다. 둘째, 변화를 모니터하고, 변종을 촉진하고, 실험하고, 혁신을 증폭시키고, 이를 빠른 속도로 반복하는 피드백 루프와 적응 메커니즘을 갖추라는 것이다. 그렇지 않으면 변화하는 소비자 니즈, 혁신 경쟁, 변화된 환경에 적응하지 못한다(obsolescence risk). 셋째, 공공의 적이 되지 말고 호혜적 관계를 증진하는 방향으로 신뢰와 상호주의를 높이라는 것이다. 그렇지 않으면 비즈니스 생태계 참여자들이 그 기업을 파트너로 받아들이지 않게 된다(rejection risk).

이런 지침들이 시사하는 바가 무엇이겠는가. 경제가 복합위기를 돌파하고 성장하기를 원한다면 무엇보다 변화에 민첩하게 움직이는 스타트업이 쏟아져야 한다. 변화의 상징이 AI시대라면 AI로 무장해 파괴적 혁신을 시도하는 스타트업이 바로 경제가 수혈을 원하는 새로운 피에 해당한다. 혁신을 원하는 기존 기업은 이런 스타트업과의 활발한 교배를 통해 생존과 성장을 도모할 수 있을 것이다. 기업과 산업이 이렇게 동태적으로 변해야 경제가 살아난다.

2. AI 스타트업을 위한 '세 개의 화살론'

한 가지 간과하지 말아야 할 것은 어느 나라도 스타트업이 외롭게 글로벌 경쟁을 하도록 방치하지 않는다는 점이다. 복잡계 적응시스템에서 중시하는 상호작용에는 혁신주체 간 상호작용뿐 아니라 혁신주체와 환경 간 상호작용도 있다. 어느 나라가 혁신에 더 유리한 환경을 조성하느냐에 따라 혁신주체와 환경 간 상호작용은 물론 혁신주체 간 상호작용이 가져올 창발성의 수준이 다를 것은 긴 설명이 필요 없을 것이다. 미국과 중국이 그러하듯이 각국이 스타트업 혁신생태계 경쟁을 벌이는 이유가 바로 여기에 있다.

보다 유리한 혁신생태계를 갖춘 국가의 스타트업이 지금의 복합위기를 극복하고 글로벌 승자로 성장할 가능성이 높을 것임은 두말할 필요도 없다. 혁신생태계는 여러 차원에서 접근할 수 있다. 기능적으로 볼 수도 있고, 주요 참여자별로 살펴볼 수도 있다. 지식과 기술, 아이디어로 무장한 한국의 AI 스타트업이 미디어를 통해 호소하는 바를 우선순위로 정리한다면 사업할 자유와 혁신금융, 그리고 창의적 인재로 모아진다. 결국 사람과 돈, 제도가 혁신생태계의 경쟁력을 결정한다고 보는 이론들과 맥이 통한다.

코리아 AI 스타트업 100을 한국 경제를 이끌어갈 '미래의 영웅'으로 만들려면 정부와 국회, 국민이 이들을 도와줄 일은 무엇인가. 답은 이미 나와 있다. AI 스타트업 전사들에게 비즈니스 자유의 화살, 혁신 금융의 화살, 창의적인 인재의 화살이라는 세 개의 화살을 쥐여주는 것이다. 그것도 글로벌 경쟁력이 있는 화살 말이다.

첫 번째, 비즈니스 자유의 화살

한국에서 창업한 AI 스타트업의 가장 큰 호소는 단연 규제다. 미국에서 가능한, 심지어 중국에서 가능한 비즈니스 모델이 한국에서는 불능한 경우가 부지기수라는 지적이다. 비즈니스의 자유가 보장되는 혁신생태계가 그렇지 않은 혁신생태계를 압도할 것은 자명하다.

먼저 16%의 자유 보장이다. 혁신확산곡선에서 마니아와 초기 수용자는 전체 시장의 16%를 차지한다. 이들은 스타트업의 시장 진입에 매우 중요한 역할을 한다. '16% 룰'을 통해 스타트업에 초기시장 진입의 자유를 주자. 한국처럼 포지티브 규제 시스템하에서 규제샌드박스가 의미가 있으려면 적어도 16% 시장에서 테스트를 보장해줄 정도가 돼야 한다. 이와 함께 공정거래위원회는 AI 스타트업의 시장 진입을 방해하는 기득권 이해관계자의 반발에 대해 경쟁정책 차원에서 분명한 스탠스를 취해야 한다. 그것이 정부가 해야 할 역할이다.

정부와 국회가 선진적인 규제철학을 정립할 필요도 있다. AI의 위험성과 규제의 필요성 논의, 윤리 가이드라인 도입 등이 무성하지만, 그럴수록 경계해야 할 것이 있다. 규제가 기대하는 성과를 거두기는커녕 오히려 부정적인 효과를 양산하는 '규제의 역설'이다. 지킬 수 없는 규제는 피해야 한다. 설명가능한 AI나 딥페이크 문제 등의 경우 강제적인 규제보다 연구나 기술개발을 통해 해결하는 방식이 더 효과적일 것이다. AI 테러 이용 가능성 문제도 일방적인 규제보다 국제협력이 더 긴요한 수단일 수 있다. 인간의 생명과 안전에 대한 규제도 그 과정에서 어떤 수단을 강구할지 자율적 선택권을 기업에 최대한 부여하는 방식이 혁신친화적이다. 데이터 문제에 대해서도 보호와 활용의 동태적 균형성을 찾아가는 게 시대가 요구하는 바일 것이다.

비즈니스의 자유는 사업재편의 자유도 당연히 포함한다. 인수합병(M&A) 등 시장을 통한 사업재편의 길이 확 열려야 대기업과 스타트업의 자유로운 교배가 가능하다. 대기업도, 스타트업도 생존하고 성장할 수 있다는 얘기다. 지금의 상법과 공정거래법은 자유로운 사업재편은 물론이고 신속한 사업재편에도 걸림돌로 작용하는 조항이 너무 많다. 이 모든 장애물을 과감히 걷어내는 정부와 국회의 일대 결단이 요구된다.

두 번째, 혁신 금융의 화살

지난 8월 말 외신에서 눈길을 끄는 뉴스가 전해졌다. 올해 2분기 세계 AI 스타트업 자금 조달액이 118억달러(약 15조7500억원)를 기록했다는 일본 닛케이발 보도다. 전 분기 대비 21% 감소하면서 2020년 4분기 이후 가장 낮은 수준으로 내려앉았고, 3분기 연속으로 전 분기 대비 하락했다는 내용이다. 비슷한 시점에 국내에서도 같은 맥락의 뉴스가 나왔다. 정부가 내년 모태펀드 예산을 급격히 줄이기로 했다는 한국경제신문의 보도다. 중소벤처기업부가 내년 모태펀드 예산을 3135억원 규모로 편성했다며, 이는 올해(5200억원)보다 39.7% 감소한 수준으로 작년과 비교하면 70% 이상 급감한 것이란 내용이다.

이 두 기사를 보고 긴축의 시대이니 세계도 한국도 벤처투자가 줄어든다고 해석하면 곤란하다. 긴축의 시대 민간의 벤처투자가 위축될 수 있지만, 금융강국으로의 쏠림현상은 오히려 강해질 수 있다. 글로벌 금융의 주도권은 미국이 쥐고 있다. 더구나 미국은 혁신금융에서 막강한 글로벌 경쟁력을 자랑한다. 스타트업의 옥석을 가려낼 데이터도 엄청나게 축적돼 있다. 긴축의 시대에 좋은 스타트업이 앞다퉈 미국으로 향할 가능성이 매우 높다.

AI를 통해 미국을 따돌리겠다는 중국은 이런 흐름에 대응할 자체적인 금융전략을 강구할 것이다. 문제는 한국이다. 정부가 마땅한 대안도 없이 민간 벤처투자 활성화를 위한 재원 역할을 해온 모태펀드를 축소하면 가뜩이나 미국에 비해 경쟁력이 떨어지는 민간 벤처투자에 악영향을 미칠 게 뻔하다. 실제로 AI 스타트업들 사이에서는 정부와 민간 지원이 끊기기 시작한 3~4년 차 스타트업이 자금난을 많이 겪고 있다는 소문이 돌고 있다.

모태펀드 축소가 불가피하다면 정부는 민간 벤처투자에 대한 획기적인 유인책을 내놔야 한다. 민간 벤처캐피털에 대한 각종 규제를 철폐해 글로벌 펀드, 민간 모태펀드 등이 나올 수 있게 하거나, 획기적인 민간 자금 유인을 위한 인센티브를 제시하는 것이다. 비이자수익을 늘리고 싶은 은행 등 제도권 금융을 혁신금융으로 끌어낼 유인책도 요구된다. 은행들로서는 지금 같은 긴축 상황이 몇 년 후를 내다보고 AI 등 유망한 스타트업에 투자할 좋은 기회라고 판단할 수 있다. 각종 규제와 감독 규정을 과감하게 완화할 필요가 있다. 글로벌 기업들은 스타트업 M&A를 위한 기업벤처투자(CVC)에 자유롭게 나서고 있다. 한국의 금융·경쟁당국도 CVC에 대한 제한을 지금이라도 철폐해야 한다.

세 번째, 창의적 인재의 화살

AI 스타트업은 디지털 영토 전쟁의 전사들이다. 글로벌 가치사슬(GVC) 재편은 디지털 전환에 성공하는 국가와 실패하는 국가의 운명을 극명하게 바꿔놓을 전망이다. 디지털 전환은 무역 비용을 떨어뜨리고, 무역 품목의 지도를 확 바꾸고 있다. 디지털 전환에 성공하는 국가는 GVC 재편을 주도할 것이고, 그렇지 못한 국가는 변방으로 밀려나거나 탈락하고 말 것이다. 한국은 디지털 영토를 위해 싸울 사람이 얼마나 있는가. 설상가상으로 한국의 저출산은 구조적이고 복합적인 요인들이 작용하고 있어 단기간 내 극복이 어렵다는 게 전문가들의 판단이다. 그렇다면 지금의 경제규모를 유지하거나 늘려갈 방법은 디지털 이노베이션밖에 없다. 한국은 디지털 이노베이션에 나설 사람이 얼마나 되는가.

스타트업은 사람이고, 사람이 스타트업이다. 선진국이 서둘러 소프트웨어(SW)·AI 교육에 올인하는 데는 다 이유가 있다. 지금의 초·중·고 학생들이 주역이 될 2030~2040년대로 가면 디지털 규범이 지배하는 세상이 온다고 본 것이다. 디지털 실력으로 글로벌 경쟁을 해야 한다. 밀리는 국가는 디지털 식민지로 전락하지 말란 법도 없다. 디지털 인재 100만 명 양성이 숫자 채우기로 가서는 실패하기 십상이다. 글로벌 경쟁력이 있는 디지털 인재 100만 명, 아니 그 이상을 준비하는 국가 대(大)전략이어야 한다.

스타트업 천국이 되려면 디지털 인재가 모여야 한다. 이민, 비자 문제 등에 대한 전향적이고 파격적인 결단이 필요하다. 한국이 글로벌 인재가 상호 순환하는 '인재 선진국 클럽'에 들어갈 때, 스타트업도 글로벌 반열에 올라설 수 있다. 코리아 AI 스타트업에 쥐여줘야 할 세 번째 화살로 창의적인 인재가 꼽히는 이유다.

INDEX

038	네오사피엔스	contact@neosapience.com	02-2155-4548
040	노타	contact@nota.ai	02-555-8658
042	뉴로젠	hello@neurozen.ai	02-501-4295
044	뉴로핏	contact@neurophet.com	02-6954-7971
046	뉴빌리티	info@neubility.co.kr	0507-1386-2330
048	니어스랩	press@nearthlab.com	
050	더화이트커뮤니케이션	help@thewc.co.kr	02-468-1112
052	디셈버앤컴퍼니자산운용	inquiry@dco.com	02-6959-2820
054	디오비스튜디오	admin@dob.world	02-2088-5766
056	딥바이오	sales@deepbio.co.kr	070-7703-4746
058	딥브레인AI	press@deepbrainai.io	02-858-5683
060	딥엑스	info@deepx.co.kr	031-789-3770
062	딥핑소스	contact@deepingsource.io	02-6956-2255
064	라이드플럭스	contact@rideflux.com	
066	룰루랩	lululab@lulu-lab.com	
068	리벨리온	contact@rebellions.ai	
070	리턴제로	contact@rtzr.ai	02-555-1271
072	리플에이아이	contact@rippleai.co	02-882-2145
074	마이셀럽스	help@mycelebs.com	02-6245-7403
076	마크비전	contact@marqvision.com	02-6205-0504
078	마키나락스	mrx.marketing@makinarocks.ai	02-6245-1224
080	메디픽셀	contact@medipixel.io	
082	모빌린트	contact@mobilint.co	02-552-9660
084	베스텔라랩	contact@vestellalab.com	02-6949-6898
086	베어로보틱스	hi@bearrobotics.ai	070-7576-1714
088	보이저엑스	contact@voyagerx.com	
090	뷰메진	sales@viewmagine.com	02-6956-2823
092	브이터치	contact@vtouch.io	
094	비프로컴퍼니	contact@bepro11.com	
096	빅인사이트	chris@bigin.io	070-4739-7602
098	서울로보틱스	hello@seoulrobotics.org	
100	셀렉트스타	contact@selectstar.ai	1666-3282
102	솔루게이트		070-8882-5252
104	수퍼빈		1600-6217
106	슈퍼브에이아이	contact@superb-ai.com	
108	스켈터랩스	contact@skelterlabs.com	02-2038-0112
110	스타일봇	contact@stylebot.co.kr	02-467-3515
112	스탠다임	contact@standigm.com	02-501-8118
114	스트라드비전	contact@stradvision.com	054-221-4878
116	스프링클라우드	ygsong@aspringcloud.com	031-778-8328
118	시어스랩	support@seerslab.com	
120	신스타프리젠츠	ir@shinstarr.com	02-336-5982
122	쓰리빌리언	ckeum@3billion.io	010-4095-3043
124	쓰리아이	questions@3i.ai	070-7843-5111
126	씨앤에이아이	contact@cnai.ai	02-2088-1216
128	아이딕션	jmyang@idic.io	1533-1256
130	아이오크롭스	info@iocrops.com	070-4680-6088
132	아카에이아이	info@akaintelligence.com	02-537-7201
134	악어디지털	sales@akuo.ai	1661-0286
136	알고리즘랩스	contact@algorithmlabs.co.kr	02-303-2650

138	알세미	contact@alsemy.com	02-3288-1906
140	알지티	hj_jeong@rgt.kr	070-8285-6943
142	알티엠	sales@rtm.ai	02-2088-6780
144	애자일소다	contact@agilesoda.ai	02-558-8300
146	액션파워	partnership@daglo.ai	070-7775-0033
148	업스테이지	contact@upstage.ai	070-8098-3023
150	에덴룩스	cs@edenlx.com	1661-8171
152	에스투더블유	recruit@s2w.inc	070-5066-5277
154	에어스메디컬	airsmed@airsmed.com	070-7777-3186
156	에이모	contact@aimmo.co.kr	
158	에이아이트릭스	contact@aitrics.com	02-569-5507
160	에이젠글로벌	contact@aizen.co	070-7008-0020
162	엑스엘에이트	sales-korea@xl8.ai	010-9383-7967
164	오드컨셉	hello@oddconcepts.kr	02-556-7650
166	오브젠	hello@obzen.com	
168	온코소프트	csa@oncosoft.io	02-336-0670
170	올거나이즈	biz@allganize.ai	02-561-0103
172	원프레딕트	contact@onepredict.com	
174	웨이브릿지	contact@wavebridge.com	02-567-8864
176	이니지	ineeji@ineeji.com	031-8022-7534
178	인코어드테크놀로지스	esolution@encoredtech.com	
180	인피닉	sales@infiniq.co.kr	02-525-2202
182	자비스앤빌런즈	partner@jobis.co	02-555-4344
184	제너레잇	help@zenerate.ai	0507-1373-0532
186	제네시스랩	contact@genesislab.ai	0507-1311-0922
188	제노플랜코리아	io@genoplan.com	02-508-1279
190	커먼컴퓨터	sooyong.bang@comcom.ai	010-8647-0331
192	케이웨더	khelp@kweather.co.kr	
194	코어라인소프트	sales@corelinesoft.com	02-571-7321
196	콴다	support@mathpresso.com	02-322-9433
198	크라우드웍스	contact@crowdworks.kr	02-6954-2960
200	크래프트테크놀로지스	qraft@qraftec.com	02-487-85555
202	클라리파이	claripi@claripi.com	02-741-3014
204	클레온	contact@klleon.io	070-4354-1906
206	클로봇	sales.manager@clobot.co.kr	
208	토드라이브	info@thordrive.ai	
210	토모큐브	info@tomocube.com	042-863-0107
212	트웰브랩스	support@twelvelabs.io	
214	트위니	contact@twinny.ai	042-716-1558
216	파운트	contact@fount.co	02-2038-0263
218	팜캐드	info@pharmcadd.com	051-564-5688
220	포지큐브	pedro@posicube.com	
222	퓨리오사에이아이	contact@furiosa.ai	
224	프렌들리에이아이	sujin@friendli.ai	02-889-8020
226	한국축산데이터	aidkr@aidkr.com	02-6956-1120
228	휴레이포지티브	contact@huray.net	02-514-0406
230	휴톰	contact@hutom.io	02-6956-0426
232	히츠	contact@hits.ai	02-6953-0317
234	튜링	business@teanturing.com	070-4281-4869
235	Phantom AI	info@phantom.ai	

한경 MOOK

K-유니콘 발굴 프로젝트

2022
AI 스타트업 100

펴낸 날	초판 1쇄 발행 2022년 10월 18일
발행인	김정호
편집인	유근석
펴낸 곳	한국경제신문
기획 총괄	안현실 한국경제신문 AI경제연구소장
제작 총괄	이선정
편집	한국경제신문(강은영·유나리), KT경제경영연구소(박연익·김훈진·김도향·이진한·윤호정·김우현)
글/리서치	AI One Team(허석준 KT경제경영연구소장·박연익 KT경제경영연구소 수석연구원· 김도향 KT경제경영연구소 책임연구원), 이경전 경희대 경영학&빅데이터응용학과 교수, 송은강 캡스톤파트너스 대표 한국경제신문 스타트업부(김주완·김종우·안정락·최다은·고은이·이시은·허란)
디자인	임상현
판매 유통	정갑철·선상헌·조종현
인쇄	제이엠프린팅
등록	제2006-000008호
주소	서울시 중구 청파로 463 한국경제신문
구입 문의	02-360-4859
홈페이지	www.hankyung.com

값 25,000원
ISBN | 979-11-92522-26-5(93320)

● 잘못 만들어진 책은 구입하신 곳에서 교환해드립니다.
● 이 책은 저작권법에 따라 보호받는 저작물이므로 무단 전재와 복제를 금합니다.

한경무크
베스트셀러
시리즈

ESG 2.0

달라진 비즈니스 모델
최신 ESG 이슈 집중 분석!

궁금한 AI와 법

Q&A로 설명한 AI 시대
법률 안내서

가상자산 A to Z

지금은 가상자산 시대
투자 전 꼭 알아야 할 법률 상식

직장 내 괴롭힘

회사도 근로자도 알아둬야 할
직장 내 괴롭힘 대응법 A to Z

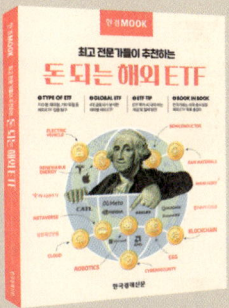

돈 되는 해외 ETF

한눈에 비교하는
최고 전문가 추천 해외 ETF

궁금한 중대재해처벌법

알기 쉽게 정리한
중대재해처벌법 A to Z

인생 리뉴얼 ABC

4060 직장인을 위한
은퇴 준비 바이블

부동산 절세법

연령대별로 정리한
부동산 세테크 노하우

실버타운 올가이드

인기 유튜버 공빠·공마가
직접 탐방한 실버타운 가이드

우리가 사랑한 커피

일상의 기록,
도시의 커피를 찾아서

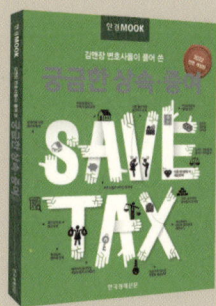

궁금한 상속·증여

2022년 상속·증여세
개정 법령 완벽 반영!

CES 2022

한경 X KAIST 특별취재단이
소개하는 IT·가전 메가트렌드

메타버스 2022

단숨에 읽는
메타버스 트렌드북

틈틈이 가족여행

박물관부터 인생샷 성지까지
국내 가족여행지 총정리

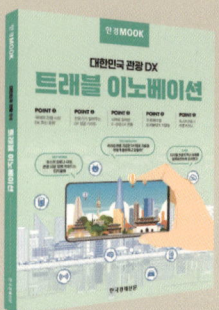

트래블 이노베이션

디지털 관광
비즈니스를 위한 필독서!

에이미 조 이지 골프

초보부터 스윙이 무너진 골퍼까지!
에이미 조의 특별 레슨

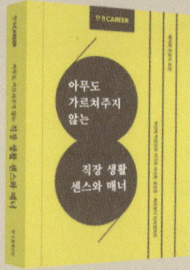

직장 생활 센스와 매너

복장부터 인사법까지
선배가 알려주는 센스와 매너